本著作得到全国教育科学"十二五"规划课题一般项目（BBA150049）的资助

刘兆敏 著

思维之隅
走神研究与启示

The Critical but Nearly Neglected Role of
Mind Wandering in Thinking: Research and Implications

中国政法大学出版社

2021·北京

声　　明	1. 版权所有，侵权必究。
	2. 如有缺页、倒装问题，由出版社负责退换。

图书在版编目（CIP）数据

思维之隅：走神研究与启示/刘兆敏著. —北京：中国政法大学出版社，2021.7
ISBN 978-7-5764-0081-6

Ⅰ.①思… Ⅱ.①刘… Ⅲ.①学生心理－教育心理学－研究 Ⅳ.①G444

中国版本图书馆CIP数据核字(2021)第173346号

出 版 者	中国政法大学出版社
地　　址	北京市海淀区西土城路25号
邮寄地址	北京100088信箱8034分箱　邮编100088
网　　址	http://www.cuplpress.com（网络实名：中国政法大学出版社）
电　　话	010-58908586(编辑部) 58908334(邮购部)
编辑邮箱	zhengfadch@126.com
承　　印	固安华明印业有限公司
开　　本	880mm×1230mm　1/32
印　　张	7.5
字　　数	200千字
版　　次	2021年7月第1版
印　　次	2021年7月第1次印刷
定　　价	46.00元

前言 PREFACE

人类作为万物之灵,最引以自豪的可能就是大脑了。人类的大脑是一个高效且极其耗能的器官,它仅占人体总重的2%,但为了处理丰富的外在环境和内在精神世界的信息,其消耗的能量却占身体总耗能的20%。然而,由于外部和内在世界信息过于复杂多样,即使大脑被完全开发,也无法处理所有信息。所以,为了解决信息过载的问题,大脑在进化的过程中产生了注意系统,来帮助我们感知、选择并引导大脑的信息处理,以便使个体专注于丰富信息中的特定某(或几)部分。

尽管专注能带来更高的效率、更强有力的效益,也是我们所极力推崇的,但很遗憾,我们的思维却时不时在走神。走神(Mind Wandering)的学术解释是个体从当前主要任务或外部任务中脱离,并指向内部生成的思考和想法的心理过程和状态。通俗地说,它类似于我们常说的开小差、做白日梦。走神让我们身处某地,思绪却可以在千里之外;身在当下,内心却能在过往与未来中穿越。

走神不仅影响我们的工作和学习效率,有时还关系着个体生死。试想,开车的司机走神、军队指挥官在作战会议时走神、法官在听证词的时候走神,抑或是外科医生或消防员关键时刻的稍微一走神，都可能带来灾难性的后果。

所以，我们不禁要问：人类个体为什么会走神？有没有好的方式可以改善走神？人类大脑进化出这一功能，除了带来消极后果，它还有积极作用吗？……

带着这些问题，我们研究团队系统梳理了世界范围内走神研究的方法、理论、最新成果和研究困境等，在文献调研的基础上依托我的全国教育科学"十二五"规划课题"走神的心理结构、个体差异及其与元认知的关系"（BBA150049）对小学生的走神进行了较为系统的追踪研究。

大量证据表明，在个体成长过程中，除了家庭、学校、同伴和社会，个体生理和心理发展特点及其发展进程是个体成长的重要限制因子。儿童青少年期出现的学习不良、行为不良或心理健康等问题，进而出现辍学、违法或犯罪行为，追溯其源头，大多与儿童个体早期的认知能力弱、学业成绩差、家庭环境和人际关系失调等有关。而学习活动中的走神，特别是不可控制的走神（自发走神）是影响其认知能力、导致学业成绩差的重要诱发原因之一，也会导致或伴随心理健康问题，需要引起重视。

为了研究这一问题，笔者与合作者自2016年11月起，对北京市5所小学的小学生、河北省某市4年级小学生等群体，每隔半年测查一次，开展了连续的追踪研究。到目前为止，参与课题研究的学生已最多被追踪了8次，有的小学生已进入8年级。通过长期的、艰苦繁复的工作，我们累计收集的中小学生样本数据累计13 000余人（追踪数据中被试的多次测量算作1人），通过综合测查多项人口统计学、心理学及其学业成绩等变量，逐步建立了中小学生走神及相关变量追踪研究数据库。目前，我们主要就小学生的走神特点、走神与学业成绩、元认知

前言

及其心理健康的关系进行了初步探索,未来,我们期待这一追踪数据库对中小学生的走神进行更深入、更全面、更立体的探讨。

本书是我和团队近 7 年来在走神领域研究与探索的结果。在章节设计和写作上,力求反映走神研究的最新成果,并结合我个人的研究兴趣对现有调查结果进行了总结梳理。前三章主要从理论层面介绍走神的最新研究进展,对走神的概念、理论和测量作了阐述;第四章到第六章主要报告了我们团队关于走神问卷的修订、走神与学业成绩和元认知的关系,以及走神与情绪和心理健康的关系等方面的研究证据;第七章对未来走神研究进行展望的同时,提出当前研究成果对教育教学、个体发展的实践指导策略。由于本人学识、水平和视野限制,书中难免会有纰漏,欢迎同行专家和各位读者多批评指正。

本书是我、我的团队、我的合作者和实验学校师生共同努力的成果,如果没有他们的支持与配合,本书是不可能完成的。在此,特别感谢我的合作者、合作学校和硕士研究生高伟伟、刘恩琪、阮蕴华。他们在课题研究设计、问卷收集、数据分析和文稿整理过程中,均付出了大量的劳动。

中国政法大学出版社的丁春晖编辑在本书策划和成稿过程中,非常耐心地按计划推进,做了大量艰苦的工作,在此表示由衷的感谢!

目录

前言 …………………………………………………………… 001

第一章　走神的概念与研究概述 …………………………… 001

第二章　走神的理论解释 …………………………………… 019
　　第一节　关注走神发生机制的理论 ……………………… 019
　　第二节　关于走神成本和收益的理论 …………………… 024

第三章　走神的测量 ………………………………………… 028
　　第一节　状态走神的测量 ………………………………… 029
　　第二节　特质走神的测量 ………………………………… 043
　　第三节　有意走神和自发走神量表的修订 ……………… 057

第四章　走神与元认知的关系 ……………………………… 072
　　第一节　元认知对走神的影响 …………………………… 072
　　第二节　不同年龄群体元认知对走神的影响 …………… 084
　　第三节　元认知和走神的潜在类别研究 ………………… 093

第五章　走神与学业成绩的关系 …………………… 105
　第一节　走神对学业成绩的影响：积极还是消极作用 … 105
　第二节　走神在学习动机和学业成绩间的中介作用 …… 126
　第三节　走神在元认知和学业成绩间的中介作用 ……… 136

第六章　走神与情绪和心理健康的关系 ……………… 146
　第一节　走神与情绪和心理健康的横断研究 …………… 146
　第二节　走神与情绪和心理健康的纵向研究 …………… 160

第七章　启示与展望 …………………………………… 185

参考文献 ………………………………………………… 204

第一章 CHAPTER 1
走神的概念与研究概述

一、走神的概念

人的意识是动态变化、丰富多样的，它不会聚焦于某一个主题而不产生偏离。美国心理学之父威廉·詹姆斯指出，人的意识流会变换不同的状态，就像鸟儿在不停地变更飞翔和栖息的节律。我们的意识内容也并不总是局限于此时此地，它会起起伏伏，也会在内心世界和外在事物间不断切换。正如司机在开车时，有时并不关注路况而是在回味刚刚结束的演出，经常又会快速切换回驾驶任务中；学生在课堂上会不由自主地畅想周末到来的聚会，经老师提醒或自己觉察到时又会回到课堂任务中……这种思维的漫游并不是在外在事物间不断切换，它是在外部事物和内心经验间的游移。它有时不请自来，有时挥之不去，会在你无聊时帮你消磨时间，又会困扰你，让你无法专心做事。

2006年，斯莫尔伍德（Smallwood）和斯库勒（Schooler）在 *Psychological Bulletin* 中将这种现象称为 Mind Wandering（MW），我们称之为走神。这是 MW 一词首次出现在心理学杂志上。斯莫尔伍德（Smallwood）和斯库勒（Schooler）指出，MW 就是注意从当前任务转移到与任务无关的内部思维加工中。

这时，个体的认知加工独立于当前的知觉输入，产生了与当前任务无关的想法或不在任务的状态。Mind Wandering 正式开启了人们关于走神的研究，具有里程碑式的意义。

关于走神的科学研究，可追溯至20世纪60年代研究者对白日梦（day dreaming）的研究。白日梦是指个体在清醒意识状态下出现的带有幻想情节的心理活动。辛格（Singer）在1966年研究发现，96%的成年美国人每天都有白日梦体验，他还对白日梦的内容、测量和作用等展开了一系列探讨。[1]后来心理学家们逐渐意识到，与白日梦有着紧密关系的走神是一种常见的意识状态，且对个体很重要，至此，学界才开始了对走神的研究。

但在早前对于走神现象的研究中，研究者使用的概念并不统一，还有研究者使用了与任务无关的思维（task-unrelated thought）、与任务无关的想象和思维（task-unrelated image and thought）、独立于刺激的思维（stimulus-independent thought）、开小差（zone out）、白日梦等。尽管形式多样，但这些术语基本都反映了一个共同特点：个体当前的想法与其感觉输入或当前进行的任务无关。

国内也有关于 Mind Wandering 的研究，但中文翻译也存在多种译法。例如，吴国来等人将之翻译为"心不在焉"[2]，宋晓兰等人将之翻译为"心智游移"[3]，也有研究者将之翻译为

---

[1] J. L. Singer, "Day Dreaming: An Introduction to the Experimental Study of Inner Experience", 1966.

[2] 吴国来、高原、周曼："阅读中的'心不在焉'：理论假设和影响因素"，载《心理科学进展》2016年第2期。

[3] 宋晓兰、王晓、唐孝威："心智游移：现象、机制及意义"，载《心理科学进展》2011年第4期。

"走神"[1]，还有研究者将之翻译为"心理游离"[2]。在这么多种说法中，根据笔者对英文文献的调研、术语的内涵和表达简要性的考量，笔者倾向于将 Mind Wandering 翻译为"走神"。

针对研究者使用的多个不同概念，塞利（Seli）等人指出，走神的存在犹如认知领域中的认知（cognition），任何具体的认知（比如视觉认知）都不能代替认知的存在，因为认知还包括其他多种类型的认知（比如数字认知等）。[3]走神也一样，它属于集群概念，是这类现象的内涵，而具体概念是集群概念的子概念，属这类现象的外延。由于集群概念走神的本质特征难以确定，任何子概念都不能反映它的本质特征，所以，研究者无须对走神作具体的概念界定，只要在特定实证研究中对具体概念作操作性定义，阐明研究的具体现象就可以了。

走神现象无所不在，它普遍存在于人们的学习、工作和生活中。有研究通过经验取样的方法（Experience Sampling Method）调查了来自 83 个国家 2000 多个样本在一周内的日常生活中走神的频率，参与调查的人的年龄跨度在 18 岁~88 岁之间，调查结果显示，人们在日常生活中有近一半的时间都在走神。[4]也有通过实验任务进行测查的研究，它们发现人们的走神频率在 15%~50%之间不等。

近些年，以走神为主题的研究快速增长，涉及包括认知领

---

[1] 程凯、曹贵康："走神的理论假设、影响因素及其神经机制"，载《心理科学进展》2014 年第 9 期。

[2] 鞠恩霞、张晏宁、罗扬眉："心理游离问卷中文版的修订及其信效度研究"，载《中国临床心理学杂志》2016 年第 1 期。

[3] P. Seli et al., "Mind-Wandering as a Natural Kind: A Family Resemblances View", *Trends in Cognitive Sciences*, 22, 2018, 479~490.

[4] M. A. Killingsworth, D. T. Gilbert, "A Wandering Mind is an Unhappy Mind", *Science*, 330, 2010, 932.

域、临床心理学、教育和神经科学等多个领域，研究者开展了走神对当前任务的积极和消极作用的探讨，试图寻找心理的自发活动和脑的自发活动的对应关系，并试图寻找走神与其他心理现象、心理加工过程（如走神与元认知和集中注意的关系等）或心理品质（问题解决能力、创造力、兴趣、心情、生活满意度、压力、自尊）等的关系。所以，研究者在走神的基本现象、原因、加工过程、与其他特质或行为的关系，以及有效改善走神的策略等方面取得了一些成果，极大地拓展了关于意识状态领域的研究课题，甚至有人将21世纪称为"走神的时代"[1]。

二、走神的研究方法

由于走神的发起时间不确定、出现时较难觉察、内容各式各样、每个人的特点也各不相同……这种不确定性、隐蔽性和自发性使研究者要对走神进行精确而客观的测量非常困难。研究者最早通过自我报告在自然情境和实验室任务中的意识内容来进行测量，近些年则设计出了一些实验任务，根据被试在任务完成过程中的反应时、错误率或眼动指标来推测走神，还有相当多的研究考察了走神时个体的生物电活动和脑激活情况。笔者把这些归纳为自我报告法、行为指标和认知神经科学三种方法进行简要介绍。

（一）自我报告法

自我报告法包括三类：

第一类是思维取样，包括探针取样（probe-caught）和自我发现取样（self-caught）。探针取样是指，被试在完成任务的过程中，研究者在任务中随机插入思维探针（thought probe），请被试停下来报告当前的注意状态或思维内容；自我发现取样是

---

[1] C. Felicity et al., "The Era of the Wandering Mind? Twenty-first Century Research on Self-generated Mental Activity", *Frontiers in Psychology*, 4, 2013.

指，要求被试主动随时报告自己捕捉到的具体的意识内容（如是否走神、走神的内容等），这种方法要求被试需要能够意识到自己的走神并进行报告，对元认知的要求比较高，但有时候被试会忘记报告或意识不到自己在走神。探针取样和自我发现取样都可以通过按键反应和口头报告进行记录，也可以由主试对被试的意识内容进行辨别、归类，是最常使用的一种方法。

第二类是经验取样（Experience-sampling Method，ESM）。经验取样可以监测个体持续变化着的意识体验，研究者要求被试随身携带的电子寻呼设备或特定的应用程序会在一段时间内（通常为1周）随机或伪随机给被试发送"探针问题"，要求其在收到信号时报告其思维内容及其相关问题。由于经验取样法只能通过内省对意识内容进行随机抽样，因此它也无法让研究者直观地观测到走神的随时发生和动态变化。

第三类是问卷测量。问卷测量要求被试通过填写问卷或量表陈述其最近一段时间内（或当前）的走神频率、走神特点（如时间指向、具体还是抽象等）、走神的自主性及对其他活动的影响等内容。根据研究者的目的，不同问卷的侧重点也不同。例如，最早的较为系统测量跟走神相关的《想象过程问卷》(Imaginal Processes Inventory）是由辛格（Singer）和安特罗伯斯（Antrobus）共同开发的有效问卷。它的设计主要针对的是白日梦的频率、内容和类型等方面。鲁比（Ruby）等人则使用多维经验取样问卷（Multidimensional experience sampling，MDES）来更全面地测量个体走神时各种不同的内容，同时，他们还进一步区分了走神形式并将之作为测查的一个重要方面。[1]而塞利（Seli）

---

[1] F. J. Ruby et al., "How Self-generated Thought Shapes Mood——the Relation between Mind-Wandering and Mood Depends on the Socio-temporal Content of Thoughts", *PloS One*, 8 (10), 2013, e77554.

等人则认为走神既包括自发走神也包括有意走神，由此开发了有意走神和自发走神量表（Mind Wandering: Deliberate & Spontaneous Mind Wandering Scales）来分别测查这两个成分。[1]

问卷测量研究走神相对高效，能在短时间内获得大样本数据，也可以跟被试的实验任务数据及其他心理变量作关联分析，受到许多研究者的青睐。但研究者也认为，问卷测量多数是回溯式报告，对瞬时发生的走神只能作笼统的回顾性陈述，相对主观，还需要更好的方法作补充。

（二）行为指标

除了口头报告之外，研究者也在寻找更为客观的行为指标（如任务的反应时、错误率）来探讨走神。一般而言，走神与高错误率相关，但是，在反应时反映走神的具体研究中，要具体问题具体分析。比如，当人们在注意力高度集中于阅读文本时，他们遇到字母多、音节长或不熟悉的词汇时，输入时间会较长；但当走神时，他们对字母多、音节长或不熟悉的词汇材料会较不敏感，因此，在词汇输入时间上不会明显变长。[2]然而，研究者还指出，对目标刺激的错误按键反应往往伴随着走神，但错误反应之前的反应时加快也可以作为走神的一个指征。[3]

---

[1] J. S. A. Carriere, P. Seli, D. Smilek, "Wandering in Both Mind and Body: Individual Differences in Mind Wandering and Inattention Predict Fidgeting", *Canadian Journal of Experimental Psychology*, 67 (1), 2013, 19~31.

[2] M. S. Franklin, J. Smallwood, J. W. Schooler, "Catching the Mind in Flight: Using Behavioral Indices to Detect Mindless Reading in Real Time", *Psychonomic Bulletin & Review*, 18 (5), 2011, 992~997.

[3] J. Smallwood et al., "Subjective Experience and the Attentional Lapse: Task Engagement and Disengagement During Sustained Attention", *Consciousness, and Cognition*, 13 (4), 2004, 657~690; I. H. Robertson et al., "'Oops!': Performance Correlates of Everyday Attentional Failures in Traumatic Brain Injured and Normal Subjects", *Europsychologia*, 35 (6), 1997, 747~758.

还有研究者经常使用双任务实验范式来研究走神,他们让被试在执行主要任务的同时报告自己的走神情况,这时,研究者就可以将被试的行为反应时、正确率和口头报告结合起来使用。通过这种方式,研究者既可以研究走神,也可以推断走神与其他心理结构或心理过程的关系。

(三)认知神经科学方法

个体的行为指标(如反应时、正确率)的变化并不是走神活动的唯一表现,随着各种生理心理记录方法,如眼动、事件相关电位(Event-related Potential,ERP)和以功能性核磁共振技术(functional Magnetic Resonance Imaging,fMRI)为代表的无损脑功能探测技术在心理学研究中的使用,研究者对走神客观指标的探索也获得了很多有价值的成果,这也引发了一股研究热潮,达到了前所未有的高度,并且还将越来越深入。

眼动是人们在接受视觉刺激时一个可探测的生理反应。研究者可以通过眼动的各项指标来推测走神。例如,赖希勒(Reichle)等人通过眼球注视点的时间变化评估被试的注意状态,发现被试走神时不仅对词汇特征(比如词长、词频等)敏感度降低,而且眼睛的注视时间也会增加,[1]这一方法与自我报告法的结果呈正相关。[2]还有研究者通过眼动仪追踪检测被试完成任务过程中的瞳孔直径大小,发现走神时瞳孔扩张,直径增大。[3]

---

[1] E. D. Reichle, A. E. Reineberg, J. W. Schooler, "Eye Movements During Mindless Reading", *Psychological Science*, 21 (9), 2010, 1300~1310.

[2] M. Faber, R. Bixler, S. K. D'Mello, "An Automated Behavioral Measure of Mind Wandering During Computerized Reading", *Behavior Research Methods*, 50 (1), 2018, 134~150.

[3] M. S. Franklin et al., "Window to the Wandering Mind: Pupillometry of Spontaneous Thought While Reading", *The Quarterly Journal of Experimental Psychology*, 66, 2013, 2289~2294; M. Konishi et al., "When Attention Wanders: Pupillometric Signatures of Fluctuations in External Attention", *Cognition*, 168, 2017, 16~26.

还有研究者采用思维探针和行为指标相结合的方式观察被试走神时 ERP 的变化，发现走神发生之前，被试 P300 幅值减小，表明对外界刺激的加工减弱。[1]

在脑成像研究方面，研究者指出，脑在"静息"时并不是在真正休息，而是仍然以一种自发的、有组织的活动方式工作着，默认网络（Default-Mode Network，DMN）就是这种自组织活动模式的代表。研究者发现默认网络活跃时，恰恰也是走神活动最为活跃的状态。福克斯（Fox）等人的一项元分析表明，走神时，大脑的默认网络以及额顶叶控制网络（the frontoparietal control network）较活跃，其中 DMN 主要包括内侧前额叶皮层（medial prefrontal cortex）、后扣带皮层（posterior cingulate cortex）/楔前叶区域（precuneus region）和颞顶叶交界处（the temporoparietal junction），这一网络区域与人们休息时的脑区活动重合；而额顶叶控制网络主要与执行控制功能有关。[2]

三、走神的作用

走神这种现象到底会带来哪些影响？走神可能对个体未来规划、创造性思维、去习惯化方面有积极作用，但更多的研究发现，走神通常会对个体正在进行的任务产生重大消极影响，它会导致交通事故、降低工作效率、影响任务成绩，扰乱学习，

---

[1] J. Smallwood et al., "Going AWOL in the Brain: Mind Wandering Reduces Cortical Analysis of External Events", *Journal of Cognitive Neuroscience*, 20（3），2008，458~469.

[2] K. C. R. Fox et al., "The Wandering Brain: Meta-analysis of Functional Neuroimaging Studies of Mind-Wandering and Related Spontaneous Thought Processes", *NeuroImage*, 111, 2015, 611~621.

第一章 走神的概念与研究概述

还会引起不良的情绪，甚至影响身体健康。[1]

（一）消极作用

最初关于走神的研究发现，走神对个体没有益处，会对个体的各方面产生消极影响。第一，走神影响任务成绩，不利于问题解决。研究发现，在完成任务的过程中，高频率的走神会降低个体的作业成绩和学习表现，[2]而且高走神率与工作记忆广度任务、流体智力测验和学习能力倾向测验的低成绩相关。[3]走神也不利于阅读。阅读过程中的走神会影响信息编码，导致个体不能形成有结构或有意义的语句，最终会因为细节信息不足而无法建立叙事模式，不能进行合理推论。[4]也有研究者从任务难度的角度探讨走神对任务表现的影响。例如，冯（Feng）等让被试阅读不同难度的材料，并在随机时间点对被试进行调查，

---

[1] M. J. Kane et al., "For Whom the Mind Wanders, and When: an Experience-Sampling Study of Working Memory and Executive Control in Daily Life", *Psychological Science*, 18 (7), 2007, 614~621; M. A. Killingsworth, D. T. Gilbert, "A Wandering Mind is an Unhappy Mind", *Science*, 330, 2010, 932; J. W. Schooler et al., "Meta-Awareness, Perceptual Decoupling, and the Wandering Mind", *Trends in Cognitive Sciences*, 15 (7), 2011, 319~326; J. Smallwood, M. D. Mrazek, J. W. Schooler, "Medicine for the Wandering Mind: Mind Wandering in Medical Practice", *Medical Education*, 45 (11), 2011, 1072~1080; J. Smallwood, D. J. Fishman, J. W. Schooler, "Counting the Cost of an Absent mind: Mind Wandering as an Underrecognized Influence on Educational Performance", *Psychonomic Bulletin, and Review*, 14 (2), 2007, 230~236.

[2] J. Smallwood et al., "Self-Reflection and the Temporal Focus of the Wandering Mind", *Consciousness & Cognition*, 20 (4), 2011, 1120~1126.

[3] M. D. Mrazek, J. Smallwood, J. W. Schooler, "Mindfulness and Mind-Wandering: Finding Convergence Through Opposing Constructs", *Emotion*, 12 (3), 2012, 442; M. J. Kane et al., "For Whom the Mind Wanders, and When: An Experience-Sampling Study of Working Memory and Executive Control in Daily Life", *Psychological Science*, 18 (7), 2007, 614~621.

[4] J. Smallwood, D. J. Fishman, J. W. Schooler, "Counting the Cost of an Absent Mind: Mind Wandering as an Underrecognized Influence on Educational Performance", *Psychonomic Bulletin, and Review*, 14 (2), 2007, 230~236.

结果发现走神对低难度材料的阅读理解没有影响，但对高难度材料的阅读理解有消极影响。[1]此外，在简单实验任务中出现的走神也与低行为成绩相关，高走神率与持续性注意任务（The Sustained Attention to Response Task，SART）的错误率、目标漏报率和反应时的变异呈正相关。[2]

第二，生活中的驾驶事故也极易受走神的影响。暂时的走神会导致司机的警觉性降低、驾驶速度增快、反应时间加长、与前车车距缩短，导致更多的驾驶事故、罚款和扣分，这在现实调查和模拟驾驶研究中都有发现。[3]研究者发现，所有的司机都会报告走神，尤其是在司机疲劳、慢速驾驶、路况安静和路口不复杂时，但在交通事故易发地点设置警示牌时，走神反而最少。[4]加莱拉（Galera）和其同事通过对955名交通事故受害者的调查发现，在责任事故中，有17%的司机受伤害事故跟走神有关。他们还发现，在出现交通事故的954名司机中，有39%的人报告事故跟特质性走神或状态走神有关，13%的人受到外在干扰的

---

[1] J. H. Feng et al., "Effect of Longer-Term Modest Salt Reduction on Blood Pressure", *Cochrane Database of Systematic Reviews* (*Online*), 4（4），2013，CD004937.

[2] J. A. Cheyne et al., "Anatomy of an Error: A Bidirectional State Model of Task Engagement/Disengagement and Attention-Related Errors", *Cognition*, 111（1），2009，98~113; J. Smallwood et al., "The Consequences of Encoding Information on the Maintenance of Internally Generated Images and Thoughts: The Role of Meaning Complexes", *Consciousness and Cognition*, 13（4），2004，789~820.

[3] M. R. Yanko, T. M. Spalek, "Route Familiarity Breeds Inattention: A Driving Simulator Study", *Accident Analysis, and Prevention*, 57，2013，80~86; W. Qu et al., "The RelationshipBetween Mind Wandering and Dangerous Driving Behavior among Chinese Drivers", *Safety Science*, 78（78），2015，41~48.

[4] B. R. Burdett, S. G. Charlton, N. J. Starkey, "Not All Minds Wander Equally: the Influence of Traits, States and Road Environment Factors on Self-Reported Mind Wandering During Everyday Driving", *Accident Analysis & Prevention*, 95，2016，1~7; B. Burdett, S. G. Charlton, N. J. Starkey, "Mind Wandering During Everyday Driving: an On-road Study", *Accident Analysis & Prevention*, 122，2019，76~84.

影响而发生事故。[1]年轻驾驶员更容易走神,有模拟驾驶研究发现,特质性走神是预测青年男性危险驾驶的一项重要指标。[2]

第三,一般来说,走神比不走神更让人感到不幸福,走神会导致随后的消极情绪。[3]但也有人指出,走神本身与随后的情绪无关,[4]只有走神的内容是负面的时候才会导致消极情绪的出现。[5]而且,人们在负性情绪下会产生更多的与任务无关的想法,出现更多失误。[6]

研究者对走神特别是无法克服的走神与多种精神心理疾病的关系进行了调查和实验研究。结果显示,走神是注意力缺陷/多动障碍(ADHD)的典型特征。[7]患有抑郁症[8]、强迫症[9]、精

---

[1] C. Galéra et al.,"Mind Wandering and Driving: Responsibility Case-control Study", *Bmj British Medical Journal*, 345 (24), 2012, e8105; C. Gil-Jardiné et al., "The Distracted Mind on the Wheel: Overall Propensity to Mind Wandering is the Distracted Mind on the Wheel: Overall Propensity to Mind Wandering is Associated with Road Crash Responsibility", *PLoS ONE*, 12 (8), 2017.

[2] A. Derek et al., "Linking Mind Wandering Tendency to Risky Driving in Young Male Drivers", *Accident Analysis, and Prevention*, 111 (4), 2018, 125~132.

[3] Akina et al., "Does Mind Wandering During the Thought Incubation Period Improve Creativity and Worsen Mood?", *Psychological Reports*, 2019, 2147483647.

[4] G. L. Poerio, P. Totterdell, E. Miles, "Mind-wandering and Negative Mood: Does one Thing Really Lead to Another?", *Consciousness and Cognition*, 22 (4), 2013, 1412~1421.

[5] F. J. Ruby et al., "How Self-generated Thought Shapes Mood——the Relation Between Mind-wandering and Mood Depends on the Socio-temporal Content of Thoughts", *PLoS One*, 8 (10), 2013, e77554.

[6] J. Smallwood et al., "Shifting Moods, Wandering Minds: Negative Moods Lead the Mind to Wander", *Emotion*, 9, 2009, 271~276; Smallwood, Connor, "Imprisoned by the Past: Unhappy Moods Lead to a Retrospective Bias to Mind Wandering", *Cogn Emot*, 25, 2011, 1481~1490.

[7] P. Seli et al., "Motivation, Intentionality, and Mind Wandering: Implications for Assessments of Task-unrelated Thought", *Journal of Experimental Psychology: Learning, Memory, and Cognition*, 41 (5), 2015, 1417~1425; T. R. Moukhtarian et al., "Wandering Minds in Attention-deficit/Hyperactivity Disorder and Borderline Personality Disorder", *European Neuropsychopharmacology*, 2020.

神分裂症[1]等精神障碍的人,他们的走神显著多于控制组被试,甚至有人指出,可以考虑把走神作为一个有效的预测因子来使用。研究者还发现,精神分裂症病人与正常人走神时的 EEG 活动模式不同,前者的活动模式更复杂。[2]克里斯蒂娜(Cristina)等人指出,走神和抑郁之间可能存在双向关系,即抑郁会使走神增多,而走神的增多又会加剧抑郁症状。[3]

此外,对非临床样本的研究也发现,习惯性白日做梦水平越高,患躁郁症的风险就越大。[4]

(二)积极作用

既然走神有那么多坏处,那为什么人们还会走神?随着对走神研究的深化,不少研究者认为,走神不仅仅会带来消极影响,也会产生积极、有利的作用。巴尔斯(Baars)指出,我们需要区别看待走神的内容,因为走神的内容可能跟任务不相关,也可能跟任务相关。与任务有关的走神可能有助于问题解决。例

(接上页) [8] J. Greenberg et al., "Compassionate Hearts Protect Against Wandering Minds: Self-compassion Moderates the Effect of Mind-wandering on Depression", *Spirituality in Clinical Practice*, 5 (3), 2018, 155~169; Y. Q. Deng, S. Li, Y. Y. Tang, "The RelationshipBetween Wandering Mind, Depression, and Mindfulness", *Mindfulness*, 5 (2), 2014, 124~128.

[9] P. Seli et al., "Intrusive Thoughts: Linking Spontaneous Mind Wandering and Ocd Symptomatology", *Psychol Res*, 81 (2), 2017, 392~398.

[1] D. J. Shin et al., "Away From Home: The Brain of the Wandering Mind as a Model for Schizophrenia", *Schizophrenia Research*, 165 (1), 2015, 83~89.

[2] S. Iglesias-Parro et al., "Introspective and Neurophysiological Measures of Mind Wandering in Schizophrenia", *Scientific Reports*, 10 (1), 2020.

[3] O. Cristina et al., "Cognitive, Behavioral, and Autonomic Correlates of Mind Wandering and Perseverative Cognition in Major Depression", *Front Neurosci*, 8, 2015, 433.

[4] T. D. Meyer, L. Finucane, G. Jordan, "Is Risk for Mania Associated With Increased Daydreaming as a Form of Mental Imagery?", *Journal of Affective Disorders*, 135, (1~3), 2011, 380~383.

如，与个人近期目标和生活事件有明显联系的走神可能起到不断提醒个体未完成事项的功能。[1]

由于走神不受控制，所以它本身就具有发散思维的特质。发散思维是创造力的必要条件，因此走神有利于创造性思维的产生，促进创造性问题的解决。[2]还有研究者发现，指向未来的走神有利于个体养成计划未来的习惯，[3]与走神相关的心理休息还可以使习惯解除成为可能。在一个延迟满足的实验情境中（延迟满足即无视当前较小的奖励以在将来获得更大利益的能力），当任务负荷较低时，个体可以策略性地利用延迟等待期间的走神来帮助自己抵抗当前诱惑。[4]

富兰克林（Franklin）指出，走神不只带来消极情绪，影响人们的幸福感，如果走神片段是积极的、有趣的，那么这些有趣的片段会产生更多的积极情感，即走神也会伴随产生积极情绪，尤其是考虑具体的记忆或预期的事件的走神，可以增强自我报告在生活中的意义。而且，走神可以通过提供精神上的休息缓解来自单调活动的无聊情绪。[5]贝尔德（Baird）等人发现，对经常走神的个体来说，其从事无聊任务引起的低落情绪可以被走神

---

[1] J. Smallwood, J. W. Schooler, "The Restless Mind", *Psychological Bulletin*, 132 (6), 2006, 946~958.

[2] B. Baird et al., "Inspired by Distraction Mind Wandering Facilitates Creative Incubation", *Psychological Science*, 23 (10), 2012, 1117~1122.

[3] E. J. Masicampo, R. F. Baumeister, "Consider It Done! Consider it Done! Plan Making Can Eliminate the Cognitive Effects of Unfulfilled Goals", *Journal of Personality and Social Psychology*, 101 (4), 2011, 667~683.

[4] J. Smallwood, F. J. Ruby, T. Singer, "Letting go of the Present: Mind-wandering is Associated With Reduced Delay Discounting", *Consciousness and Cognition*, 22, 2013, 1~7.

[5] B. W. Mooneyham, J. W. Schooler, "Costs and Benefits of Mind-wandering: a Weview", *Canadian Journal of Experimental Psychology/ Revue Canadienne de Psychologie ExpéRimentale*, 67, 2013, 11~18.

缓解。这一观点已被鲁比（Ruby）和他的同事的实验所验证：关注未来的自发走神可以帮助修复不愉快的心情。[1]

另外，走神可以作为一个功能性角色，与做梦的功能类似，但事实上走神和做梦平行存在[2]：两者都需要将注意力从感知输入中脱离出来，并且伴随着自身产生的思想。由于梦和走神的内容大部分是负面内容，而负面内容可以促进个体应对潜在威胁，由此便可达到提前防备潜在威胁的目的。[3]同时，发生于走神期间的思维有些也会明确指向未来，这可能比夜间的梦更有益。

四、不同年龄阶段的走神

关于走神的内容、特点、与其他心理过程和心理品质的关系，以及功能研究主要集中在成人被试上，而且被试人群主要是青年人，[4]也有部分研究是对老年人和成年人的走神进行的差异比较和针对儿童的研究。最早进行年龄差异探讨的研究者通过对17岁到70岁人群白日梦现象的问卷测试发现，指向过去

---

[1] F. J. Ruby et al., "How Self-generated Thought Shapes Mood——the Relation Between Mind-Wandering and Mood Depends on the Socio-temporal Content of Thoughts", *PloS One*, 8 (10), 2013, e77554.

[2] K. C. R. Fox et al., "Dreaming as Mind Wandering: Evidence from Functional Neuroimaging and First-person Content Reports", *Frontiers in Human Neuroscience*, 7, 2013, 18.

[3] A. Revonsuo, "The Reinterpretation of Dreams: an Evolutionary Hypothesis of the Function of Dreaming", *Behavioral and Brain Sciences*, 23 (6), 2000, 877~901.

[4] P. Seli et al., "Restless Mind, Restless Body", *Journal of Experimental Psychology: Learning, Memory, and Cognition*, 40 (3), 2014, 660; Y. Q. Deng, S. Li, Y. Y. Tang, "The Relationship between Wandering Mind, Depression, and Mindfulness", *Mindfulness*, 5 (2), 2014, 124~128; J. C. McVay, M. J. Kane, "Conducting the Train of Thought: Working Memory Capacity, Goal Neglect, and Mind Wandering in an Executive-control Task", *Journal of Experimental Psychology: Learning, Memory, and Cognition*, 35 (1), 2009, 196.

第一章　走神的概念与研究概述

的白日梦内容不会随着年龄增长而增加。[1]

(一) 老年人的走神

对老年人和青年成人的比较研究指出，随着年龄的增长，个体认知能力和对无关刺激的注意抑制能力下降；但在各种不同的实验任务中（持续性注意、情节编码、阅读理解和工作记忆任务），老年人的走神或与任务无关思维的发生频率显著低于年轻人。[2]而且，对日常生活中的走神研究发现，老年人和年轻人的负性情绪和走神均成正相关，但老年人的走神内容相较而言更有趣、更让人愉悦，而年轻人的走神更梦幻、新奇、陌生和具有竞赛性。[3]也有研究者发现，拥有更多积极情绪的老年人报告了更少的走神现象，而拥有更多消极情绪的年轻人报告了更多的走神。[4]

老年人的走神少的原因可能是[5]：①他们成功完成任务的

---

[1] L. M. Giambra, "Daydreaming in Males from Seventeen to Seventy-seven: A Preliminary Report", *Proceedings of the 81st Annual Convention of the APA*, Honolulu, Hawaii., 1973, 765~766.

[2] J. C. Mcvay et al., "Aging Ebbs the Flow of Thought: Adult Age Differences in Mind Wandering, Executive Control, and Self-evaluation", *Acta Psychologica*, 142 (1), 2013, 136~147; S. A. Krawietz, A. K. Tamplin, G. A. Radvansky, "Aging and Mind Wandering During Text Comprehension", *Psychology and Aging*, 27 (4), 2012, 951; D. Maillet, D. L. Schacter, "From Mind Wandering to Involuntary Retrieval: Age-related Differences in Spontaneous Cognitive Processes", *Neuropsychologia*, 80, 2016, 142~156.

[3] D. Maillet et al., "Age-related Differences in Mind-wandering in Daily Life", *Psychology and Aging*, 33 (4), 2018, 643~653.

[4] D. J. Frank et al., "Validating Older Adults' Reports of Less Mind-wandering: An Examination of Eye Movements and Dispositional Influences", *Psychology and Aging*, 30 (2), 2015, 266.

[5] D. Maillet et al., "Age-related Differences in Mind-wandering in Daily Life", *Psychology and Aging*, 33 (4), 2018, 643~653; Magda et al., "Meta-analysis of Aging Effects in Mind Wandering: Methodological and Sociodemographic Factors", *Psychology & Aging*, 34 (4), 2019, 531~544.

动机强，或者说，他们比年轻人更有兴趣参加实验室任务。虽然老年人的执行功能下降，但较高的任务动机会让他们把执行功能资源更多地分配在任务上，进而降低走神。②他们更关心任务成绩。③在实验室环境中可能无意间包含了一些年轻人关注的线索，这些线索会驱动年轻人走神。④老年人本身产生的与任务无关的想法少，就会无意识地驱使其对任务目标的加工更专心，从而产生较少的走神。

但也有研究使用文本阅读的方式，在实验过程中随机插入思维探针让被试停止阅读以探查他们的走神情况，最后要求文本回顾，结果发现老年人与青年人的走神情况没有显著差异。[1]所以，目前仍旧不能够得出老年人的走神频率高于年轻人的结论。

(二) 儿童青少年的走神

针对青少年走神发展特点的研究还很缺乏，只有很少的走神研究是针对儿童青少年的。国内研究者有 2 项对 10 岁左右儿童的研究，他们通过探针取样考察被试在完成简单持续性注意任务（SART）中的走神，发现了走神对他们作业成绩的消极作用。但叶（Ye）等人通过对 8 岁到 14 岁的小学生进行研究发现，走神有助于他们心理之旅（mental time travel）的发展。[2]

有研究者同时安排计算机执行功能测试任务和课堂情境的任务以考察 9 岁到 11 岁德国儿童的走神情况，通过探针取样测查被试在课堂听录音材料时和完成计算机执行功能任务时的状态走神（state），且在课堂任务前测查被试的特质走神（trait）。

---

[1] G. O. Einstein, M. A. Mcdaniel, "Aging and Mind Wandering: Reduced Inhibition in Older Adults?", *Experimental Aging Research*, 23 (4), 1997, 343~354.

[2] Q. Ye et al., "Children's Mental Time Travel During Mind Wandering", *Frontiers in Psychology*, 5, 2014, 927; Y. Zhang et al., "Children With Positive Attitudes Towards Mind-wandering Provide Invalid Subjective Reports of Mind-wandering During an Experimental Task", *Consciousness & Cognition*, 35, 2015, 136~142.

第一章 走神的概念与研究概述

他们发现，特质走神和状态走神呈高相关，而且计算机任务和课堂听录音材料任务的状态性走神也相似。他们从侧面证明了课堂任务中测查到的走神跟实验室任务中的走神存在共通性。[1] 一项对八年级中学生（约14岁）在阅读过程中的走神及走神对理解能力的影响的研究发现，较难的文本会导致学生较低的主题兴趣、阅读过程中出现较多的走神以及较差的理解力。同时，研究还发现特质性走神既有积极作用，也有消极作用，表明在儿童阅读走神的干预中找到恰当的方法也可以对学生的阅读有所帮助。[2] 姆拉兹克（Mrazek）及其合作者编制了针对青少年的走神量表（MWQ），信效度较好，并以此测量了青少年的走神水平。他们通过研究发现走神不利于青少年成长，高走神与糟糕心情、低生活满意度、强压和低自尊有关，而且大学生的高走神与较差的工作记忆成绩相关。但他们也发现，高走神并不能预测初中生和高中生的低阅读成绩，反而还与高中生的高阅读理解相关。这种不同年龄段间的成绩差异是发展阶段导致的，还是任务类型或走神概念的测量技术造成的，目前还不清楚。[3]

以往关于成年人的研究中，成人走神的表征形式多为自传体记忆、情景记忆等。对9岁到13岁学龄期儿童的走神内容进行的研究发现，儿童走神的内容大部分指向未来，这与在成年

---

[1] H. H. Esther, Lisa M. Keulers, Jonkman, "Mind Wandering in Children: Examining Task-unrelated Thoughts in Computerized Tasks and a Classroom Lesson, and the Association with Different Executive Functions", *Journal of Experimental Child Psychology*, 179, 2019, 276~290.

[2] A. Soemer et al., "Mind Wandering and Reading Comprehension in Secondary School Children", *Learning and Individual Differences*, 75, 2019, 101778.

[3] M. D. Mrazek et al., "Young and Restless: Validation of the Mind-Wandering Questionnaire (MWQ) Reveals Disruptive Impact of Mind-wandering for Youth", *Frontiers in Psychology*, 4, 2013, 560.

人中的研究结果是一致的。但是，与成年人不同的是，虽然儿童的走神体现出更多的前瞻性倾向，但他们的走神基本不受任务认知需求的影响。走神是否影响儿童青少年长期的学业表现，进而影响其成长，还需要探讨。

此外，在走神的脑机制研究中，它在个体的哪个阶段产生，以什么形式表征出来，依然未知。但是，可以肯定的是，脑中与走神相关的默认网络和执行网络在婴儿期还未发育成熟，在儿童8岁到9岁甚至更晚些时候才能成熟，[1]而作为默认网络核心脑区与走神加工密切相关的前额中叶（mPFC）的发育更是可以延迟到青年期。[2]

可见，比起成年人，儿童青少年的认知能力发展快速，他们在日常生活中的走神可能也具有一定的独特之处。因此，对于发展中的低龄儿童青少年，更需要探索他们走神的发生发展特点。通过对学龄期儿童开展走神研究，我们可以对这一阶段儿童的早期经验和自发灵活学习有更深入的认知，帮助研究者了解儿童青少年在清醒状态下是怎么产生走神的。

---

[1] K. Supekar et al., "Development of Functional and Structural Connectivity Within the Default Mode Network in Young Children", *Neuroimage*, 52 (1), 2010, 290~301.

[2] K. C. R. Fox et al., "The Wandering Brain: Meta-analysis of Functional Neuroimaging Studies of Mind-wandering and Related Spontaneous Thought Processes", *Neuro Image*, 111, 2015, 611~621.

第二章 CHAPTER 2

走神的理论解释

第一节 关注走神发生机制的理论

走神广泛渗透在我们日常生活、工作及学习中。但目前并没有一个统一的理论可以解释其发生的机制,对此,不同研究者从不同角度给出了自己的观点。

当前关注理论、执行控制失败理论以及元意识理论,主要从走神为什么发生(why)的角度进行解释,而知觉解耦合假设则从走神是怎样持续进行的(How)角度进行解释[1]。

一、当前关注理论(The Current Concerns Hypothesis)

当前关注理论是关于走神最早的构想之一。[2]该理论认为,走神体验之所以出现是因为个体拥有的目标、希望以及欲望超出了当前的感知觉信息输入或者任务目标。心理活动会被最活

---

[1] J. Smallwood, "Distinguishing How from Why the Mind Wanders: A Process-occurrence Framework for Self-generated Mental Activity", *Psychological Bulletin*, 139(3), 2013, 519~535.

[2] E. Klinger, K. C. Gregoire, S. G. Barta, "Physiological Correlates of Mental Activity: Eye Movements, Alpha, and Heart Rate During Imagining, Suppression, Concentration, Search, and Choice", *Psychophysiology*, 10, 1973, 471~47.

跃的体验所吸引，所以每当外部环境事件缺乏活跃体验或者说任务活动较为乏味时，自我生成的心理活动就会构成个体当前的心理体验，走神就会出现。如果外部环境信息足以构成活跃的体验或者足以吸引你的注意（如参加较为刺激的社交活动或者观看较有吸引力的电影），外部事件会将注意引向它。如果内部事件有更活跃的体验，那么注意将会转向自我生成的活动中去，发生走神。总之，当前关注理论认为，如果自我生成思维比外部环境信息有更高的吸引力或者更活跃的体验，那么走神就会出现得更频繁。[1]

麦克维（McVay）、迈尔（Meier）、图伦（Touron）和凯恩（Kane）于2013进行的一项研究就证实了此观点[2]：在实验的最初阶段，被试描述他们在若干生活领域中的个人目标和所关心的事。在48小时后的第二阶段，被试要完成一个go/no-go任务，在该任务中他们需要对单词的知觉特征进行反应；被试并不知道一些刺激单词（以三个一排的方式呈现）所表征的是他们在最初阶段中所描述的个人所关心的事情。思维探针会被安排在这些个人目标词组出现后很短的时间内呈现。研究结果表明，与对照词组做比较，经过所关心事情启动的被试的走神比率会增加约3%~4%。根据这一观点，对于老年人和年轻人间走神比率的差异则可解释为：老年人相比于年轻人所产生的干扰思考较少，因为他们所关注的事情较少。

---

[1] E. Klinger, W. M. Cox, "Dimensions of Thought Flow in Everyday Life", *Imagination, Cognition and Personality*, 7 (2), 1987, 105~128.

[2] J. C. McVay, M. J. Kane, "Why Does Working Memory Capacity Predict Variation in Reading Comprehension? on the Influence of Mind Wandering and Executive Attention", *Journal of Experimental Psychology: General*, 141 (2), 2012, 302~320.

二、执行控制失败理论 (The Executive Failure Hypothesis)

麦克维（McVay）和凯恩（Kane）[1]在2010年提出了执行控制失败理论，以对走神现象进行解释。该理论认为走神的出现是由执行控制系统的失败导致的。执行控制系统的失败表现在两个方面：第一，执行控制系统在抵抗与任务无关的干扰信息时失败（反应性）；第二，执行控制系统维持注意力在任务目标上的失败（主动性）。也就是说，走神能够被执行控制系统控制或阻止，走神的出现表明执行控制系统的失败。主要研究中通常使用工作记忆能力作为执行控制功能的指标，评估工作记忆能力与走神的关系。

走神和任务表现这两种相反的关系是执行控制系统加工过程的反映。难度较大的任务相比于简单或者熟练的任务需要更大程度地执行控制加工过程。在难度较大的任务中，执行控制系统会主动地维持任务相关的信息，将注意力集中在任务目标上；在简单或熟练的任务中，执行控制系统会反应性地抵抗被激活的与任务无关的信息，防止出现走神。根据此观点，当执行控制系统主动地控制维持任务相关的信息，并将注意集中在当前任务上时，走神将不会出现。另外，当执行控制系统反应性地阻止或抑制被激活的与任务无关的思维时，走神也不会出现。

研究表明，走神是与被试在完成需要执行控制的任务过程

---

[1] J. C. Mcvay, M. J. Kane, "Does Mind Wandering Reflect Executive Function or Executive Failure? Comment on Smallwood and Schooler (2006) and Watkins (2008)", *Psychological Bulletin*, 136 (2), 2010, 188.

中所犯错误的次数有关的，[1]即走神是执行控制失败的结果。

三、元意识理论（The Meta-Awareness Hypothesis）

一般来说，我们都能意识到自己的意识体验内容，多种情景也表明了我们能够体验和意识到自己的意识体验内容。比如，我们会突然意识到自己在阅读的过程中只扫视文字而不理解阅读材料的含义，这种对认知活动的认知和监控，即元意识。

元意识理论认为元意识能够间断地对意识内容进行再表征，对心理活动或思维进行描述、解释和监控。[2]当元意识监测到注意脱离当前任务中心（出现走神）后，其会通过控制功能，将注意及时聚焦于当前任务，从而中断走神。也就是说，元意识能力能够使个体有机会辨认那些偏离预期目标状态的意识内容（走神），进而纠正我们的意识体验。不管是在实验室还是在日常生活中，我们的注意都会经常远离当前任务或情境而发生分散，出现走神。[3]当我们的元意识监控到自己的注意远离当前任务（出现走神）时，就会将注意重新转移到当前任务或情境中，走神便会消失。

元意识和走神之间可能存在着负相关关系，它们可能正好处于人类认知谱的两极。走神在大多数情况下是一种自发的思维加工，尽管有时有目的性，但通常不需要意志努力；而元认

---

[1] J. C. McVay, M. J. Kane, "Conducting the Train of Thought: Working Memory Capacity, Goal Neglect, and Mind Wandering in an Executive-control Task", *Journal of Experimental Psychology: Learning, Memory, and Cognition*, 35 (1), 2009, 196; J. Smallwood, M. Obonsawin, D. Heim, "Task Unrelated Thought: The Role of Distributed Processing", *Consciousness and Cognition*, 12 (2), 2003, 169~189.

[2] J. W. Schooler, "Re-representing Consciousness: Dissociations between Experience and Meta-consciousness", *Trends in Cognitive Sciences*, 6 (8), 2002, 339~344.

[3] J. W. Schooler et al., "Meta-awareness, Perceptual Decoupling, and the Wandering Mind", *Trends in Cognitive Sciences*, 15 (7), 2011, 319~326.

知需要意识，通常会有意监控和评价我们的心理加工过程和行为。[1]因此，元意识的出现会降低走神的发生频率，而元意识的缺失则会使得个体更容易出现走神。

斯库勒（Schooler）等人发展出了一套范式用来确认在阅读中出现短暂的元意识的流失。在这个研究中，被试在阅读文章的过程中不断地捕捉他们的走神并进行报告。他们还会被问到在报告走神之前是否意识到已经出现走神。另外，对被试在完成任务的过程中进行探针探测，询问他们是否在此刻出现走神。研究结果表明：①被试在阅读过程中频繁地捕捉到自己出现走神；②被试也会经常被探针捕捉到走神；③他们出现走神时会频繁地报告未意识到，尤其是在探针探测的条件下。这种情况表明，被试出现走神时会频繁地缺乏元意识。[2]还有研究发现，相比于较少抽烟和喝酒的个体，对酒精和香烟较依赖的个体更容易出现走神。在自我追踪走神和探针探测走神两种方法下，酒精和香烟依赖的个体更多地在探针探测下报告自己出现走神，也就是说，他们较少地意识到自己出现走神，研究者认为是由于酒精和香烟阻碍了元意识，从而导致走神更多地出现。[3]

---

[1] K. C. R. Fox, K. Christoff, "Metacognitive Facilitation of Spontaneous Thought Processes: When Metacognition Helps the Wandering Mind Find Its Way", *The Cognitive Neuroscience of Metacognition*, Springer, Berlin, Heidelberg, 2014, 293~319.

[2] J. W. Schooler, "Re-representing Consciousness: Dissociations Between Experience and Meta-consciousness", *Trends in Cognitive Sciences*, 6 (8), 2002, 339~344.

[3] M. A. Sayette, E. D. Reichle, J. W. Schooler, "Lost in the Sauce: The Effects of Alcohol on Mind Wandering", *Psychological Science*, 20 (6), 2009, 747~752; F. Finnigan, D. Schulze, J. Smallwood, "Alcohol and the Wandering Mind: A New Direction in the Study of Alcohol on Attentional Lapses", *International Journal on Disability & Human Development*, 6, 2 (2007), 189~200.

四、知觉解耦合理论（The Decoupling Hypothesis）

耦合（coupling）是指两个或两个以上的体系或两种运动形式间通过相互作用而彼此影响以致联合起来的现象。耦合关系是指某两个事物之间如果存在一种相互作用、相互影响的关系。解耦，字面意思就是解除耦合关系。

走神是注意与内部加工信息（与任务无关的信息）耦合的同时与外部加工信息（知觉信息以及任务相关信息）解耦合的过程。当个体专注于当前任务时，注意与任务的知觉信息呈现耦合关系，而当走神发生时，外部信息和内部思维发生了分离，这一现象被称为"知觉解耦合"。[1] 知觉解耦合理论认为，"思维和知觉信息耦合的变化"依赖于心理活动的变化，即个体的注意允许与外部环境无关的信息成了意识内容的中心。所以，当走神发生的时候，注意远离任务目标信息而集中在内部思维加工上，也就是说，知觉与内部思维耦合了，而与外部加工信息（任务相关信息）解耦合。

该理论认为走神并不是不需要注意，而是注意的动态分配过程，即走神是注意从外部环境转向走神信息的过程。走神和任务共享认知资源，在完成任务的过程中，如果出现走神，意味着个体将投入到任务中的部分认知资源转移到走神中，从而影响任务表现。

第二节 关于走神成本和收益的理论

走神是一种适应性的意识活动，个体的认知系统会根据不

---

[1] J. M. Smallwood et al., "Task Unrelated Thought Whilst Encoding Information", *Consciousness and Cognition*, 12 (3), 2003, 452~484.

同的情境调节走神，而且不同的走神内容跟心理健康的关系也不同。[1]所以，研究者从执行任务的情境（task context）和思维内容（thought content）的角度来解释走神可能带来的后果。情境调节假设关注的是在研究任务中，不同难度的实验情境下走神可能带来的不同影响；而内容调节假设更倾向于关注走神时的不同内容与心理健康的关系。

一、情境调节假设（The Context Regulation Hypothesis）

研究者通常都会选取一个情境（context）来研究心理现象，通过情境的设置来观测某心理现象并用数据作解释。理解和解释走神现象需要结合走神研究的情境。在走神研究中，人们通常会选择不同的实验室情境任务，但任务的难易程度不同。走神更容易在注意要求不高的任务中产生，而复杂任务（如n-back工作记忆任务、阅读任务）中的走神会导致成绩的降低。所以，如果执行复杂任务，个体一旦走神会导致成绩显著受损，但如果执行的任务对注意的要求不高，个体不必将全部的认知资源投入任务，可以支配部分认知资源于走神中，这一情境下的走神风险大大降低，个体还有更大的自由去思考未来[2]，有更多的机会进行创造性思考[3]等。

---

〔1〕 J. Smallwood, J. Andrews-Hanna, "Not all Minds that Wander are Lost: the Importance of a Balanced Perspective on the Mind-wandering State", *Frontiers in Psychology*, 4, 2013, 441; J. Smallwood, J. M. Schooler, "The Science of Mind Wandering: Empirically Navigating the Stream of Consciousness", *Annual Review of Psychology*, 66（1）, 2015, 487.

〔2〕 J. Smallwood, L. Nind, R. C. O'Connor, "When is Your Head at? An Exploration of the Factors Associated with the Temporal Focus of the Wandering Mind", *Consciousness and Cognition*, 18（1）, 2009, 118~125.

〔3〕 B. Baird et al., "Inspired by Distraction Mind Wandering Facilitates Creative Incubation", *Psychological Science*, 23（10）, 2012, 1117~1122.

情境调节假设认为，脱离当前任务（走神）会对成绩产生影响，为最小化风险，认知系统会视任务情境以一种适应性的方式调整走神的出现。所以，最佳的方式是在任务不需要持续的注意时产生与任务无关的想法（走神）。

在任务难度高的实验情境下，注意更可能聚焦于实验任务，走神发生的频率较低，因为走神的出现意味着与任务相关的思维中断，对任务成绩产生消极影响。例如，兰德尔（Randall）等人通过三个实验一致发现，随着任务难度的增加，走神对任务成绩的消极影响更明显[1]；但在任务相对简单的实验情境下，个体不必将全部的认知资源投入到任务中，可以支配部分认知资源于走神中，这一情境下的走神风险大大降低，甚至会带来积极影响，如利用走神进行创造性思考。所以，个体为最大化降低走神产生的风险，应尽量控制在简单情境中走神。

二、内容调节假设（The Content Regulation Hypothesis）

个体在走神时，思维内容各式各样。某些走神的内容会导致心理痛苦、不快乐，乃至抑郁或强迫症等适应不良，但还有些走神的内容却有其适应价值。研究者发现，指向未来的走神帮助个体预测未来并提前规划，从而作出积极的选择，有利于实现未来目标。[2]指向过去的走神可能是痛苦和不快乐的暗示，

---

[1] J. G. Randall, M. E. Beier, A. J. Villado, "Multiple Routes to Mind Wandering: Predicting Mind Wandering With Resource Theories", *Consciousness and Cognition: An International Journal*, 67, 2019, 26~43.

[2] K. K. Szpunar, "Evidence for an Implicit Influence of Memory on Future Thinking", *Memory & Cognition*, 38（5）, 2010, 531.

与消极情绪密切相关。[1]所以,个体的认知系统也会以一种适应性的方式调整走神的内容,以使效益最优。

内容调节假设认为,走神对心理健康特别重要,走神与心理健康之间的关系跟不同的走神内容有关。走神和心理健康之间的关系取决于个体的评估以及如何调节走神的内容,使走神产生最有成效的结果,并尽量减少对其幸福或其他结果的危害。这一假设强调走神是一种异质的、而不是同质的状态。所以从干预的角度来说,单纯减少走神并没有意义,相反,我们应当关注和改变那些对个体健康和幸福感有破坏作用的走神,同时又不限制有益的走神内容发挥其建设性作用。通过冥想或其他干预的方式打破负性的、聚焦于过去的、抽象的重复思考的环路,改变走神的内容和发生,是很有价值的。而将走神的内容限制在未来指向和感兴趣内容上,会给个体带来更好的收益。

---

[1] M. S. Franklin et al., "The Silver Lining of A Mind in the Clouds: Interesting Musings are Associated With Positive Mood While Mind-wandering", *Frontiers in Psychology*, 4, 2013, 583; D. Stawarczyk, S. Majerus, A. D'Argembeau, "Concern-induced Negative Affect is Associated with the Occurrence and Content of Mind-wandering", *Consciousness & Cognition*, 22 (2), 2013, 442~448.

第三章 CHAPTER 3

走神的测量

走神是一种主观的个人体验，它的发生还具有一定的隐蔽性和不确定性，这就决定了我们对它的测量特别困难，但研究者还是逐渐开发了一些测量手段。因为走神出现时是伴随着一些其他方面的改变的，研究者可以通过观测个体在完成活动过程中绩效的改变来间接探测走神的发生，也可以通过个体的自我报告来完成。

总的来看，研究者主要从状态（state）层面和特质（trait）层面来测量走神。

对状态走神的测量主要通过实验室测量和日常生活的经验取样来实现。在实验室测量中，研究者们一般会设置一个足够简单的实验任务，这时被试不需要付出较大的努力就可以使注意维持在任务上，在这种背景下个体会极易产生与任务无关的想法，造成走神的发生。研究者设计了一些实验任务范式来促成走神的发生，较为典型的实验范式有：持续注意反应任务（the Sustained Attention on Response Task，SART）、节拍器反应任务（The Metronome Response Task，MRT）、阅读和走神任务范式（Reading and Mind-Wandering Task，RMT）、精神运动警戒任务（Psychomotor vigilance task，PVT）等，同时在这些任务完成的过程中进行探针取样（probe-caught）或自我报告走神，以更系统地考察走神对任务的影响。

经验取样法（Experience-sampling Method，ESM）则是在日常生活中多次收集人们在较短时间内对走神事件的瞬时评估，并对其进行记录的一种方法。它可以用来更为有效地研究个体走神随时间和情境变化的轨迹及其相关的影响因素，生态效度更好。

研究者认为，状态会受到时间和情境的影响，而特质具有短时间内不随时间和情境的变化而变化的特点，所以除了考察具体的时间与情境中走神状态的特点，还必须同时重视有效地预测行为的特质。对特质走神的测量主要是通过研究者开发的问卷和量表来完成的。较为常用的走神量表有：正念觉知量表（The Mindful Attention Awareness Scale，MAAS）、走神量表（Mind-Wandering Questionnaire，MWQ）、注意相关认知错误量表（Attention-Related Cognitive Errors Scale，ARCES）、有意走神和自发走神量表（Mind Wandering：Deliberate and Spontaneous Mind Wandering Scales）等。

第一节 状态走神的测量

一、探针取样（probe-caught）

在走神的研究中，最早且普遍使用的方式就是根据被试的自我报告来进行。探针取样是最常使用的自我报告方式。所谓探针取样就是在被试完成任务的过程中，随机插入思维探针（thought probe），请被试停止手头工作，报告探针出现前一刻的思维内容。[1]被试既可以通过电脑也可以口头报告当前的意识

---

[1] L. M. Giambra, "A Laboratory Method for Investigating Influences on Switching Attention to Task-unrelated Imagery and Thought", *Consciousness and Cognition*, 4 (1), 1995, 1~21; D. Stawarczyk et al., "Mind-wandering: Phenomenology and Function as Assessed with a Novel Experience Sampling Method", *Acta Psychologica*, 136 (3), 2011, 370~381.

内容和状态。

在早期的实验中，主试通过话语打断正在完成任务的被试，要求被试报告当前的意识状态，这是探针取样的最初形态。[1] 例如让被试完成行为任务，然后在某个时间范围内，随机说出"停止"打断被试，要求被试准确报告出听到"停止"时脑海中所想的东西。研究者将被试报告的内容转录为文字，邀请两个评分者独立对其内容进行分类，并计算出与实验或实验情境没有明显关系的刺激无关思维出现的频率。随着实验流程的完善，探针也逐渐客观化、规范化。如斯莫尔伍德（Smallwood）等人用蜂鸣器的噪音替代主试的"停止"，后续又进一步改进，将行为任务和思维探针呈现在电脑屏幕上，要求被试看到"停止"后报告其反应……这些改变减少了实验中主试带来的额外变量，也减少了主试和被试间的交互作用，使研究结果更加客观。[2]

之后大量研究根据自身的目标需要，将探针对应的回答限制在某些特定问题上。如探针可以只询问"探测前你在走神吗"，而关注走神时间焦点的研究则可以探针询问被试"在被问到这个问题之前，你的注意是在任务上，还是转移到过去的个人事件上，抑或是转移到即将发生的个人事件上"。还有研究者要求被试回答，他们对自己产生的与任务无关的想法是否能意

---

[1] J. D. Teasdale et al., "Stimulus-independent Thought Depends on Central Executive Resources", *Memory & Cognition*, 23 (5), 1995, 551~559; J. D. Teasdale et al., "Working Memory and Stimulus-independent Thought: Effects of Memory Load and Presentation Rate", *European Journal of Cognitive Psychology*, 5 (4), 1993, 417~433.

[2] J. Smallwood, M. Obonsawin, D. Heim, "Task Unrelated Thought: The Role of Distributed Processing", *Consciousness and Cognition*, 12 (2), 2003, 169~189; J. Smallwood et al., "An Investigation into the Role of Personality and Situation in the Maintenance of Subjective Experience in a Laboratory", *Imagination, Cognition and Personality*, 21 (4), 2002, 319~332.

识到，而研究自我报告自信心的学者则可以在探针后再插入一个自信量表，明确被试对元意识的自信程度。

思维探针在走神研究中有两方面的作用：一是明确被试在任务中走神的比例；二是对被试的思维进行分类（如走神状态下还是注意状态下），探索不同思维类别与其他研究变量的关系。例如，瓦劳（Varao）和卡里埃（Carriere）等人研究了不同阅读材料的方式（大声朗读、听音频、默读）对走神的影响，发现大声朗读导致的走神最少，听音频导致的走神次数最多，且在听音频和默读情境下，走神与任务成绩材料兴趣呈负相关关系。[1]

随着时间的推移，探针取样的研究程序由复杂走向简便，其有效性也在逐渐提高。当前，探针出现的时间、频率以及自身内容都经过了研究者的设计，思维探针仍大量出现在走神研究中。然而，该范式仍有几个不可避免的问题。首先，作为一个主观的研究方法，探针取样本身带有局限性，被试可能在有意无意中错误地报告了思维；其次，现阶段探针取样存在大量的变式，仅2005年至2015年发表的105篇文章中，就存在69种不同的探针和反应选项，[2]但是不同变式各自的信效度却未得到充分证明。此外，已有研究证明，在实验任务中询问个体的心理状态，可能会通过增加个体对思维内容的元意识而改变其行为，特别是思维探针的频率和框架效应会影响被试报告的

---

[1] S. T. L. Varao, J. S. A. Carriere, S. Daniel, "The Way We Encounter Reading Material Influences How Frequently We Mind Wander", *Frontiers in Psychology*, 4, 2013, 892.

[2] Y. Weinstein, H. J. De Lima, T. Van Der Zee, "Are you Mind-wandering, or is Your Mind on Task? The Effect of Probe Framing on Mind-Wandering Reports", *Psychonomic Bulletin & Review*, 25（2），2018，754~760.

走神率。[1]

因此,为了保证走神评估的准确性,研究者在使用思维探针的同时,开发了越来越多的行为和生理方面的评估指标,即不再将探针数据作为唯一的判断标准,而将其视为许多数据的来源之一。[2] 常见的指标有反应时、身体姿势、阅读速度以及大脑活动、外周生理反应、眼球运动和瞳孔直径等。目前的实验研究多在保留思维探针的基础上,在设计一个实验任务的同时收集相关行为/生理数据,或要求被试完成走神量表,综合评估被试的思维状态。

二、测量走神的实验室任务

(一) 持续注意反应任务范式 (the Sustained Attention on Response Task, SART)

在走神的实验室研究中,最典型的方法之一是采用持续注意反应任务。该范式的实质是 go/no-go 任务,任务要求被试对大概率事件作按键反应,而对小概率事件不作反应,从而使被试形成一个刺激—按键的优势反应。当出现小概率刺激时,个体必须集中注意才能克服已经形成的优势(按键)反应。研究者发现,被试走神时反应时增长,准确率降低,SART 可以通过被试在任务上的表现,而不是口头报告推断其走神程度。因此,SART 是一种间接的走神评估工具。

---

[1] C. M. Zedelius, J. M. Broadway, J. W. Schooler, "Motivating Meta-awareness of Mind Wandering: A Way to Catch the Mind in Flight?", *Consciousness and Cognition*, 36, 2015, 44~53; P. Seli et al., "How Few and Far Between? Examining the Effects of Probe Rate on Self-reported Mind Wandering", *Frontiers in Psychology*, 4, 2013, 430.

[2] G. E. Hawkins et al., "Toward a Model-based Cognitive Neuroscience of Mind Wandering", *Neuroscience*, 310, 2015, 290~305.

SART 最早由罗伯特森（Robertson）[1]提出，其在实验中要求被试坐在电脑屏幕前约 40 厘米处，对显示屏上随机出现的个位数字进行反应，即，被试看到 3 以外的数字作按键反应，看到数字 3 不作反应。任务共进行了 4.3 分钟，先后呈现 225 个个位数字，由数字 1 到 9 重复呈现 25 次组成。每个数字呈现 250 毫秒，随后紧跟一个持续时间为 900 毫秒的掩码，掩码为环形，中间包含一个对角交叉线，且环形的直径是 29 毫米。所有数字按照预先确定的伪随机方式呈现，并要求被试完成任务时，对速度和准确性予以同等程度的重视。此外，数字呈现为随机的 5 种字号，分别为 48 号、72 号、94 号、100 号和 120 号，用来提高处理数值的要求。实验中，数字及掩码都呈现为白色，屏幕背景则是黑色背景，具体见图 3-1。

罗伯特森（Robertson）等人通过反应时和错误率对被试的表现进行量化，证实了被试在 SART 测试中的表现与在传统的持续注意力测试中的表现显著相关，且与自我报告的日常注意失败显著相关，明确了 SART 作为持续注意任务的可行性。

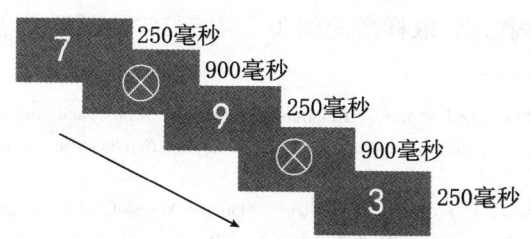

图 3-1　SART 示意图

被试对 3 以外的数字按空格键反应，对 3 不作反应

---

[1] I. H. Robertson et al., "Oops!: Performance Correlates of Everyday Attentional Failures in Traumatic Brain Injured and Normal Subjects", *Europsychologia*, 35 (6), 1997, 747~758.

此后，该范式衍生出了大量变式被用于与走神相关的研究。有研究改变了每个 block 的持续时间，以便于 block 结束时插入思维探针[1]；有研究者提出了 SART 的不同版本，简单版本中被试可预测出何时对反应进行抑制[2]；有研究者改变了刺激间隔、刺激呈现时间和刺激呈现的速度[3]……还有研究者使用了新的任务刺激，用词汇和字母代替了对数字 1 到 9 的反应。如麦克维（McVay）和凯恩（Kane）区分了三种词汇呈现方式：语义（动物词汇/食物词汇）、感知（小写字母/大写字母）、语义+感知（动物词汇+小写字母/食物词汇+大写字母）；昂斯沃斯（Unsworth）和麦克米兰（Mcmillan）要求被试对动物相关的高频词进行反应，对食物相关的低频词不作反应。同时，马尔凯蒂（Marchetti）以及斯莫尔伍德（Smallwood）的同事不再要求被试对数字作反应，而要求他们对字母 O 和 Q 进行反应。实验中，多次出现的字母 O 需要被试准确按键，不常出现的字母 Q 则需要被试抑制反应。

有少量研究单独使用 SART 获取被试的走神数据，如拉尔（Rahl）的研究将持续注意辨别率作为走神指标。[4]更多的研究是把 SART 和探针取样搭配使用，在 SART 中插入"探针"，将

---

[1] D. Stawarczyk et al., "Relationships Between Mind-wandering and Attentional Control Abilities in Young Adults and Adolescents", *Acta Psychologica*, 148, 2014, 25~36.

[2] P. Seli, E. F. Risko, D. Smilek, "On the Necessity of Distinguishing between Unintentional and Intentional Mind Wandering", *Psychological Science*, 27 (5), 2016, 685~691.

[3] J. Smallwood et al., "Shifting Moods, Wandering Minds: Negative Moods Lead the Mind to Wander", *Emotion*, 9, 2009, 271~276; E. A. Wiemers, T. S. Redick, "The Influence of Thought Probes on Performance: Does the Mind Wander More if you Ask It?", *Psychonomic Bulletin & Review*, 26 (1), 2019, 367~373.

[4] H. A. Rahl et al, "Brief Mindfulness Meditation Training Reduces Mind Wandering: The Critical Role of Acceptance", *Emotion*, 17 (2), 2017, 224~230.

个体的行为反应和口头报告结合起来，这样可以使研究者对走神的评估更加精准。这时 SART 中的反应时、正确率以及反应时的方差/标准差可以作为反映走神的指标。

SART 是当前走神研究中被使用得最多的行为任务。在以往研究中，范式的有效性得到了充分的证明，走神领域也因该范式的存在有了进一步发展。然而，研究者认为，它仍存在一些问题。[1]首先，在这些任务上的表现可能主要衡量一个人抑制优势反应的能力，而不是其走神倾向；其次，由于任务中需要克服已经形成的按键反应，要求被试尽可能快速且准确地作出反应，这可能会受到速度-准确性权衡个体差异的影响；最后，被试的表现受到 No-go 刺激的影响，这些刺激可能会引发额外的走神。

（二）节拍器反应任务（The Metronome Response Task, MRT）

MRT 和探针取样结合使用，被广泛应用于走神研究中。2013 年，塞利（Seli）及其团队在研究注意任务的表现是否反映了走神时，开创了这一范式，[2]此后一直被同课题组的研究者沿用。该范式的程序是：要求被试根据发声器呈现的周期性节拍器音调作出反应，即在每个音调出现的确切时刻按下空格键以保证和音调同步反应。实验共 900 个试次（trial），每个试

---

[1] W. S. Helton, "Impulsive Responding and the Sustained Attention to Response Task", *Journal of Clinical and Experimental Neuropsychology*, 31（1），2009，39~47；P. Seli, J. A. Cheyne, Smilek, "Wandering Minds and Wavering Rhythms: Linking Mind Wandering and Behavioral Variability", *Journal of Experimental Psychology Human Perception & Performance*, 39（1），2013，1~5；P. Seli, J. A. Cheyne, D. Smilek, "Attention Failures Versus Misplaced Diligence: Separating Attention Lapses from Speed - accuracy Trade-offs", *Consciousness & Cognition*, 21（1），2012，277~291.

[2] P. Seli, J. A. Cheyne, D. Smilek, "Wandering Minds and Wavering Rhythms: Linking Mind Wandering and Behavioral Variability", *Journal of Experimental Psychology Human Perception & Performance*, 39（1），2013，1~5.

次持续1300毫秒,被试先经历650毫秒的安静状态,然后听到一个持续75毫秒、强度约60分贝的节拍音调,再经历575毫秒的安静状态。在整个任务过程中,会周期性地插入思维探针询问被试当前的思维状态。

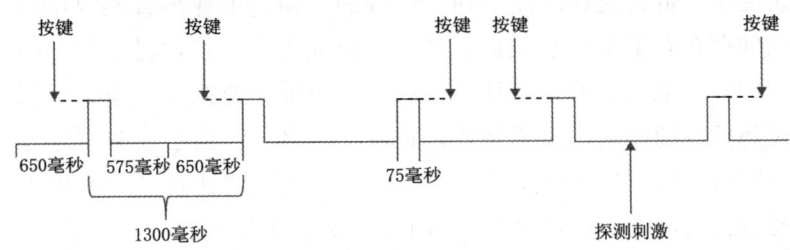

图3-2 MRT示意图

垂直的竖条表示节拍器的音调(持续75毫秒),虚线表示节奏反应时间(RRTs),即按键时间与节拍器音调开始的时间之差。

研究者通过MRT和思维探针的结合使用对走神进行测量。由于实验要求被试每次试次的按键要跟与节拍器音调出现同步,按键时间和与节拍器音调开始之间就会出现时间差,所以每个试次中被试的按键时间减去节拍器音调开始的时间,就可以得到节奏反应时间(rhythmic response times, RRTs)。研究者指出,如果一个人在完成任务时经历走神,他对音调开始的估计就会受到影响,对任务相关行为的调控减少,导致行为的变异性增加,体现在任务指标上就是使RRTs的方差变大。也就是说,走神程度越高的个体,RRTs的方差就越大。因此,MRT任务通过思维探针可以获得被试走神与否的回答,而通过被试走神时与集中于任务上的RRTs方差差异,就可以确认被试完成任务时的走神程度。

由于MRT任务结合思维探针获得的被试回答,再用RRTs

的方差结果代表被试的走神程度，可以更充分地分析走神，所以，MRT具有不可替代的优势。首先，它是一项简单的行为任务，因为刺激与反应简单，便于被试的理解与操作，不会因为实验刺激引发被试额外的走神情况；其次，在有研究批评以SART为主的go/no-go任务衡量的是个体抑制优势反应的能力而不是走神倾向时，MRT很好地避免了反应抑制问题。

近期的一项研究对MRT范式进行重复验证，证实了该范式对于走神评估的有效性[1]；还有研究者探讨MRT可视化版本vMRT的可行性[2]。其他多数研究采用MRT进行了与走神相关的多方面探讨。例如，有研究发现动机能显著预测节奏反应时间变异（RRTv），动机水平高的个体任务完成得更好，且操纵动机后，被试有意走神和无意走神的频率显著降低[3]；走神影响次要任务上的表现，但这种关系取决于走神的程度[4]；等等。

（三）阅读和走神任务范式（Reading and Mind-Wandering Task，RMT）

关于走神影响阅读的研究，研究者往往给被试提供一些文本材料，在其阅读时定期询问他们的意识状态，随后通过测试评估阅读理解能力，综合考察被试的走神情况。这其中，较常

---

[1] T. Anderson et al., "The Metronome Response Task for Measuring Mind Wandering: Replication Attempt and Extension of Three Studies by Seli. et. al", *Attention, Perception, & Psychophysics*, 2020, 1~16.

[2] P. Laflamme, P. Seli, D. Smilek, "Validating a Visual Version of the Metronome Response Task", *Behavior Research Methods*, 50 (4), 2018, 1503~1514.

[3] P. Seli et al., "Increasing Participant Motivation Reduces Rates of Intentional and Unintentional Mind Wandering", *Psychological Research*, 83 (5), 2019, 1057~1069.

[4] P. Seli et al., "Restless Mind, Restless Body", *Journal of Experimental Psychology: Learning, Memory, and Cognition*, 40 (3), 2014, 660.

见的范式之一是阅读和走神任务（RMT）。

1989年，格罗斯基（Grodsky）和吉安布拉（Giambra）在研究阅读与任务无关的想象和思维时，开创性地提出了这一范式。[1]研究者选用了科普读物 *A Short History of Nearly Everything*（中文名为《万物简史》）中的3个到5个选段，每段大约有1800字至2500字，涉及生物、化学等学校所教授的几个学科。研究要求被试阅读选段，并在阅读后完成内容相关的选择题。在阅读过程中，研究者随机插入思维探针来测查被试的走神情况。

该范式利用思维探针监测走神，利用答题分数反应被试的阅读理解情况，自提出以来，一直被沿用至今。例如，斯莫尔伍德（Smallwood）等人探究了阅读过程中，文本兴趣、相关经验、时间焦点和任务无关思维的关系；斯米莱克（Smilek）等人的研究发现，眨眼频率可以调节走神和任务相关刺激之间的转换；之后，有结果表明，大声朗读、听音频、默读三种方式会引发不同的走神频率[2]；还有研究证实了元认知可以调节ADHD和有害走神的关系[3]。最近的一篇文章显示，当鼓励被试以好奇的心态阅读时，能够显著地减少任务中的走神频率。[4]

---

[1] A. Grodsky, L. Giambra, "Task Unrelated Images and Thoughts Whilst Reading", in J. Shorr, P. Robin, J. A. Connek, M. Wolpin (Eds.), *Imagery: Current Perspectives*, New York: Plenum Press, 1989.

[2] S. T. L. Varao, J. S. A. Carriere, S. Daniel, "The Way We Encounter Reading Material Influences How Frequently We Mind Wander", *Frontiers in Psychology*, 4, 2013, 892.

[3] M. S. Franklin et al., "Tracking Distraction: the RelationshipBetween Mind-wandering, Meta-awareness, and ADHD Symptomatology", *Journal of Attention Disorders*, 21 (6), 2017, 475~486.

[4] C. M. Zedelius, J. Protzko, J. W. Schooler, "Lay Theories of the Wandering Mind: Control-related Beliefs Predict Mind Wandering Rates In-and Outside the Lab", *Personality and Social Psychology Bulletin*, 47 (4), 2020, 014616722094940.

除 RMT 以外，阅读研究中还存在着许多其他范式，主要区别在于选取的文本材料不同。如采用《夜访吸血鬼》和《潘登尼斯》的选段探索文本兴趣和走神对回忆量的影响[1]；采用小说《战争与和平》选段发现了走神在工作记忆容量和阅读理解之间起到的重要的中介作用[2]；借助科普书 Operation ARA！证明重读时更容易走神，且对理解没有影响的观点。[3]

RMT 等范式的应用大量证实了走神给阅读带来的消极影响：走神会影响阅读理解的成绩；影响情境模型建立，即根据故事中的线索进行推理的能力；导致阅读时间变慢，平均注视时间变长，不受词语频率的影响等，这些研究推动了走神领域的发展。近期，也有研究者提出了基于眼动仪的自动化走神测量模型[4]，为口头报告提供了一个有吸引力的替代方法或补充。

（四）精神运动警戒任务（Psychomotor vigilance task，PVT）

丁格斯（Dinges）和鲍威尔（Powell）[5]开发的精神运动警戒任务，是一种广泛应用于测量被试注意状态、唤醒水平、

---

[1] P. Dixon, M. Bortolussi, "Construction, Integration, and Mind Wandering in Reading", *Canadian Journal of Experimental Psychology/Revue Canadienne de Psychologie Expérimentale*, 67 (1), 2013, 1~10.

[2] J. C. McVay, M. J. Kane, "Why does Working Memory Capacity Predict Variation in Reading Comprehension? on the Influence of Mind Wandering and Executive Attention", *Journal of Experimental Psychology: General*, 141 (2), 2012, 302~320.

[3] D. F. Halpern, *Thought & Knowledge An Introduction to Critical Thinking*, 36 (2), 2002, 143~186; N. E. Phillips et al., "On the Influence of Re-reading on Mind Wandering", *Quarterly Journal of Experimental Psychology*, 69 (12), 2016, 2338~2357.

[4] M. Faber, R. Bixler, S. K. D'Mello, "An Automated Behavioral Measure of Mind Wandering During Computerized Reading", *Behavior Research Methods*, 50 (1), 2018, 134~150.

[5] D. F. Dinges, J. W. Powell, "Microcomputer Analyses of Performance on A Portable, Simple Visual RT Task During Sustained Operations", *Behavior Research Methods, Instruments, & Computers*, 17 (6), 1985, 652~655.

警觉变化的行为任务,最早用来探究睡眠缺失对于工作绩效的影响,后期由昂斯沃斯(Unsworth)等人将其引入走神领域。该范式的程序是,在每个试次以电脑屏幕中央出现一个持续 2 秒由 6 个"+"组成的注视信号开始,随后被试会看到一组数字 0 ("000000"),呈现时间在 1 秒至 10 秒间随机,接着数字会以 1 毫秒的间隔时间按顺序增加(如"111111""222222"……)。实验要求被试看到数字增长时尽快按下空格键,被试的反应时间会在屏幕上呈现 1 秒,为被试提供反馈。PVT 的持续时间为 10 分钟,大约包含了 75 个试次。在实验进行过程中,思维探针会被随机插入在 20% 的试次之后,询问被试当前的思维状态。

PVT 范式是持续注意任务的一种,研究者规定,所有试次中反应最慢的 20% 的平均反应时作为意识控制失败的指标,代表该任务上的表现水平。相关研究证明,这一任务指标可以从侧面反映被试在任务上的走神情况。

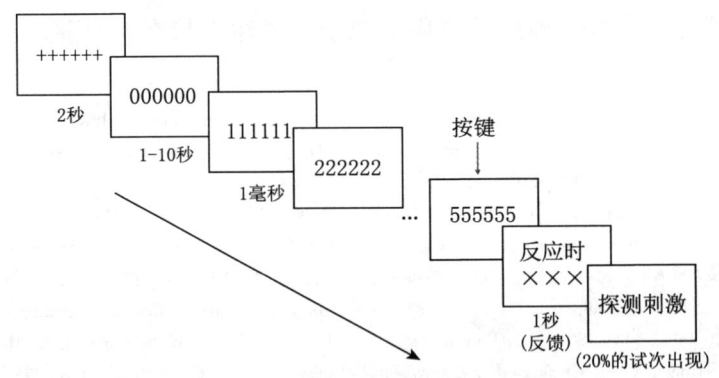

图 3-3　精神运动警戒任务示意图

后续采用 PVT 范式的研究都是由昂斯沃斯(Unsworth)的课题组进行的,研究内容较为集中,重点在于探索认知能力,特别是注意、工作记忆能力与走神的关系,范式程序也基本沿用了 2012 年的过程,只是后来对数字增长的间隔时间、增长速度进行了小幅改动。例如,研究者将数字 0 的呈现时间由 1 秒到 10 秒改为 2 秒到 10 秒,增长的速度由每 1 毫秒增长一次改为每 17 毫秒增长一次,其他均保持一致。研究者发现,走神和外部分心都与工作记忆容量(WMC)和流体智力有关,支持了注意缺失与认知能力密切相关的观点。在人格层面上,神经质的个体进行认知任务时更容易走神,注意控制能力更差。而且,对于大学生而言,特定的注意涣散与上课动机和学习兴趣有关,而学习成绩与日常生活中的注意涣散无关。他们进一步发现,低 WMC 个体的高走神主要是自发走神,而有意走神则取决于动机的大小。[1]

PVT 范式通过检测被试对信号的及时响应能力,评估其注意状态,具有操作简单、反应指向明确、受个体差异影响小等优点,[2] 该范式应用领域多样,其信效度也得到了学术领域的认可。

---

[1] N. Unsworth, B. D. Mcmillan, "Similarities and Differences between Mind-wandering and External Distraction: a Latent Variable Analysis of Lapses of Attention and Their Relation to Cognitive Abilities", *Acta Psychologica*, 150, 2014, 14~25; M. K. Robison, K. I. Gath, N. Unsworth, "The Neurotic Wandering Mind: An Individual Differences Investigation of Neuroticism, Mind-wandering, and Executive Control", *The Quarterly Journal of Experimental Psychology*, 70 (4), 2017, 649~663; N. Unsworth, B. D. Mcmillan, "Attentional Disengagements in Educational Contexts: a Diary Investigation of Everyday Mind-wandering and Distraction", *Cognitive Research: Principles and Implications*, 2, 2017, 32; N. Unsworth et al., "Everyday Attention Failures: An Individual Differences Investigation", *Journal of Experimental Psychology: Learning, Memory, and Cognition*, 38 (6), 2012, 1765; M. K. Robison, A. L. Miller, N. Unsworth, "A Multifaceted Approach to Understanding Individual Differences in Mind-wandering", *Cognition*, 198, 2020; Robison, K. Matthew, N. Unsworth, "Cognitive and Contextual Correlates of Spontaneous and Deliberate Mind-wandering", *Journal of Experimental Psychology Learning Memory & Cognition*, 44 (1), 2018, 85~98.

[2] 张英等:"精神运动警觉性任务在不同知觉负荷下的疲劳状态监测",载《心理学探新》2018 年第 4 期。

三、经验取样法（Experience-sampling Method, ESM）

除了在实验室严格控制的条件下研究走神以外，日常生活中，采用经验取样法获取相关资料也是常见的研究手段。经验取样法，要求研究者会在个体没有准备的情况下，给个体发送探针问题，要求被试在一段时间内（通常是5天~7天）定期报告他们当前的思维内容。[1]一般研究者会请被试随身携带电子寻呼设备，在这段时间内随机向被试发送提示信号，要求被试在看到信号后立刻完成电子版或纸质版的调查问卷，以报告当前（或信号之前）的活动及相关经验。

实验室中与任务无关思维的报告与日常生活中任务无关思维的报告呈正相关关系，证实了ESM的有效性；比起传统的实验室研究，ESM具有自身独特的优势。首先，ESM对人们日常生活的环境进行反复测量，提高了信度和生态效度；其次，ESM是关于直接经验的报告，减少了回顾性的偏差；再次，日常生活中涉及的情境丰富，ESM报告了当前活动，可以评估情境对经验的影响[2]；最后，ESM可以追踪被试在一段时间内的情绪变化，这是实验室的横断研究所不能企及的。可以说，ESM是走神研究不可缺少的一部分。

在走神研究领域，早期有研究者借助经验取样法描述了自

---

[1] J. Smallwood, J. Andrews-Hanna, "Not all Minds that Wander are Lost: the Importance of a Balanced Perspective on the Mind-wandering State", *Frontiers in Psychology*, 4, 2013, 441; J. Smallwood, J. M. Schooler, "The Science of Mind Wandering: Empirically Navigating the Stream of Consciousness", *Annual Review of Psychology*, 66 (1), 2015, 487.

[2] M. J. Kane et al., "For Whom the Mind Wanders, and When: An Experience-sampling Study of Working Memory and Executive Control in Daily Life", *Psychological Science*, 18 (7), 2007, 614~621.

然情境下与白日梦相关的思维流动属性，发现思维受到环境的影响，且白日梦思维的普遍特征为内心独白（51%）和视觉意向（46%），后期的研究涉及工作记忆容量[1]、实验室任务对日常走神的预测情况，以及日常生活中走神和情绪的关系、走神的干预效果等。例如，有研究者在干预前、干预时、干预后进行持续的经验取样，以此分析走神的变化情况。贾扎耶里（Jazaieri）等人进行了为期75天的持续追踪，证实冥想确实减少了走神频率，增加了对自己的关爱行为。[2]

通过 ESM，可以对意识经验进行"立即"回顾，能最大限度地降低个体的记忆负担。作为一个更接近"事实"的数据收集方法，它代表了数据收集技术的巨大进步。尽管如此，经验取样法仍然具有主观报告法的缺陷。它只能通过内省对个体的意识经验进行随机抽样，所以还是无法让研究者直观地观测到走神的随时发生和动态变化。所以，在走神研究中，寻找可以反映走神的其他客观指标（包括心理的、行为的和生理的），一直是这个领域的重要方法学课题。

第二节　特质走神的测量

最早的较为系统测量跟走神相关的《想象过程问卷》（Imaginal Processes Inventory）是由辛格（Singer）和安特罗伯斯（Antrobus）共同开发的。它在设计时主要是针对白日梦的频率、内容和类型等方面进行评定，但白日梦并不能够充分代表走神。

---

[1] E. Klinger, W. M. Cox, "Dimensions of Thought Flow in Everyday Life", *Imagination, Cognition and Personality*, 7 (2), 1987, 105~128.

[2] H. Jazaieri et al., "A Wandering Mind is a Less Caring Mind: Daily Experience Sampling During Compassion Meditation Training", *The Journal of Positive Psychology*, 11 (1), 2016, 37~50.

也有较多研究者借用测量其他相关或相反特质的问卷来测量走神：如布朗（Brown）和里安（Ryan）认为，MW和专注是意识的两个极端状态，他们使用专注和意识量表（Mindful Attention and Awareness Scale，MAAS）的反向得分作为MW的指标[1]；切恩（Cheyne）等人认为MW容易导致个体在注意方面发生认知错误，因此，他们从个体的认知错误这一角度，使用与注意相关的认知错误量表（Attention-Related Cognitive Errors Scale，ARCES）来测MW。[2]由于这些量表都不直接测量个体的MW，研究者近些年开始编制直接测量MW特质的问卷。例如，姆拉泽克（Mrazek）等人编制的青少年MW量表（MWQ）假定MW是单维的，侧重对不可控MW的测量；塞利（Seli）和卡里埃（Carriere）等人编制了有意MW量表和自发MW量表，分别测量有意走神和自发走神。还有研究者对走神时的形式和内容进行了关注，设计了多维度经验量表（Multidimensional Experience Sampling，MDES）。这些问卷都是在走神研究中比较常用的问卷。

一、想象过程问卷（Imaginal Processes Inventory，IPI）

早期对走神的测量是通过测量白日梦完成的。1966年辛格（Singer）开发的白日梦问卷可以算是最早的量表。到1970年，辛格等人又对这个量表进行修订，形成了更为系统的IPI。IPI评估了白日梦各个方面的特征，还有好奇心、注意等内容，共

---

[1] K. W. Brown, R. M. Ryan, "The Benefits of Being Present: Mindfulness and Its Role in Psychological Well-being", *Journal of Personality and Social Psychology*, 84 (4), 2003, 822.

[2] J. A. Cheyne, J. S. Carriere, D. Smilek, "Absent-mindedness: Lapses of Conscious Awareness and Everyday Cognitive Failures", *Consciousness and Cognition*, 15 (3), 2006, 578~592.

包括28个分量表、344个项目。[1]

整个问卷分为两部分：第一部分是白日梦和睡眠梦的频率调查，主要从某几类场合下的发生次数、持续时间来总体性地估计白日梦的频率；第二部分是白日梦结构和内容以及好奇心、注意等相关方面的调查，主要内容包括白日梦中过去、现在及未来三个时间指向的事件及情景的频率，视觉、听觉、情景性、语义性等不同表征形式的频率，以及个体对待白日梦的态度、持续情况、卷入度等方面的评估。由于题量巨大，该量表完整应用于具体研究的次数并不多，仅有的文章大多探讨白日梦的内部结构[2]、白日梦的临床表现[3]，以及不同群体白日梦频率、类型的特点[4]等。

（一）白日梦频率分量表（Daydreaming Frequency Scale，DFS）

实际应用中，大量研究选取了IPI中DFS测查走神情况。DFS包含12个项目，从不同场合下白日梦发生次数、持续时间来总体性地估计走神频率。例如，"我会回忆或想起我的白日梦……"选项为从A到E对应的不同频率。五个选项对应的频率逐渐增大，被试选择最符合自己的那一项。计分规则为：按照选项在项目中的位置，"A"计为0，"C"计为2，"E"计为4，最后将12个项目的得分求和，高分代表走神特征显著。DFS

---

[1] J. L. Singer, "Daydreaming: An Introduction to the Experimental Study of Inner Experience", 1966; J. L. Singer, J. S. Antrobus, "Manual for the Imaginal Processes Inventory", *Princeton*, NJ: Educational Testing Service, 1970.

[2] B. Segal, G. J. Huba, J. L. Singer, "Drugs, Daydreaming, and Personality: A Study of College Youth", *Routledge*, 2018.

[3] S. Starker, A. Jolin, "Imagery and Hallucination in Schizophrenic Patients", *Journal of Nervous & Mental Disease*, 170 (8), 1982, 448~451.

[4] Giambra, M. Leonard, "Frequency and Intensity of Daydreaming: Age Changes and Age Differences from Late Adolescent to the Old-old", *Imagination Cognition & Personality*, 19 (3), 2000, 229~267.

内部一致性信度、一年内的重测信度较高（Cronbach's α=0.91，r=0.76,），可用于测量走神的一般倾向。

　　研究者使用该问卷探索了白日梦与年龄、创造力、焦虑、正念冥想等其他因素的关系。例如，有研究发现，白日梦因年龄而改变：年轻人指向未来的想法更多，而老年人指向过去的想法更多，且白日梦的频率随着年龄的增长而减少[1]；也有研究者发现白日梦有助于提高创造性[2]；还有研究者采用DFS测量被试自我产生的思维，寻找其与状态焦虑的关系[3]；达米塞拉（Damisela）等人将DFS用于测量冥想者的日常走神状况，检验正念冥想和走神的减少有关。[4]

　　DFS作为早期的走神量表之一，具有良好的信效度指标，在走神领域得到了充分的应用。然而，有研究者提出质疑，测量白日梦并不等同于测量走神[5]，因为DFS关注的是与刺激无关的思维，如"在长途汽车、火车或飞机上，我会做白日梦"

---

〔1〕　L. M. Giambra, "The Influence of Aging on Spontaneous Shifts of Attention from External Stimuli to the Contents of Consciousness", *Experimental gerontology*, 28 (4~5), 1993, 485~492; Irish, M. et al., "Age-related Changes in the Temporal Focus and Self-referential Content of Spontaneous Cognition During Periods of Low Cognitive Demand", *Psychological Research*, 83 (1), 2018, 1~14.

〔2〕　D. D. Preiss et al., "Examining the Influence of Mind Wandering and Metacognition on Creativity in University and Vocational Students", *Learning and Individual Differences*, 51, 2016, 417~426.

〔3〕　I. Kiran et al., "Impact of Self-Generated Thoughts on Anxiety Symptoms among University Students: Mediating Role of Rumination", *Pakistan Journal of Psychological Research*, 2020, 37~51.

〔4〕　Damisela Linares Gutiérrez et al., "Meditation Experience and Mindfulness are Associated with Reduced Self-reported Mind-wandering in Meditators-a German Version of the Daydreaming Frequency Scale", *Psych*, 1 (1), 2019, 193~206.

〔5〕　M. D. Mrazek et al., "Young and Restless: Validation of the Mind-wandering Questionnaire (MWQ) Reveals Disruptive Impact of Mind-wandering for Youth", *Frontiers in Psychology*, 4, 2013, 560.

"当我不密切注意某些工作、书籍或电视时,我倾向于做白日梦",而根据斯莫尔伍德(Smallwood)和斯库勒(Schooler)的描述,走神的典型特征是:聚焦于任务上的注意被任务无关思维打断。因此,DFS 并不是直接测量走神的工具。

近些年来,随着走神与注意偏差、认知失误等概念的结合以及走神内部的细致划分,应用的量表也进一步细化,DFS 也常与认知失误量表(CFS)、有意走神和自发走神量表(MW-D; MW-S)以及走神问卷(MWQ)等一起作为评估走神的工具。

(二)简版想象过程问卷(Short Imaginal Processes Inventory, SIPI)

与白日梦频率量表相似,简版想象过程问卷也源于早期的白日梦问卷。1982 年,辛格(Singer)等人在 IPI 的基础上进行因素分析,通过项目筛选形成了只包含 45 个项目的简版想象过程问卷。[1]这一问卷提供了一种看待白日梦的新视角,它将白日梦按照内容分成 3 个维度,每个维度包括 15 个项目:

(1)积极-建设型白日梦(Positive-Constructive Daydreaming),正向题目如"一个原创的想法有时可以从一个奇妙的白日梦发展而来",反向题目如"做白日梦解决不了任何问题"。

(2)内疚/害怕失败型白日梦(Guilt and Fear-of-Failure Daydreaming),正向题目如"在我的幻想中,一个朋友发现我撒谎了",反向题目如"不愉快的白日梦不会使我害怕或烦恼"。

(3)低注意控制型白日梦(Poor Attentional Control),正向题目如"我是那种经常走神的人",反向题目如"我不会轻易分心"。

这三个维度各自具有较好的内部一致性信度,分别为 0.80、

---

[1] G. J. Huba et al., "Short Imaginal Processes Inventory", *Ann Arbor*, Michigan: Research Psychologist Press, 1982.

0.82 和 0.83，且后续的研究中同样支持了 SIPI 的三因子模式[1]，证明该量表的信效度令人满意。SIPI 采用李克特 5 点计分对个体进行评价，1 分为"完全不正确或非常不符合我"，3 分为"既符合我的特点也不符合我的特点"，5 分为"完全正确或非常符合我"，每个维度下同时提供了常模参照标准。

由于项目简洁、内容明确，SIPI 自开发以来，常被用于走神研究。有研究聚焦于白日梦的不同类型与其他变量的关系，如智彦（Zhiyan）和辛格（Singer）将 SIPI 中的三个维度与人格和情绪结合起来，发现"积极-建设型白日梦"与大五人格中的开放性呈正相关，"内疚/害怕失败型白日梦"与神经质和负性情绪正相关，而"低注意控制型白日梦"与责任心和积极情绪负相关；马库森-克拉维茨（Marcusson-Clavertz）等人发现工作记忆与消极的白日梦类型存在显著的交互作用，即低消极类型的个体中，工作记忆和走神呈正相关，高消极类型的个体中，工作记忆和走神呈负相关。优素福（Yousaf）、迦叶斯（Ghayas）和阿克塔（Akhtar）也发现了孤独感是做白日梦显著的预测因子，社会支持与白日梦无关，且性别对白日梦也有影响，女生比男生拥有更多的白日梦体验。

也有研究采用 SIPI 中的一个维度——低注意控制——测量走神，但更多的研究是采用全部维度进行走神监测。

SIPI 作为想象过程问卷的精简版本，不仅对项目数量进行了大幅度削减，在维度上也由以内容划分的 28 个维度转变为以内心体验为主的 3 种类型，提供了一种看待走神的新视角。然而，不可回避的问题是，白日梦的概念不等同于走神，对白日

---

[1] G. J. Huba, J. S. Tanaka, "Confirmatory Evidence for Three Daydreaming Factors in the Short Imaginal Processes Inventory", *Imagination*, *Cognition and Personality*, 3 (2), 1983, 139~147.

梦的测量也只是侧面反映了走神特质。

二、正念注意觉知量表（The Mindful Attention Awareness Scale，MAAS）

正念注意觉知量表本是测量正念水平的工具，由布朗（Brown）和里安（Ryan）开发。[1]MAAS是单维度结构，包含15个项目，涉及日常生活中的情绪、注意、记忆等方面。每种情况均是对正念概念的反向描述，如"我可能会经历一些情绪，直到一段时间后才意识到"。由1~6代指不同的频率，其中1为"几乎总是"，6为"几乎从来没有"。计分过程中，个体将15个项目的等级相加，求出平均数作为最终得分，分数越高表明特质正念越强。平均分数约为3.86。

量表自提出后，吸引了大量的研究者对其信效度进行验证，研究者选取不同群体的被试，采用不同方法证实了该量表良好的心理测量学指标。还有研究者针对14岁到18岁的青少年开发了正念注意觉知量表青少版（MAAS-A[2]）、针对4年级到7年级儿童开发了正念注意觉知量表儿童版（MAAS-C[3]）。我国的陈思佚、崔红等人也修订了正念注意觉知量表的中文版，并在大学生样本中考察了信效度指标，邓（Deng）等人再次验证了该量表的心理测量学指标，证实了中文版本MAAS的可靠性

---

[1] K. W. Brown, R. M. Ryan, "The Benefits of Being Present: Mindfulness and Its Role in Psychological Well-being", *Journal of Personality and Social Psychology*, 84 (4), 2003, 822.

[2] K. W. Brown et al., "Assessing Adolescent Mindfulness: Validation of an Adapted Mindful Attention Awareness Scale in Adolescent Normative and Psychiatric Populations", *Psychological Assessment*, 23 (4), 2011, 1023.

[3] M. S. Lawlor et al., "A Validation Study of the Mindful Attention Awareness Scale Adapted for Children", *Mindfulness*, 5 (6), 2014, 730~741.

和有效性。[1]

MAAS 是以测量正念为目的开发的,可以有效地衡量注意,也被用于对走神的测量。正念时的专注和走神似乎是对立的概念,正念需要一种避免分心的能力,而走神的特点则是与任务无关的想法打断了任务上的注意。因此,可以用 MAAS 的反向得分作为走神的指标。

实证研究也发现正念与走神呈负相关关系,且正念训练可以减少走神。[2]在伯德特(Burdett)、查尔顿(Charlton)和斯达克(Starkey)的研究中,MAAS 评估了司机正念注意的一般倾向,与认知失败问卷(Cognitive Failures Questionnaire,CFQ)共同作为走神的评价标准,明确了日常驾驶中走神现象的常见性。[3]卡里埃(Carriere)等人研究坐立不安的现象时,用 MAAS 测查注意失误,发现坐立不安是由注意不集中和自发走神导致的,与有意走神、记忆失败等因素无关。

同时,MAAS 也存在几点争议:首先,有学者认为正念不能被简单地定义为没有走神;[4]其次,项目中并未明确地描述出聚焦于任务上的注意是被任务无关思维打断的,如"我发现自己专注于过去和未来"只是对思维现象的一个阐述;该量表除

---

[1] Y. Q. Deng et al., "Psychometric Properties of the Chinese Translation of the Mindful Attention Awareness Scale (MAAS)", *Mindfulness*, 3 (1), 2012, 10~14.

[2] M. Xu et al., "Mindfulness and Mind Wandering: The Protective Effects of Brief Meditation in Anxious Individuals", *Consciousness and Cognition*, 51, 2017, 157~165; Y. Q. Deng, S. Li, Y. Y. Tang, "The Relationship between Wandering Mind, Depression, and Mindfulness", *Mindfulness*, 5 (2), 2014, 124~128.

[3] B. R. Burdett, S. G. Charlton, N. J. Starkey, "Not all Minds Wander Equally: the Influence of Traits, States and Road Environment Factors on Self-reported Mind Wandering During Everyday Driving", *Accident Analysis & Prevention*, 95, 2016, 1~7.

[4] Paul Grossman, N. Dam, "Mindfulness, by any other Name……: Trials and Tribulations of Sati in Western Psychology and Science", *Contemporary Buddhism*, 12 (1), 2011, 219~239.

注意以外，还关注了"意识"这一概念，如"我往往不会意识到身体上的紧张感或不适，直到它们真正引起了我的注意"，并不能纯粹地等同于走神。

三、注意相关认知错误量表（Attention-Related Cognitive Errors Scale，ARCES）

认知错误往往带来行为上的失误，而失误行为则有可能引发严重的后果。2006 年，切恩（Cheyne）、卡里埃（Carriere）和斯米莱克（Smilek）基于认知失败问卷（Cognitive Failures Questionnaire，CFQ）开发了注意相关认知错误量表（ARCES）[1]，在控制记忆、动机等因素的干扰下，评估由短暂的、持续的注意不足而引起的日常表现失误。ARCES 虽并不常用于测量走神，但作为常见的注意缺失问卷，其分数也可以作为衡量走神频率的指标之一。

ARCES 是一个单维度结构，包括 12 个题项，题目如"我走进一个房间去做一件事（例如刷牙），结果做了另一件事（例如梳头）"。量表采用 5 点计分，1 为"从来没有"，5 为"总是"，所有项目分数相加，总分越高表示注意失误频率越高。ARCES 的中文版本由程浩、刘爱书进行了修订。[2] 修订后的中文版有两个维度共计 11 个题项：注意涣散 7 题，记忆失误 4 题，量表的题总相关、内部一致性、结构与效标关联效度等各个方面均符合要求。

切恩（Cheyne）等人发现，ARCES 与 MAAS 量表之间存在显著的负相关，与行为学测量方法 SART 之间存在显著的正相

---

[1] J. A. Cheyne, J. S. Carriere, D. Smilek, "Absent-mindedness: Lapses of Conscious Awareness and Everyday Cognitive Failures", *Consciousness and Cognition*, 15(3), 2006, 578~592.

[2] 程浩、刘爱书: "注意相关认知错误量表的中文版修订", 载《中国临床心理学杂志》2016 年第 5 期。

关。因此，研究者认为该量表可以间接评估走神。多数研究通过使用该问卷来看注意不集中对相关变量的影响。例如，有研究发现短暂的注意缺失和相关的记忆失败对长期幸福感有显著影响[1]；媒体多任务处理（指使用印刷媒体、短信、音乐、社交网站等不同媒体）可能与注意不集中相关[2]；驾驶员和非驾驶员在日常生活中的警觉和注意迟钝也存在差异[3]。

但并不是所有与任务无关的想法都会损害成绩，也不是所有行为错误都由注意缺失引起，所以 ARCES 不能提供对特质走神的直接评估，只能是通过测量日常生活中的错误行为来间接评估走神。

四、走神问卷（Mind-Wandering Questionnaire，MWQ）

姆拉泽克（Mrazek）等人[4]提出的走神问卷（MWQ）可以直接测量青少年个体的特质走神。

MWQ 包含 5 个项目，题目如"我很难专注于简单的或重复性的工作"，"阅读时，我发现自己没有在考虑文本，因此必须再读一遍"。答题选项 1 到 6 指代不同频率，1 为"几乎从来没有"，6 为"几乎总是"，采用 6 点计分，分数越高代表个体走神的倾向越高。经检验，量表内部一致性程度较高（Cronbach's

---

[1] J. S. Carriere, J. A. Cheyne, D. Smilek, "Everyday Attention Lapses and Memory Failures: The Affective Consequences of Mindlessness", *Consciousness and Cognition*, 17 (3), 2008, 835~847.

[2] B. C. Ralph et al., "Media Multitasking and Failures of Attention in Everyday Life", *Psychological Research*, 78 (5), 2014, 661~669.

[3] J. Xu et al., "Comparison of Pedestrian Behaviors between Drivers and Non-drivers in Chinese Sample", *Transportation Research Part F: Traffic Psychology and Behaviour*, 58, 2018, 1053~1060.

[4] M. D. Mrazek et al., "Young and Restless: Validation of the Mind-Wandering Questionnaire (MWQ) Reveals Disruptive Impact of Mind-wandering for Youth", *Frontiers in Psychology*, 4, 2013, 560.

α=0.85），同质性较好（特征值=3.58），且与现有走神相关测量值的汇聚效度令人满意，具有良好的心理测量学指标。鞠恩霞等对MWQ进行了中文版修订，保留了原量表的5个项目，进行信效度检验后证实具有良好的心理测量学指标。[1]

MWQ内容上完全聚焦于走神，而且表达上清晰简洁，适用于青少年及成人。研究者借助MWQ，证实了ADHD青少年的走神倾向与对照组存在显著差异[2]；与低水平走神者相比，高水平走神者有明显的注意涣散和多动症状，执行能力较差[3]；还有研究发现了自尊在走神与生活满意度之间的中介作用及情绪在走神和幸福感之间的中介作用[4]。

MWQ是第一个直接测量总体走神的量表，内容明确、表达清晰，且量表只有5个项目，在保证信效度的情况下简便易实施，具有其他量表无法比拟的优势。但这个量表重点测查的是个体无法控制的走神，即塞利（Seli）等人所说的自发走神。

五、有意走神和自发走神量表（Mind Wandering: Deliberate & Spontaneous Mind Wandering Scales）

在以往的研究中，走神被当作是一种自发的思维加工过程，

---

[1] 鞠恩霞、张晏宁、罗扬眉："心理游离问卷中文版的修订及其信效度研究"，载《中国临床心理学杂志》2016年第1期。

[2] C. M. Gray, "Eyes Up, Down, All Around: Mind Wandering and Reading in Adolescents with ADHD", *Master's Thesis, Graduate Studies*, 2016.

[3] J. Biederman et al., "Clinical Correlates of Mind Wandering in Adults with ADHD", *Journal of Psychiatric Research*, 117, 2019, 15~23.

[4] Y. Luo, et al., "Validation of the Chinese Version of the Mind-Wandering Questionnaire (MWQ) and the Mediating Role of Self-esteem in the Relationship between Mind-wandering and Life Satisfaction for Adolescents", *Personality and Individual Differences*, 92, 2016, 118~122; C. Salavera, P. Usán, "The Mediating Role of Affects between Mind-wandering and Happiness", *Sustainability*, 12 (12), 2020, 5139.

它不受个体的意志控制，姆拉泽克（Mrazek）等人编制的 MWQ 就是在此理论前提下被设计出的。但是近些年来，越来越多的研究发现走神具有两种独立的成分：有意走神和自发走神。所以，塞利（Seli）和卡里埃（Carriere）等人于 2013 年编制了有意走神和自发走神量表对其进行测量。[1]

量表包括有意走神和自发走神两个分量表，每个量表有 4 道题目，共 8 道题目，题目混合呈现，采用 7 点计分的形式。其中 MW-D 和 MW-S 维度中的第 1、2、4 题让被试从"1=很少"到"7=总是"的范围中选择最合适的程度；MW-D 的第 3 题需要被试从"1=完全不同意"到"7=完全同意"中选择最合适的程度；MW-S 的第 3 题要求被试从"1=几乎不是"到"7=几乎总是"中选择最合适的程度。在量表中得分越高，表明个体相应的走神程度越高。有意走神和自发走神的 Cronbach α 系数分别为 0.84、0.83，并且与 ARCES 和 MAAS、FFMQ 都具有显著的相关关系。笔者于 2018 年修订了量表的中文版，并在中国大学生和小学生群体内均获得了良好的心理测量学指标，本章第三节的内容将重点介绍这个问卷的修订过程。

有意走神和自发走神量表与实验室中使用经验取样中得到的两种走神得分可以互相验证。[2] 采用该问卷的研究发现，有意走神和自发走神在精神疾病、创造力、课堂表现和正念中有

---

[1] J. S. A. Carriere, P. Seli, D. Smilek, "Wandering in Both Mind and Body: Individual Differences in Mind Wandering and Inattention Predict Fidgeting", *Canadian Journal of Experimental Psychology*, 67 (1), 2013, 19~31.

[2] P. Seli, E. F. Risko, D. Smilek, "Assessing the Associations Among Trait and State Levels of Deliberate and Spontaneous Mind Wandering", *Consciousness and Cognition*, 41, 2016, 50~56.

不同表现：如 ADHD 和强迫症症状均与自发走神有关[1]；有意走神能积极预测创造力表现，而自发走神与创造力表现呈负相关[2]；还有研究者发现，有意走神与五因素正念量表（FFMQ）的"对内部体验不做反应"（the Non-Reactivity to Inner Experience factor）因子呈正相关，而自发走神与该因子存在负相关关系[3]。

到目前为止，有意走神和自发走神量表是唯一一个能够反映走神的两维结构的较为简洁的初步评估工具，它既能弥补以往的实验仅能评估走神状态的缺陷，还能够在特质水平上对走神加以研究，同时对走神的内容也有涉及，是当前走神研究的重要工具之一。这一问卷开辟了一个新的研究视角，可以帮助研究者更加深入地研究走神。本书的后续研究中都采用了这一研究工具。

六、多维经验取样问卷（Multidimensional Experience Sampling, MDES）

在对走神的研究中，人们也特别关心当个体处于走神时，其思维内容和形式是怎样的。在实验室任务中，实验者往往会在被试完成任务的过程中通过插入思维探针询问被试当下的注意状态、注意内容等。比如，贝尔德（Baird）等人通过开放式回答的方式要求被试自我描述探针出现时的思维内容，之后由4

---

[1] P. Seli et al., "On the Relation of Mind Wandering and ADHD Symptomatology", *Psychonomic Bulletin & Review*, 22 (3), 2015, 629~636; P. Seli et al., "Intrusive Thoughts: Linking Spontaneous Mind Wandering and Ocd Symptomatology", *Psychol Res*, 81 (2), 2017, 392~398.

[2] S. Agnoli et al., "Exploring the Link between Mind Wandering, Mindfulness, and Creativity: A Multidimensional Approach", *Creativity Research Journal*, 30 (1), 2018, 41~53.

[3] P. Seli et al., "Not all Mind Wandering is Created Equal: Dissociating Deliberate from Spontaneous Mind Wandering", *Psychological Research*, 79 (5), 2015, 750~758.

位专家对被试的描述编码为三个维度：任务聚焦维度（注意力在任务上还是走神上）、时间维度（聚焦于过去、现在还是未来）、认知维度（与自我相关的思维还是与以任务目标为导向的思维）。[1]这样，研究者就可以有效评估思维的内容，但在研究中，由于编码流程相对复杂、费时，而且个体的思维内容多种多样，所以被试的思维内容或状态往往不局限于以上三方面的内容。

鲁比（Ruby）等人将这种实验任务中由探测引起的开放式问答修改为问卷测查的方式，他们设计了多维经验取样问卷来更全面地测量个体走神时各种不同的内容，同时将走神形式进一步区分并作为测查的一个重要方面。[2]在他们发表的研究中，有的是10个题目，有的是9个题目，其中10个题目的问卷只是比9个题目的问卷多询问了一个问题（询问被试是否集中注意在任务上），其他题目均要求被试采用9点计分的形式（1＝完全不是，9＝完全是）回答问题，9个题目涉及走神内容的题目是：走神时内容在过去、未来、他人、自己上的程度，以及走神内容积极的程度；涉及走神形式的题目要求被试回答走神时思维是影像的、语义的、侵入式的、抽象的、清晰的，等等。每个题目被试回答的得分越高，表明其相应的内容或形式程度越高。

由于这个问卷并不需要对特定的维度进行计分，不属于严格意义上的量表，所以研究者主要以这一问卷为指导框架，会

---

[1] B. Baird, J. Smallwood, J. W. Schooler, "Back to the future: Autobiographical Planning and the Functionality of Mind-wandering", *Consciousness and Cognition*, 20 (4), 2011, 1604~1611.

[2] F. J. Ruby et al., "How Self-generated Thought Shapes Mood——the Relation Between Mind-wandering and Mood Depends on the Socio-temporal Content of Thoughts", *PloS One*, 8 (10), 2013, e77554.

根据研究目的选择部分或全部题目，或对题目进行细微变动，以作为测查走神内容和形式的评估工具。它为研究者对走神时思维内容和走神形式的评定提供了一个有效的研究工具。研究者还使用它进行了广泛主题的探讨。例如，研究发现不同内容的走神具有不同的情绪功能，与过去和他人相关的走神内容与后来的消极情绪有关，与未来和自己相关的走神内容与后来的积极情绪有关。[1]还有研究发现，不同形式和内容的走神发生的认知神经基础也表现出差异。[2]

使用 MDES 可以帮助研究者对不同内容和形式的走神进行分类，此前较多研究并没有充分考虑到走神的不同内容或形式，或仅仅通过评估走神频率来探讨走神的功能、走神与其他变量的关系等。由此，各研究间会产生不一致的结果。这一问卷可以为之前不一致的结果提供另一个可能的解释，即已有研究的结果不一致，也可能是由于不同研究评估的是不同内容或形式的走神。

第三节 有意走神和自发走神量表的修订

一、从走神到有意走神和自发走神

如前所述，自 2006 年斯莫尔伍德（Smallwood）和斯库勒

---

[1] F. J. Ruby et al., "How Self-generated Thought Shapes Mood——the Relation Between Mind-wandering and Mood Depends on the Socio-temporal Content of Thoughts", *PloS One*, 8 (10), 2013, e77554; V. Engert, J. Smallwood, T. Singer, "Mind Your Thoughts: Associations between Self-generated Shoughts and Stress-induced and Baseline Levels of Cortisol and Alpha-amylase", *Biological Psychology*, 103, 2014, 283~291.

[2] J. Smallwood et al., "Representing Representation: Integration between the Temporal Lobe and the Posterior Cingulate Influences the Content and form of Spontaneous Thought", *PloS One*, 11 (4), 2016, e0152272.

(Schooler)在综述中使用简单易懂的 Mind Wandering 一词来表示走神后,近十年来,论文的研究数量迅速增加。具体的文献数量信息可参见图 3-4。但是在走神研究的前期,大部分研究者使用的概念名称均各不相同,有的研究者坚持使用 TUT(Task-Unrelated Thought),有的则使用 SIT(Stimulus-Independent Thought)、白日梦(Day Dreaming)等,使用 Mind Wandering 的研究者主要依据斯莫尔伍德(Smallwood)和斯库勒(Schooler)的概念界定,认为走神的出现是由于注意被与个体相关的信息自动激发,且注意转移这一过程个体可能意识不到。

但研究者普遍认为,走神是一种自发的思维加工过程,没有目的,不需要意志努力。[1]基于这一概念框架,研究者探讨了走神的基本特点,走神对作业成绩、情绪、日常生活和其他心理加工过程或心理结构的影响,还从多个方面对走神进行了丰富的研究。比如,麦克维(McVay)和凯恩(Kane)基于大量实验研究的结果发展了执行控制失败理论。他们认为,个体一般通过执行控制系统努力将注意维持在当下任务,尽管如此,走神还是会出现,因此这一过程并非个体意识控制,具有自动性。在走神的实证研究中,研究者也通过实验室研究任务过程中走神的特点,一般是在一个简单注意任务中随机插入思维探

---

[1] T. D. Wilson et al., "Just Think: The Challenges of the Disengaged Mind", *Science*, 345 (6192), 2014, 75~77; K. C. R. Fox, K. Christoff, "Metacognitive Facilitation of Spontaneous Thought Processes: When Metacognition Helps the Wandering Mind Find Its Way", *The Cognitive Neuroscience of Metacognition*, Springer, Berlin, Heidelberg, 2014, 293~319; M. D. Mrazek et al., "Young and Restless: Validation of the Mind-Wandering Questionnaire (MWQ) Reveals Disruptive Impact of Mind-wandering for Youth", *Frontiers in Psychology*, 4, 2013, 560; J. C. McVay, M. J. Kane, "Conducting the Train of Thought: Working Memory Capacity, Goal Neglect, and Mind Wandering in an Executive-control Task", *Journal of Experimental Psychology: Learning, Memory, and Cognition*, 35 (1), 2009, 196.

针询问被试当下的注意力是在任务上还是在走神上;在问卷调查中,姆拉泽克(Mrazek)同样基于斯莫尔伍德(Smallwood)和斯库勒(Schooler)对 Mind Wandering 的界定编制了评估青少年走神的调查工具;还有研究者将 fMRI 技术引入走神领域,探究走神的脑区活动特点。

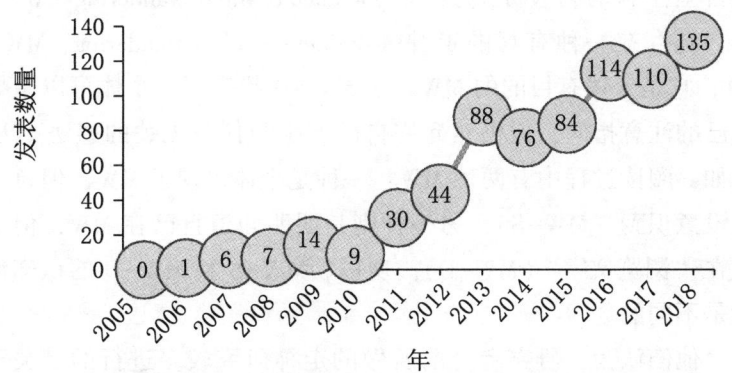

图 3-4　2005 年至 2008 年关注走神(主题/摘要)的出版文章数量变化图
数据截至日(2019 年 10 月 7 号)via pubmed. org.

尽管这一时期的走神研究逐渐丰富,但随着研究的发展,在同一概念框架下的不同研究结果并未完全一致,甚至出现了相互矛盾的现象。比如,在走神的情绪功能研究中,有研究发现走神伴随消极的、不快乐的情绪,[1]但也有研究发现,走神能降低消极情绪,排解无聊感。[2]而且,在以往评估走神的实验研究中,大部分实验任务无聊、乏味,导致被试的任务动机

---

〔1〕 M. A. Killingsworth, D. T. Gilbert, "A Wandering Mind is an Unhappy Mind", *Science*, 330, 2010, 932.

〔2〕 B. Baird, J. Smallwood, J. W. Schooler, "Back to the Future: Autobiographical Planning and the Functionality of Mind-wandering", *Consciousness & Cognition*, 20 (4), 2011, 1604~1611.

较弱，可能会出现被试有意识地走神的现象。基于此，塞利（Seli）等人提出，研究结果有争议可能是由于不同研究评估的是不同走神类型。即，之前研究者可能将有意识的走神和无意识的走神混淆了。

塞利（Seli）等人指出，除自发产生的、没有特定目的且不能自主控制的自发走神外（spontaneous mind wandering, MW-S），还存在一种有意的走神（deliberate mind wandering, MW-D），它是个体有目的的 MW。在 MW-D 状态下，个体可以主导自己的注意指向，但仍然允许自己产生与任务无关的想法。[1] 例如，阅读过程中有两种 MW：一种是个体出现了 MW，但自己却没意识到（MW-S），另一种则是明明知道自己在 MW，但依然在"浏览文字"（MW-D）。所以，MW-S 和 MW-D 的认知体验是不同的。

他们认为，研究者之前所做的走神研究较多进行的是关于自发走神的研究[2]，即较多的人主要是在一个综合的单维度走神的理论前提下开展研究。但应将无目的的 MW 和有目的的 MW 进行区分。所以，卡里埃（Carriere）和塞利（Seli）等人在开发修订问卷题目时，要求个体报告在日常生活中能否有目的地控制自己的注意指向及其水平。通过分析发现，相比于有意走神，自发走神与单维度的走神的相关度更高。

随后，他们也明确指出个体自发产生的、没有特定目的且

---

[1] P. Seli et al., "Mind-wandering with and Without Intention", *Trends in Cognitive Sciences*, 20 (8), 2016, 605~617; P. Seli et al., "What did You Have in Mind? Examining the Content of Intentional and Unintentional Types of Mind Wandering", *Consciousness and Cognition*, 51, 2017, 149~156.

[2] P. Seli et al., "On the Relation between Motivation and Retention in Educational Contexts: the Role of Intentional and Unintentional Mind Wandering", *Psychonomic Bulletin & Review*, 23 (4), 2015, 1280~1287.

不能自主控制的是一种自发走神，而有目的的个体可以主导自己的注意指向但仍然允许自己产生与任务无关想法的走神是一种有意走神，即有意走神和自发走神是"能自主地转换注意焦点和不能自主地转换注意焦点"的关系。他们还同步使用有目的走神和无目的走神（intentional and unintentional mind wandering，或 mind-wandering with and without intention）分别指代 MW-D 和 MW-S。[1]在本书中，笔者倾向于将 MW-D 表达为"有意走神"或"有目的的走神"，将 MW-S 表达为自发走神。

二、有意走神和自发走神的差异

早在 1993 年，研究者就开始探讨有意走神和自发走神的差异。他们利用两种视觉刺激（大概率的大写字母 X 和小概率的小写字母 x），要求被试对小写字母 x 作按键反应，大写字母 X 不作按键反应。在任务过程中，会随机出现探测（嘟嘟的声音），如果被试在走神，要求被试报告前一个探测结束到当前探测出现，他们是在有目的地走神还是在无目的地走神，而被试报告的有目的地走神占 58%。[2]格里姆布拉（Griambra）明确指出走神有两种：一种是不可控的走神；另一种是个体有意识地进行注意转移且可以控制的走神[3]。

---

[1] P. Seli, E. F. Risko, D. Smilek, "Assessing the Associations among Trait and State Levels of Deliberate and Spontaneous Mind Wandering", *Consciousness and Cognition*, 41, 2016, 50~56; P. Seli, E. F. Risko, D. Smilek, "On the Necessity of Distinguishing Between Unintentional and Intentional Mind Wandering", *Psychological Science*, 27 (5), 2016, 685~691.

[2] G. A. Shaw, L. Giambra, "Task-unrelated Thoughts of College Students Diagnosed as Hyperactive in Childhood", *Developmental Neuropsychology*, 9 (1), 1993, 17~30.

[3] L. M. Giambra, "A Laboratory Method for Investigating Influences on Switching Attention to Task-unrelated Imagery and Thought", *Consciousness and Cognition*, 4 (1), 1995, 1~21.

塞利（Seli）和卡里埃（Carriere）等人指出，MW-D 与 MW-S 尽管存在相同点或高相关，但两者有时也会分离，所以应该进行区分。他们开发编制了 MW-D 和 MW-S 量表，分别测量这两个成分，信效度较好，被广泛使用。随后，他们的研究团队进行了大量区分两种走神的研究，[1]多个方面的证据均表明两种走神有区别。例如，通过对两种 MW 量表和五因素正念觉知量表（Five Facet Mindfulness Questionnaire-FFMQ）的分析发现，反应维度与 MW-D 正相关，但与 MW-S 负相关。而且，虽然 MW-S 和 MW-D 显著正相关，但只有 MW-S 跟身体的不安相关。尽管有研究者认为任务完成过程中的 MW 是 MW-S，但通过在实验任务中插入思维探测询问被试是否关注于任务，是有意 MW 还是无目的的 MW，被试仍报告有 34%~41% 的 MW 是 MW-D。而且，对完成任务持有低动机的个体，其 MW-D 比 MW-S 多。任务难度不同，两种 MW 出现的比例也不同：高难度任务导致较多的 MW-S，而 MW-D 较少。[2]

如果有意走神和自发走神产生的影响类似，那么将走神划分为有意走神和自发走神便是没有必要的，但是如果这两种走

---

[1] P. Seli et al., "Mind-wandering with and Without Intention", *Trends in Cognitive Sciences*, 20 (8), 2016, 605~617; P. Seli et al., "Not all Mind Wandering is Created Equal: Dissociating Deliberate from Spontaneous Mind Wandering", *Psychological Research*, 79 (5), 2015, 750~758; P. Seli, E. F. Risko, D. Smilek, "Assessing the Associations among Trait and State Levels of Deliberate and Spontaneous Mind Wandering", *Consciousness and Cognition*, 41, 2016, 50~56; J. S. A. Carriere, P. Seli, D. Smilek, "Wandering in Both Mind and Body: Individual Differences in Mind Wandering and Inattention Predict Fidgeting", *Canadian Journal of Experimental Psychology*, 67 (1), 2013, 19~31.

[2] P. Seli, E. F. Risko, D. Smilek, "On the Necessity of Distinguishing between Unintentional and Intentional Mind Wandering", *Psychological Science*, 27 (5), 2016, 685~691; P. Seli et al., "On the Relation between Motivation and Retention in Educational Contexts: The Role of Intentional and Unintentional Mind Wandering", *Psychonomic Bulletin & Review*, 23 (4), 2015, 1280~1287.

神受不同因素的影响或者根据不同的实验操作产生不同的影响，那么划分有意走神和自发走神就是有意义的。所以，即使MW-D和MW-S有共同点，但两者与其他研究主题或变量的关系存在分离，即他们是MW的不同类型，以往将MW作为一个单一结构来研究是不合适的。两维度走神的观点逐渐引起相关研究者的重视和认同。[1]本书的研究也是基于这样的理论框架开展的。

三、有意走神和自发走神量表的中文修订及信效度检验

有意走神和自发走神分别有状态层面和特质层面两种不同的心理加工水平。在状态层面上，一般通过在实验任务中插入思维探测评估两种走神及其对任务成绩的影响。在特质层面上，对不同走神的测量可采用卡里埃（Carriere）等人编制的信效度良好的两维度走神量表进行评估，考察两种走神与其他心理特质之间的关系。

两维度走神量表的编制不仅第一次以问卷的形式对两种走神进行测查，这消除了以往研究中大量使用思维探针和自我报告导致研究结果存疑的问题，摆脱了实验室研究中必须有实验背景任务才能使用思维探针测查走神的缺陷，还能够对人们的走神情况进行大规模测查。以往的关于走神的问卷多集中于对走神内容、导致的行为失误的调查，尽管有对两种走神的不同描述，但在结果中也未进行后续统计和分析。目前，研究者认同有意走神和自发走神的存在，在实验室中对两种走神也进行

---

[1] M. Vannucci, C. Chiorri, "Individual Differences in Self-consciousness and Mind Wandering: Further Evidence for A Dissociation between Spontaneous and Deliberate Mind Wandering", *Personality and Individual Differences*, 121, 2018, 57~61; D. Marcusson-Clavertz, O. N. E. Kjell, "Psychometric Properties of the Spontaneous and Deliberate Mind Wandering Scales", *European Journal of Psychological Assessment*, 35 (6), 2018, 1~13.

了大量研究，但实验室内的研究多从状态水平进行考察，即使是在实际的课堂研究中，也采用思维探针的方式对两种走神进行研究。因此，两维度走神量表作为一个可靠的结构化工具可以在特质水平上对走神进行大规模测查，以丰富走神的研究成果。

然而，有意走神和自发走神量表作为一个英文量表，尚未被研究者在中国文化背景下就其因素结构予以探讨。所以，笔者对有意走神和自发走神量表进行了中文翻译和修订，并在小学高年级学生中考察其信度和效度，可以为国内研究者开展相关研究工作提供有效的工具支持。

（一）研究方法

1. 研究对象

采用方便取样的方法，由经过专门培训的心理学专业本科生和研究生作为主试，对北京市5所小学四年级到六年级学生进行班级集体施测，剔除信息不完整、规律作答和缺失值较多的被试数据后，回收有效量表共1047份，有效率为92.3%。其中，男生557人、女生490人，平均年龄为 11.20 ± 0.97 岁；四年级423人，男生225人、女生198人，平均年龄为 10.29 ± 0.46 岁；五年级314人，男生170人、女生144人，平均年龄为 11.32 ± 0.49 岁；六年级310人，男生162人、女生148人，平均年龄为 12.33 ± 0.49 岁。正式施测6个月后，选取146名被试进行重测，男生77人、女生69人，平均年龄为 11.22 ± 0.96 岁。

2. 研究工具

（1）有意走神和自发走神量表（Mind Wandering: Deliberate and Spontaneous Mind Wandering Scales）。由塞利（Seli）和卡里埃（Carriere）等人于2013年编制，包括有意走神（MW-D）

和自发走神（MW-S）两个维度，每个维度有4道题目，共8道题目，题目混合呈现，采用7点计分。其中，MW-D和MW-S维度中的第1、2、4题让被试从"1=很少"到"7=总是"的范围中选择最合适的程度；MW-D的第3题需要被试从"1=完全不同意"到"7=完全同意"中选择最合适的程度；MW-S的第3题要求被试从"1=几乎不是"到"7=几乎总是"中选择最合适的程度。在量表中得分越高，表明个体相应的走神程度越高。

中文版的有意走神和自发走神量表以回译的过程进行。首先由两名英语水平优秀的心理学专业研究生独立将英文版量表翻译为中文，之后由一名该领域的心理学专业教授进行校正并提出修改意见；然后再由另外两名心理学专业研究生将中文版翻译为英文，并且与原版进行比对和修改，通过反复的翻译与回译使条目表达清晰易懂，既不违背英文原义，又符合小学阶段的中文表达习惯。经过预测后，根据被试反馈及题目作答情况，由研究团队对其中一些题目的表达作适当调整，如将第1题"故意地"改为"有意识地"，第4题中"不由自主地"改为"不自觉地"，从而确定最终的量表内容。

（2）注意相关认知错误量表（Attention-Related Cognitive Errors，ARCES）。由切恩（Cheyne）等人于2006年编制，共12道题目，单维度结构，采用5点计分，"1"代表"从不"，"5"代表"总是"。得分越高，说明发生注意相关认知错误的频率越高。中文版ARCES具有良好的信效度。本研究中该量表的内部一致性α系数为0.88。

（3）正念注意觉知量表（Mindful Attention Awareness Scale，MAAS）。由布朗（Brown）和里安（Ryan）于2003年编制，共15道题目，单维度结构，采用6点计分，"1"代表"几乎总是","6"代表"几乎从不"。得分越高，表明个体对当下经验保持觉知和专注的能力越高，也就是说个体的走神倾向性越低。中文版 MAAS 具有良好的信效度。本研究中的 MAAS 采用反向计分，即"1"代表"几乎从不"，"6"代表"几乎总是"，得分越高，表明个体的走神倾向越高。在本研究中，该量表的内部一致性 α 系数为 0.82。

（4）走神问卷（Mind-Wandering Questionnaire，MWQ）。由姆拉泽克（Mrazek）等人于 2013 年编制，共 5 道题目，单维度结构，采用 6 点计分，"1"代表"从不"，"6"代表"总是"。分数越高表示个体的走神倾向越高。中文版 MWQ 具有良好的信效度。本研究中该量表的内部一致性 α 系数为 0.72。

（二）统计与结果

使用 SPSS 19.0 进行描述性分析、相关分析及独立样本 t 检验等；Mplus 7.0 进行验证性因素分析。

1. 项目分析

对量表的总分按高低排序，得分最高的 27% 被试组成高分组，得分最低的 27% 被试组成低分组，然后对两组被试在每个题目上的得分进行独立样本 t 检验。结果发现，两组被试在每个题目上的得分均差异显著（p<0.001）。对每个题目的得分与总分进行相关分析，结果显示，相关系数在 0.40 到 0.73 之间，而且均在 0.01 水平上显著。项目分析的结果见表 3-1。

表 3-1　高低分组差异 t 检验、题总相关情况

题号	t	题总相关	题号	t	题总相关
1	18.47***	0.55**	5	31.24***	0.66**
2	26.65***	0.69**	6	20.95***	0.58**
3	31.25***	0.69**	7	21.73***	0.58**

续表

题号	t	题总相关	题号	t	题总相关
4	38.41***	0.73**	8	12.47***	0.40**

注：* 代表 $p<0.05$；** 代表 $p<0.01$；*** 代表 $p<0.001$，下同。$N=1047$。

2. 结构效度

首先根据原始量表的因子结构为量表设定两因子模型进行验证性因素分析，以考察原始量表结构是否适用于中文版。原始因子结构如下：①有意走神：1、2、3、7；②自发走神：4、5、6、8。以最大似然法对8个题目进行验证性因素分析，检验两因素模型的拟合情况。结果显示：$x2=107.010$，$df=13$，$RMSEA=0.08$，$CFI=0.941$，$TLI=0.905$，$SRMR=0.05$，模型拟合结果相对较好。这表明原始量表的两因子结构对中文版量表同样适用，因此接受原始量表的两因子模型。各题目载荷具体结果见表3-2。

表3-2　有意走神和自发走神量表中文版各题目载荷

MW-D		MW-S	
题目	载荷	题目	载荷
1	0.59	4	0.69
2	0.84	5	0.70
3	0.73	6	0.57
7	0.46	8	0.40

注：MW-D代表有意走神维度；MW-S代表自发走神维度。

3. 效标效度

以ARCES、MAAS以及MWQ为校标，分别与MW总分以及各维度得分作相关分析，结果发现：MW 总分以及各维度得分与 ARCES、MAAS 以及 MWQ 均呈显著正相关，具体结果见表 3-3。

表 3-3 量表总分及各维度与校标间的相关

	MW	MW-D	MW-S	ARCES	MAAS
MW	——				
MW-D	0.81**	——			
MW-S	0.85**	0.37**	——		
ARCES	0.60**	0.33**	0.65**		
MAAS	0.63**	0.33**	0.70**	0.72**	——
MWQ	0.59**	0.26**	0.70**	0.62**	0.74**

注：MW 代表量表总分；MW-D 代表有意走神维度得分；MW-S 代表自发走神维度得分。

4. 信度分析

MW 的 Cronbach α 系数为 0.77，MW-D 和 MW-S 两维度的 Cronbach α 系数分别为 0.73、0.69。间隔 6 个月之后的重测数据表明，MW、MW-D 及 MW-S 前后两次得分的相关系数在 0.55 到 0.71 之间，而且均在 0.01 水平上显著。具体结果见表 3-4。

表 3-4 中文版有意走神和自发走神量表的内部一致性信度和重测信度

维度	Cronbach α 系数	重测信度（r）
MW-D	0.73	0.71**
MW-S	0.69	0.69**
MW	0.77	0.55**

5. 描述统计

MW 的平均值与标准差为 33.08±10.67，MW-D 维度的平均值与标准差为 19.72±6.44，MW-S 维度的平均值与标准差为 13.36±6.27。其中，在 MW 及 MW-D 维度上，平均分数不存在性别差异，在 MW-S 维度的平均分数上，男生得分显著高于女生，具体结果见表 3-5。

表 3-5　MW、MW-D 及 MW-S 的描述统计分析

性别	MW			MW-D			MW-S		
	M	SD	t	M	SD	t	M	SD	t
男生	33.54	10.63	1.49	19.68	6.50	-0.20	13.86	6.15	2.75**
女生	32.56	10.71		19.76	6.38		12.79	6.37	

（三）讨论

研究对有意走神和自发走神量表进行了中文版翻译及其信效度检验。首先，对量表的项目分析显示：每个题目得分与量表总分间均存在显著正相关，且每个题目的高分组和低分组之间也存在显著差异，表明量表具备良好的项目质量。对量表的 8 个题目进行验证性因素分析后研究者发现，两因子的模型拟合指数较理想，说明原始题目结构在中国文化背景中适应性良好。因此，中文版量表保留了原始量表的两维结构。

研究采用 ARCES 量表、MAAS 量表以及 MWQ 量表作为校标工具。其中，ARCES 量表通过测评日常生活中的错误行为间接地评估走神频率。MAAS 量表的编制最初用来评估特质正念水平，即注意的持续性，因此有研究者认为可以用 MAAS 的反向计分评估走神倾向，并且该量表在走神相关领域得到了广泛使用。MWQ 量表是直接测量与任务无关思维（走神）特质水平的工具。校标关联效度分析结果表明，有意走神和自发走神量表

与 ARCES、MAAS 以及 MWQ 之间均呈显著正相关。并且信度检验的结果显示，总量表及两维度的信度指标都符合心理测量学要求，说明有意走神和自发走神量表中文版具有良好的信效度，可以在中国文化背景下使用。

目前，各方面的证据表明，自发走神和有意走神的确具有不同的功效。马库森-克拉维茨（Marcusson-Clavertz）和谢尔（Kjell）使用塞利（Seli）编制的自发走神和有意走神问卷进行的研究发现，自发走神可以单独预测一般的焦虑症，而有意走神则可以单独预测大五人格中的开放性。[1]还有研究发现，低工作记忆个体的高走神主要是由自发走神驱动的，而低任务动机、低警觉性和低满意度则与高有意走神有关。[2]宙利厄斯（Zedelius）等人认为，不同走神行为功能上的差异可能与不同走神的内容有关：有意走神时思维受元意识监控，个体能控制自己的思维内容，这时人们倾向于参与自己喜欢或具有积极性、建设性的内容，因此对自身发展有利；而自发走神是无目的、不受控制的，更多与入侵性的消极思维有关，因此产生消极的行为功能。[3]这一观点得到了相关研究的支持。比如，有研究发现，相比于自发走神，有意走神时更倾向于未来取向的

---

[1] D. Marcusson-Clavertz, O. N. E. Kjell, "Psychometric Properties of the Spontaneous and Deliberate Mind Wandering Scales", *European Journal of Psychological Assessment*, 35 (6), 2018, 1~13.

[2] Robison, K. Matthew, N. Unsworth, "Cognitive and Contextual Correlates of Spontaneous and Deliberate Mind-wandering", *Journal of Experimental Psychology Learning Memory & Cognition*, 44 (1), 2018, 85~98.

[3] C. M. Zedelius, J. W. Schooler, "What are People's Lay Theories About Mind Wandering and How do those Beliefs Affect Them?", in C. M. Zedelius, B. C. N. Müller, J. W. Schooler (Eds.), *The Science of Lay Theories: How Beliefs Shape Our Cognition, Behavior, and Health*, New York, NY: Springer, 2017, 71~93.

内容,[1]而未来取向的走神有利于情绪改善,[2]提升幸福感。此外,未来倾向的走神能增强个体对未来奖励的敏感度,促进个体面向未来的决策进而调整行为,例如,放弃眼前奖励获得延迟满足。[3]因此,我们在研究和实践中都应当考虑到走神的不同结构及相应影响作用。

---

[1] P. Seli et al., "What did You Have in Mind? Examining the Content of Intentional and Unintentional Types of Mind Wandering", *Consciousness and Cognition*, 51, 2017, 149~156.

[2] M. S. Franklin et al., "Window to the Wandering Mind: Pupillometry of Spontaneous Thought While Reading", *The Quarterly Journal of Experimental Psychology*, 66, 2013, 2289~2294.

[3] J. Smallwood, F. J. Ruby, T. Singer, "Letting go of the Present: Mind-wandering is Associated with Reduced Delay Discounting", *Consciousness and Cognition*, 22, 2013, 1~7.

第四章 CHAPTER 4

走神与元认知的关系

第一节 元认知对走神的影响

一、元认知的概念

20世纪70年代，弗拉维尔（Flavell）将"对思考的思考"（thinking about thinking）作为对元认知的首次阐述。他认为，元认知（Metacognition）是"在认知过程中，能够反映或者调节这一过程的相关的认知知识或者认知活动"。关于元认知的结构，弗拉维尔（Flavell）最早提出了元认知的成分结构模型。他认为，元认知具有四个主要成分：认知目标（cognitive goals）、认知行为（cognitive actions）、元认知知识（metacognitive knowledge）和元认知经验（metacognitive experience）。

与弗拉维尔（Flavell）不同，布朗（Brown）认为元认知是"个人关于认知领域的知识和控制"。元认知是一个二元的心理过程，包括元认知知识（knowledge about cognition，KOC）和元认知调节（regulation of cognition，ROC），这在一定程度上简化了弗拉维尔（Flavell）的元认知成分结构模型，之后布朗（Brown）等人指出这两个结构并不是彼此独立的。

在弗拉维尔（Flavell）和布朗（Brown）的元认知结构模型

的基础上，纳尔逊（Nelson）等人提出了元认知的动态互动模型[1]。元认知的监控功能包含着监测和控制两个过程。元认知监测指的是信息从客体水平向元水平的动态流动，它令个体意识到当前任务所处的状态；元认知控制是指信息从元水平向客体水平方向的传输，它令个体对下一步的行动进行规划，即元认知就是监测和控制两个过程之间的动态互动。

施劳（Schraw）在前人观点的基础上对元认知的结构进行了进一步的阐述。他认为，元认知的主要功能性成分有两部分：元认知知识和元认知调节，[2]而且应当用 Metacognitive Awareness 来指代元认知。其他研究者指出，元认知知识与元认知调节是相互联系的，元认知知识为认知过程的监测和控制提供了经验支撑，而元认知调节则能够扩大元认知知识的范围[3]。它们涉及有意向地使用元认知知识，使用一定的认知策略控制并调节任务的进程，从而实现问题的解决。虽然两者之间存在紧密的联系，但是其分工也十分明显。

笔者对涉及元认知的概念进行梳理发现，研究者除了使用"metacognition"外，还使用"meta-awareness""meta-cognitive awareness"等词。这些词语的内涵有细微区别，如"meta-awareness"侧重对意识状态的意识，而"metacognition"强调对自己认知的知识和监控。单就与走神关系的研究，研究者似乎

---

[1] T. O. Nelson, "Consciousness, Self-consciousness, and Metacognition", *Consciousness and Cognition* (Print), 9 (2), 2000, 220~223; T. O. Nelson, L. Narens, "Why Investigates Metacognition", *Metacognition: Knowing About Knowing*, 13, 1994, 1~25.

[2] G. Schraw, "Promoting General Metacognitive Awareness", in *Metacognition in Learning and Instruction*, Springer, Dordrecht, 2001.

[3] J. W. Schooler et al., "Meta-awareness, Perceptual Decoupling, and the Wandering Mind", *Trends in Cognitive Sciences*, 15 (7), 2011, 319~326.

并没有把它们作明确区分，有的研究者使用"meta-awareness"，有的研究者使用"metacognition"[1]，也有的研究者使用"meta-cognitive awareness"[2]，而且，同一研究者也存在混用的现象[如斯库勒（Schooler）]。根据笔者的了解，目前研究还只是从宏观上把"metacogniton" "meta-cognitive awareness"等同于"meta-awareness"。所以，除了在论述走神的元意识理论（The Meta-Awareness Hypothesis）外，笔者在本书中尽量统一使用"元认知"。

二、元认知测量问卷

舍林斯（Schellings）和霍特-沃尔特斯（Hout-Wolters）认为，元认知可以通过不同的程序和措施进行评估，通常大部分的评估工具以问卷的形式呈现。问卷调查最大的特征是学习者可以对自己的认知活动进行分类和推断。而且可以使学习者在学习活动中不受干扰，并且能够大量施测，一次性获得大规模的数据。因此，虽然问卷调查具有一定的缺点，部分学习者不能够有效回忆其学习过程，但其因便利性在实际研究中也获得了大量应用。

关于元认知的问卷，研究者普遍基于现有理论对元认知包含的不同结构进行测量。而且，基于不同的目的，研究者也开发出了不同领域的元认知问卷。例如，由帕里斯（Paris）和他的同事编制的阅读意识量表（the Index of Reading Awareness，IRA）是一个测量元认知知识的多项选择问卷。它由 20 个条目

---

[1] K. C. R. Fox, K. Christoff, "Metacognitive Facilitation of Spontaneous Thought Processes: When Metacognition Helps the Wandering Mind Find Its Way", in *The Cognitive Neuroscience of Metacognition*, Springer, Berlin, Heidelberg, 2014, 293~319.

[2] G. Schraw, "Promoting General Metacognitive Awareness", *Instructional Science*, 26 (1~2), 1998, 113~125.

组成，适用于小学生，包含四个因子：①评估：关于阅读的自我认识和阅读知识；②计划：阅读规划和阅读的知识；③调节：改变和适用阅读行为的知识；④情境知识：什么时候使用哪些阅读策略。在 IRA 中，学生会被提问，并在三个选项中进行选择（如表 4-1）。

表 4-1　IRA 问题与选项示例

如果遇到不认识的单词你会怎么办？		
选一个不合适的答案（0分）	选部分正确的答案（1分）	选最正确或具有策略性的答案（2分）

还有研究者设计了元认知调节的问卷，如学习策略问卷（Learning and Study Strategies Inventory，LASSI）、激励学习策略量表（Motivated Strategies for Learning Questionnaire，MSLQ）等，这些工具在一定程度上促进了对元认知领域的研究。下文将介绍两个在课题研究中使用的测查日常生活中一般的元认知能力的问卷。

（一）元认知问卷（Metacognitions Questionnaire，MCQ）

卡特赖特-哈顿（Cartwright-Hatton）和韦尔斯（Wells）一直关注对焦虑和侵入性思维（intrusive thinking）的元认知调节[1]，并编制开发了信效度和稳定性较好的元认知问卷（MCQ），对侵入性思维和焦虑的元认知信念、元认知加工和认知自信进行评价。

---

[1] S. Cartwright-Hatton, A. Wells, "Beliefs About Worry and Intrusions: The Meta-cognitions Questionnaire and Its Correlates", *Journal of Anxiety Disorders*, 11 (3), 1997, 279~296; Cartwright-Hatton et al., "Development and Preliminary Validation of the Meta-cognition's Questionnaire-adolescent Version", *Journal of Anxiety Disorders*, 8 (3), 2004, 411~422; A. Wells, S. Cartwright-Hatton, "A Short form of the Metacognitions Questionnaire: Properties of the MCQ-30", *Behaviour Research and Therapy*, 42 (4), 2004, 385~396.

MCQ 包括 5 个维度：积极信念（positive beliefs）、失控和危险感（uncontrollability and danger）、认知自信（cognitive confidence）、控制思维的必要性（need to control thoughts）和认知的自我意识（cognitive self-consciousness）。其中，积极信念是指焦虑可以帮助解决问题、避免不愉快情境的信念，而且焦虑或侵入性思维有时是必要的；失控和危险感是一种消极信念，即思维是不可控的，而且思维的不可控性会带来身心危害；认知自信是对自身认知技能（尤指注意和记忆能力）的效能感，因为低认知自信可能导致更多的侵入性思维，这个维度实际上是测量个体对自己注意力和记忆能力的不自信程度；控制思维的必要性强调控制思维的个体责任和不能控制侵入性思维可能带来的惩罚；认知的自我意识是指把意识集中到思维加工并进行检测的倾向性，以考察个体对自身思维过程的关注倾向。积极信念、失控和危险感、控制思维的必要性反映元认知信念，认知自信维度是个体对自己注意力和记忆力的认知效能感，而认知的自我意识则反映了元认知加工。

卡特赖特-哈顿（Cartwright-Hatton）和韦尔斯（Wells）对正常被试和受侵入性思维困扰的病人进行比较后发现，两组被试在失控和危险感、控制思维的必要性、认知自信和认知的自我意识方面均有明显差异。之后的研究也表明，MCQ 能较全面地从各个维度评估元认知水平，问卷的题项来源接近生活，适用范围并不局限于学生，正常成年人以及有心理障碍的成年人都适用，可用于临床和非临床样本的元认知检验。[1]

---

[1] S. A. Cook et al., "Measuring Metacognition in Cancer: Validation of the Metacognition Questionnaire 30 (MCQ-30)", *PLoS One*, 9 (9), 2014, e107302; P. L. Fisher, S. A. Cook, A. Noble, "Clinical Utility of Themetacognition's Questionnaire 30 in People with Epilepsy", *Epilepsy and Behavior*, 57, 2016, 185~191.

（二）元意识问卷（Metacognitive Awareness Inventory，MAI）

针对以往问卷问题和选项过于抽象、问卷涉及维度单一的问题，施劳（Schraw）和莱恩（Ryne）编制了一版更加全面、易理解的元意识问卷（MAI）。他们的测量工具比帕里斯（Paris）开发的阅读意识量表更加全面：首先，MAI 能够对元认知知识和元认知调节进行评估；其次，MAI 是一个传统的自评工具，对元认知的动态和静态结构都可以进行评估；最后，MAI 并不针对某个学科领域，而是一个普遍的、一般的元认知能力的测量工具。

问卷共有 52 个题项，内部一致性系数为 0.90，编制目的是测量成年人的元意识。[1]最初设计 MAI 时，研究者针对的是在校大学生所代表的青年群体。最初编制了共 120 个项目，反应项是一个 1 到 100 的数轴，被试要在这个数轴上作出符合自己实际情况的选择。研究者先把这 120 个题项的初始量表对 70 个在校本科生进行了试验性研究（pilot pool），要求被试在 2 天之内完成该量表。但实际上，被试在 10 分钟之内就能够完成 120 题项的 MAI 版本。施劳（Schraw）和莱恩（Ryne）经过进一步的数据研究和分析后，除去了极端值和相关系数不理想的 68 个题项，剩余 52 个题项，最终编制成成人版元意识量表（MAI）。

在成人版元意识量表的基础上，儿童青少年版 MAI（Junior Metacognitive Awareness Inventory，Jr. MAI）由莱恩（Ryne）和布鲁斯（Bruce）于 2002 年在 MAI-52 的版本基础上进行修订，主要目的是编制出一个测量青少年儿童元意识的问卷。Jr. MAI 在理论上延续了 MAI 成人版的结构，共分为 2 个维度（包括 8 个成分），即元认知知识和元认知调节，其中 8 个成分见表 4-2。

---

[1] T. D. Roedel, G. Schraw, B. S. Plake, "Validation of a Measure of Learning and Performance Goal Orientations", *Educational and Psychological Measurement*, 54（4），1994，1013.

表 4-2　Jr. MAI 的 8 个成分

元认知知识	①陈述性知识 ②程序性知识 ③情境性知识
元认知调节	①计划 ②信息管理技能 ③监测 ④修复 ⑤评估

Jr. MAI 又分为两个版本：低年级版本和高年级版本。低年级版本（三年级到五年级）共 12 个条目，计分方式为 3 点计分——从不、有时和总是（never，sometimes，always）；高年级版本（六年级到九年级）共 18 个条目（其中有 12 个条目与低年级版本一致，但是多出的 6 个条目用来验证年龄更大、经验更多的学习者的认知调节能力），计分方式也改为了 5 点计分——从不（never）到总是（always）；对小学生的问卷数据进行探索性因素分析后发现，小学生的 MAI 结构与成年人的结果相同。[1]

与其他量表相比，儿童青少年版 MAI 对个体的元认知能力的测查更加全面，它更加细致地区分出了元认知调节和元认知知识两个分量表，能够分别测查个体在这两个方面的能力，并且为将来对元认知能力的进一步探索提供了有效的研究工具。问卷在土耳其、新加坡等国家进行的关于少年儿童的元认知能力发展的研究结果表明其具有较好的信效度。[2] 除了与学业成

---

〔1〕R. A. Sperling et al.，"Metacognition and Self-Regulated Learning Constructs"，*Educational Research and Evaluation*，10（2），2004，117~139.

〔2〕T. Teo，C. B. Lee，"Assessing the Factorial Validity of the Metacognitive Awareness Inventory（MAI）in an Asian Country：A Confirmatory Factor Analysis"，*The International*

绩间关系的研究外，该问卷还被用于研究元认知与自我效能感、自主学习、目标定向、认知需要之间的关系。研究结果表明，MAI 与以上变量之间具有显著的相关或正向预测关系。

以往传统对儿童的元认知的研究使用的大多是访谈法（如要求学生对自己的学习情况做一个回顾）或者使用出声思维在学习期间对学生的元认知策略使用情况进行研究。但是，这种口头报告的程序管理过于繁琐且耗时，要求儿童能够清楚而详细地描述他们的想法，很难对儿童的元认知水平进行大规模测查。相比之下，结构化、表达清晰的 Jr. MAI 的内容更易于儿童理解，不需要他们具有较高的语言表达能力，并且即使在大规模环境中也可以进行施测。本书主要使用儿童青少年版 MAI 的低年龄版对小学生的元认知进行测查。

三、元认知对走神的影响

个体在走神过程中，会突然意识到当前的走神内容与任务无关。如，斯库勒（Schooler）等人的研究发现，被试会突然意识到在阅读过程中扫视过文字而并不理解阅读材料的含义。这种对认知活动的认知和监控，就是我们之前所说的元意识或元认知（meta-awareness，meta-consciousness，或 metacognition）。对走神与元认知状态的实验研究发现，被试有时意识不到自己在走神，有时却能意识到自己的走神状态，即个体是间歇性地意识到自己在走神。还有研究发现，当被试意识不到走神时，其行为成绩和脑生理指标与能意识到走神的情况存在系统性差异，

（接上页）*Journal of Educational and Psychological Assessment*, 10 (2), 2004, 92~103; A. Akin, R. Abaci, B. Cetin, "The Validity and Reliability of the Turkish Version of the Metacognitive Awareness Inventory", *Kuram Ve Uygulamada Eǧitim Bilimleri*, 7 (2), 2007, 671~678.

研究者认为，这是元意识（meta-awareness）/元认知（metacognition）是否参与的结果。[1]

元认知是对当前思维内容的认知。关于 MW 的元意识理论认为，元认知会对当前的意识内容进行周期性或间断性的检测，也会通过将意识中心召回到当前任务实现其调整作用，当注意力脱离当前任务中心出现走神后，元意识通过控制功能，将注意力及时聚焦于当前任务，从而中断走神。即个体关注点在内外世界的切换过程中，元认知发挥了重要作用，MW 的出现是元认知的暂时缺位，MW 的消失也依赖于元认知的调节。[2]福克斯（Fox）和克里斯托弗（Christoff）还指出，元认知和 MW 可能正好处于人类认知谱的两极，走神是一种非直接、自发的思维加工，尽管有时有目的性，但通常不需要意志努力，而元认知需要意识，通常会有意监控和评价我们的心理加工过程和行为。他们认为，元认知能够识别个体的走神状态，进而压抑无关内源性思维，将注意力召回到与任务相关的思维中，实现对意识内容的修正。

研究发现，被试出现走神时会与元认知加工分离。例如，元认知的出现会降低走神发生的频率，在实验任务的完成中被试

---

[1] K. C. R. Fox, K. Christoff, "Metacognitive Facilitation of Spontaneous Thought Processes: When Metacognition Helps the Wandering Mind Find Its Way", in *The Cognitive Neuroscience of Metacognition*, Springer, Berlin, Heidelberg, 2014, 293～319; J. Smallwood, "Distinguishing How from Why the Mind Wanders: A Process-occurrence Framework for Self-generated Mental Activity", *Psychological Bulletin*, 139（3），2013, 519～535.

[2] J. W. Schooler et al., "Meta-awareness, Perceptual Decoupling, and the Wandering Mind", *Trends in Cognitive Sciences*, 15（7），2011, 319～326; J. Smallwood, M. McSpadden, J. W. Schooler, "The Lights are on But no One's Home: Meta-awareness and the Decoupling of Attention When the Mind Wanders", *Psychonomic Bulletin and Review*, 14（3），2007, 527～533.

监测到错误的能力越高,其报告的与任务无关的想法越少[1];通过元认知训练(改善自身专注力和监控能力)可以减少 MW 的发生[2],进而提高 GRE 成绩和工作记忆容量;酒精和香烟也会阻碍元认知,所以对饮酒和香烟渴求的个体更容易出现走神,但却更少地意识到走神[3];还有研究发现元意识可以调节有害的走神与 ADHD 的关系[4]。以上证据均表明,元认知对走神及其功能有影响。

  研究者指出,走神的个体差异也可能源于不同个体的元认知控制水平的不同,元意识缺陷会导致个体更容易走神。[5]与任务无关的想法会降低任务成绩,其实反映的是个体的监控能力下降;而高元认知水平的个体对 MW 的调节能力更强,从而激发个体着力于完成当前任务。所以,元认知水平越高,走神

---

[1] J. W. Schooler, "Re-representing Consciousness: Dissociations Between Experience and Meta-consciousness", *Trends in Cognitive Sciences*, 6 (8), 2002, 339~344.

[2] J. W. G. Williams et al., "Mindfulness-based Cognitive Therapy Reduces Overgeneral Autobiographical Memory In Formerly Depressed Patients", *Journal of Abnormal Psychology*, 109 (1), 2000, 150~155; M. D. Mrazek et al., "Young and Restless: Validation of the Mind-Wandering Questionnaire (MWQ) Reveals Disruptive Impact of Mind-wandering for Youth", *Frontiers in Psychology*, 4, 2013, 560.

[3] M. A. Sayette, E. D. Reichle, J. W. Schooler, "Lost in the Sauce: the Effects of Alcohol on Mind Wandering", *Psychological Science*, 20 (6), 2009, 747~752.

[4] M. S. Franklin et al., "Tracking Distraction: the RelationshipBetween Mind-wandering, Meta-awareness, and ADHD Symptomatology", *Journal of Attention Disorders*, 21 (6), 2017, 475~486.

[5] J. Smallwood, J. W. Schooler, "The Restless Mind", *Psychological Bulletin*, 132 (6), 2006, 946~958; J. W. Schooler et al., "Meta-awareness, Perceptual Decoupling, and the Wandering Mind", *Trends in Cognitive Sciences*, 15 (7), 2011, 319~326; J. W. Schooler, "Re-representing Consciousness: Dissociations between Experience and Meta-consciousness", *Trends in Cognitive Sciences*, 6 (8), 2002, 339~344.

越少。[1]

而阿伦(Allen)等人结合错误意识任务(Error Awareness Task,EAT)和探针式思维取样方法研究了MW与元认知的关系。[2]他们采用StroopEAT任务来检测个体的元认知能力。实验要求被试对一系列单词含义和颜色不一致的词进行反应,即go反应(L键),而在两种情况下要抑制反应(不按反应键),即①连续出现含义相同的词(与颜色无关)和②单词含义和字体颜色一致时,No-go反应随机插入在go反应之中。在犯错的情况下,如果被试意识到刚才的反应是错误的(即发现本来应该做出No-go反应,反而做出了go反应),那么,接下来的一个试次中不管存在何种条件,都应当按另外一个键(R键),表示意识到刚才的按键是错误的(告诉被试这样纠正过来就是对的)。为测量MW,在EAT中进行探针式思维取样测验(thought-sampling probes),要求被试在进行EAT的间隙评定MW的主观强度。具体要求是,在被试随机时间间隔,插入3次问题,要求被试回答当前是否专注于任务及其程度,采用5点计分(1=完全专注于任务,2=主要专注,3=中间状态,4=多数无关想法,5=完全在想无关内容),通过分析意识到错误的次数与MW的相关关系可以探讨元意识和走神之间的关系。研究者用EAT中意识到错误的比率作为元认知水平的指标,以被试在5点量表上评定关注当前任务的程度作为MW的指标,发现被试意识

---

[1] J. Smallwood, J. W. Schooler, "The Restless Mind", *Psychological Bulletin*, 132(6), 2006, 946~958; J. W. Schooler et al., "Meta-awareness, Perceptual Decoupling, and the Wandering Mind", *Trends in Cognitive Sciences*, 15(7), 2011, 319~326; J. W. Schooler, "Re-representing Consciousness: Dissociations between Experience and Meta-consciousness", *Trends in Cognitive Sciences*, 6(8), 2002, 339~344.

[2] M. Allen et al., "The Balanced Mind: the Variability of Task-unrelated Thoughts Predicts Error Monitoring", *Frontiers in Human Neuroscience*, 7, 2013, 743.

到错误的比率越高，其 MW 程度越低。而且，MW 程度的变异越大，其元认知能力越强。由此，笔者认为，虽然走神对任务无益，但个体在自我生成的想法和当前任务间的来回切换能力越强，表明其元认知水平越高。

综合上述研究，大部分研究者都认为元认知可以调节走神，但在元认知具体如何调节 MW 的问题上还存在不同认识。一种观点是元认知水平越高，其在任务中的走神越少；另一种观点则认为，走神的数量并不必然反映元认知水平，而是频繁地意识到走神并把注意力拉回到任务上（即 MW 程度的变异越大）或反应时变异越大表明元认知的调节能力越强。

走神对任务完成具有破坏作用，所以能意识到 MW 的发生对个体而言很有价值。研究者还指出，通过元认知训练（改善自身专注力和监控能力）可以减少走神的发生。元意识对 MW 的调节作用可通过不同的途径实现[1]：①意识到自己 MW 后，能通过直接控制的方式重新将注意力集中到先前正在进行的任务；②发现 MW 后可能会产生对意识进行了控制的错觉，如由于某外在事件打断了个体的内部无关想法，使个体意识到自己的 MW，进而重新聚焦于任务；③发现 MW 后，对意识内容进行非直接的控制：如通过适当训练，或做自己感兴趣的任务。

塞利（Seli）等人指出，元认知在 MW-D 和 MW-S 的产生过程中的作用可能是不同的，MW-S 的产生往往没有明确的意识，个体对信息加工的控制能力较弱，MW-D 往往在无关想法产生时能够意识或控制[2]，即他们认为元认知加工对两种走神

---

[1] J. W. Schooler et al., "Meta-awareness, Perceptual Decoupling, and the Wandering Mind", *Trends in Cognitive Sciences*, 15 (7), 2011, 319~326.

[2] P. Seli et al., "Mind-wandering with and Without Intention", *Trends in Cognitive Sciences*, 20 (8), 2016, 605~617.

的作用不同。所以,之前所述的元意识理论中的走神指的更多的是自发走神:自发走神的出现不受个体控制,且无目的性,当个体努力将注意力维持在任务上时,自发走神还是会出现,中断个体对当前任务的认知加工,不利于任务的完成,而当元认知监测到自发走神时,个体会重新将注意力集中在任务上,自发走神消失。然而,有意走神作为一种有目的、可控的意识状态,就它和元认知的关系目前还没有发现相关的实证研究,有的研究在概念上区分有意走神(intentional MW)和有意识地走神(MW with awareness)时论述过元意识在两种走神中的关系。克里斯托弗(Christoff)等人[1]则从心理加工状态的连续性角度,就多种不同思维状态(如白日梦、MW、创造性思维、目标指向的思维、强迫性思维)涉及 MW-D 和 MW-S 成分的多少进行了区分,并提出了一个新的理论框架。

这些观点都启示未来的研究不应该仅单纯研究 MW-S,还应重视 MW-D 的产生机制、作用和影响。而两者与元认知的关系更是一个复杂的问题。到底元认知是如何影响有意走神及自发走神的,或者说这三个概念间是否存在重叠或相似的内涵,三者的区别是什么,怎么从研究证据的角度上去验证,均是亟待探讨的问题。

第二节 不同年龄群体元认知对走神的影响

根据以往多数研究者的观点,走神和元认知是两种不同的心理加工过程,而之前提出的元意识理论论述得更多的是自发走神与元意识的关系。即,在元意识理论中的走神是指个体自

---

[1] K. Christoff et al., "Mind-wandering as Spontaneous Thought: A Dynamic Framework", *Nature Reviews Neuroscience*, 17 (11), 2016, 718~731.

发产生的、没有特定目的的与任务无关的想法，通常不需要意志努力；元认知对走神的检测，实际上是元认知对自发走神的觉知、检测。但走神还包括有意走神，它在目的性和对意识的控制能力可能跟元认知有相似之处，因为一般而言，元意识水平越高的个体越可能将注意力维持在当前任务上，其对意识的控制能力也越高。塞利（Seli）等人提供的实验证据也显示，对走神的元认知和有意走神是不同的。

元认知在有意走神和自发走神的产生和持续过程中的作用可能并不相同。自发走神的产生往往没有明确的意识，而有意走神在无关想法产生时个体能够意识到；但是在走神持续发生的过程中，有意走神和自发走神都有可能跟元认知分离，也有可能被元认知意识到而得到调整。[1]还有研究者认为，有意走神与自发走神相比，更易受个体元认知信念的影响。[2]所以，在研究元认知和走神关系时，有必要对有意走神和自发走神进行区分。然而，关于元认知对有意走神和自发走神的影响差异只是在理论层面进行的论述，有必要进一步提供实证证据。

在以往关于元认知和自发走神的研究中，一般是通过在实验任务中插入思维探测问题询问被试是否出现了走神、是否意识到了走神，通过比较意识到走神和意识不到走神的行为成绩来推断元认知的作用，或是寻找自发走神过程中元认知或执行功能可能起作用的脑区。这种在实验任务中探讨元认知和走神关系的研究是一种状态层面（state level）的研究。有研究证据表明，通过实验任务测查到的有意走神和自发走神与用问卷测

---

[1] P. Seli et al., "Intentionality and Meta-awareness of Mind Wandering: Are they One and the Same, or Distinct Dimensions", *Psychonomic Bulletin and Review*, 24 (6), 2017, 1808~1818.

[2] P. Seli et al., "Mind-wandering with and Without Intention", *Trends in Cognitive Sciences*, 20 (8), 2016, 605~617.

查的有意走神和自发走神有对应关系,是可以互相验证的。[1]而元认知也是个体的一种特质,存在个体差异,所以从特质研究层面(trait level)通过问卷调查探讨元认知和自发走神、有意走神的关系,可以揭示元认知的个体差异对不同走神的影响,丰富这方面的研究。

已有研究发现 MCQ 能较全面地从各个维度评估元认知水平,问卷的题项来源接近生活,适用范围不仅局限于学生,正常成年人以及有心理障碍的成年人都适用。所以,本书使用 MCQ 考察元认知信念、元认知加工及认知自信对 MW-D 和 MW-S 的作用。下文将先就大学生被试进行探讨分析,寻找元认知各因素对不同走神的影响。随后,为验证其数据有效性和结果的稳定性,使用相同工具对小学高年级学生施测和分析,以获得关于元认知和 MW 关系更丰富的证据。

一、大学生元认知对走神的影响

(一)研究对象

以"问卷星"为平台,以付费的方式招募国内高校的大学生和研究生参与。共回收 197 份问卷,剔除无效问卷后,量表有效回收 183 份,有效率为 92.89%,其中男生 116 人、女生 67 人,年龄为 24.58±2.83 岁。

(二)研究工具

1. 有意走神和自发走神量表

采用塞利(Seli)和卡里埃(Carriere)等人的有意走神和自发走神量表。笔者使用了中文修订版,使用 SPSS 17.0 对量表

---

[1] P. Seli, E. F. Risko, D. Smilek, "Assessing the Associations Among Trait and State Levels of Deliberate and Spontaneous Mind Wandering", *Consciousness and Cognition*, 41, 2016, 50~56.

进行探索性因素分析，由于 MW-D 中有 1 题载荷不佳，后对题目内容进行分析，发现其可能在中国文化背景下存在歧义，故删除；使用 Amos 18.0 对剩余 7 个项目的 2 维度进行验证性因素分析，拟合指标为：$\chi^2/df = 1.98$，RMSEA = 0.073，GFI = 0.96，TLI = 0.97，CFI = 0.98。对量表的内部一致性信度分析发现，MW、MW-D 和 MW-S 的 Cronbach α 系数分别为 0.85、0.76、0.86。

2. 元认知问卷

采用韦尔斯（Wells）和卡特赖特-哈顿（Cartwright-Hatton）的 MCQ-30。该量表有 5 个分量表：积极信念、失控和危险感、认知自信、控制思维的必要性和认知的自我意识。每个分量表 6 个题目，共 30 个题目，不同分量表的题目混合呈现。采用 4 点计分，1、2、3、4 分别表示"不同意""有点同意""同意""非常同意"。除在认知自信维度，被试得分越高表明其越不自信外，其他四个维度的得分越高，表明其在该方面的状况越明显。

使用 SPSS 17.0 对量表进行探索性因素分析，有两道题目无法进入到原分量表中，删除后剩余 28 个项目。使用 Amos 18.0 对量表进行验证性因素分析，得到的拟合指标为：$\chi^2/df = 1.66$，RMSEA = 0.058，TLI = 0.89，CFI = 0.90。对量表的内部一致性信度分析发现，总量表及各分量表（积极信念、失控和危险感、认知自信、控制思维的必要性、认知的自我意识）的 Cronbach α 系数分别为 0.85、0.85、0.88、0.77、0.83、0.77。

（三）研究结果

1. 共同方法偏差的检验与控制

为避免共同方法偏差，在施测过程中，题目随机编排，系统设置限定一个 ID 号，保证每个被试只能填一份问卷，并要求匿名回答。采用验证性因素分析发现单因素模型的拟合指数为：

$\chi^2/df=4.48$,RMSEA=0.13,TLI=0.35,CFI=0.39。两个问卷的所有维度并不能抽取出一个公共因子,表明共同方法偏差不明显。

2. 各变量的描述统计与相关

变量的描述统计与相关分析结果见表4-3。元认知总分、失控和危险感、认知自信分量表的得分与MW得分(含MW总分、MW-D和MW-S)均呈正相关,控制思维的必要性得分与MW和MW-S呈正相关,积极信念和认知的自我意识与MW之间没有显著相关。此外,除了失控危险感和认知自信得分不相关外,MCQ各维度间均呈正相关;MW、MW-D和MW-S也两两间呈高正相关。

表4-3 各变量的描述性统计与相关

变量	M	SD	1	2	3	4	5	6	7	8	9
1 MCQ	63.87	10.52	——								
2 MCQ-F1	16.30	3.66	0.46**	——							
3 MCQ-F2	9.94	3.46	0.58**	-0.20**	——						
4 MCQ-F3	11.32	4.01	0.62**	-0.10	0.59**	——					
5 MCQ-F4	13.14	3.67	0.79**	0.28**	0.34**	0.37**	——				
6 MCQ-F5	13.17	2.91	0.46**	0.54**	-0.18*	-0.15*	0.36**	——			
7 MW	26.58	8.16	0.36**	-0.03	0.51**	0.38**	0.16*	-0.02	——		
8 MW-D	12.99	4.10	0.28**	0.07	0.34**	0.23**	0.09	0.09	0.84**	——	
9 MW-S	13.59	5.21	0.34**	-0.11	0.53**	0.41**	0.19*	-0.10	0.90**	0.53**	——

注:* 代表 $p<.05$;** 代表 $p<.01$;*** 代表 $p<.001$。N=183。

MCQ-F1:积极信念;MCQ-F2:失控和危险感;MCQ-F3:认知自信;MCQ-F4:控制思维的必要性;MCQ-F5:认知的自我意识。

3. 大学生元认知对MW-D和MW-S的回归分析

以MCQ的5个维度为预测变量,MW-D和MW-S为结果变量,进行多元逐步回归分析。表 4-4 呈现了最终的回归模型。可以发现:对 MW-D 有正向预测作用的元认知维度是失控和危险感、认知的自我意识,它们可以共同预测 MW-D 中 14% 的变异;而在元认知对 MW-S 的拟合最优回归模型中,预测变量除失控和危险感外,还有认知自信,其解释力为 30%。即,元认知的失控和危险感既能解释 MW-D,又能解释 MW-S,但认知的自我意识只能解释 MW-D,而认知不自信只能解释 MW-S。

表 4-4 元认知对 MW-D 和 MW-S 的逐步回归分析

回归变量	预测变量	B	SE	β	T	Tolerance
MW-D	Model 1 $R^2 = 0.11$ $F = 22.98^{***}$					
	失控和危险感	0.67	0.14	0.34	4.80**	1.00
	Model 2 $\triangle R^2 = 0.03$ $\triangle F = 4.47^*$					
	失控和危险感	0.72	0.14	0.36	5.11***	0.98
	认知的自我意识	0.35	0.17	0.15	2.11*	0.98
MW-S	Model 1 $R^2 = 0.28$ $F = 70.38^{***}$					
	失控和危险感	1.01	0.12	0.53	8.39***	1.00
	Model 2 $\triangle R^2 = 0.02$ $\triangle F = 4.60^*$					
	失控和危险感	0.83	0.15	0.44	5.73***	0.67
	认知自信	0.33	0.15	0.16	2.14*	0.67

二、小学生元认知对走神的影响

（一）研究对象

河北省衡水市四、五、六共三个年级的小学生共计710人参与了调查。其中，四年级252人，男生127人、女生125人，平均年龄9.43 ± 0.63岁；五年级225人，男生128人、女生97人，平均年龄10.31 ± 0.63岁；六年级233人，男生123人、女生110人，平均年龄11.03 ± 0.43岁。

（二）研究工具

同研究一。

（三）研究结果

笔者只就关心的元认知对有意走神和自发走神的影响进行了分析。笔者的调查结果如下（如表4-5所示）。

表4-5　元认知对小学生 MW-D 和 MW-S 的逐步回归分析

回归变量	预测变量	B	SE	β	T	Tolerance
MW-D	Model 1 $R^2=0.08$ $F=52.69^{***}$					
	认知的自我意识	0.36	0.05	0.27	7.26^{**}	1.00
	Model 2 $\triangle R^2=0.08$ $\triangle F=56.88^{***}$					
	认知的自我意识	0.38	0.05	0.28	7.79^{***}	0.98
	失控和危险感	0.43	0.06	0.27	7.54^{***}	0.98

续表

回归变量	预测变量	B	SE	β	T	Tolerance
MW-S	Model1 $R^2=0.31$ $F=295.30^{***}$					
	失控和危险感	0.95	0.06	0.56	17.18***	1.00
	Model 2 $\triangle R^2=0.03$ $\triangle F=31.24^{***}$					
	失控和危险感	0.77	0.06	0.45	12.19***	0.74
	认知自信	0.34	0.06	0.21	5.59***	0.74

对MW-D有正向预测作用、进入回归模型的元认知维度依次是认知的自我意识、失控和危险感,它们可以共同预测MW-D16%的变异;而对MW-S的拟合最优回归模型中,预测变量除失控和危险感外还有认知自信,它们可以共同解释MW-S的34%。这一结果呈现出与本研究大学生被试相似的趋势。所以,就元认知各维度对不同MW的影响方面,元认知和MW-D、MW-S的关系具有稳定性。

三、结论与讨论

对大学生元认知和走神的相关分析表明,元认知总分和走神总分呈正相关,即个体的元认知越差,走神就越频繁,这跟以往的研究结果相一致。而且,进一步分析各元认知维度和两种MW的数据后还可发现,个体对侵入思维的失控和危险感越强、对自己的认知能力越不自信,其有意走神和自发走神就越频繁。逐步回归分析的结果显示,失控和危险感可以解释有意走神和自发走神,但认知自信维度只能解释自发走神,认知的自我意识只能解释有意走神。也就是说,有意走神和自发走神除可以共同被元认知的失控和危险感解释外,还分别被元认知的其他不同维度所解释：自发走神可以被认知自信预测，而有意走神可以被认知的自我意识预测，表明元认知的不同维度对有意走神和自发走神的影响存在差异。

对小学生数据的分析也揭示了与大学生类似的结果：对有意走神有正向预测作用、进入回归模型的元认知维度依次是认知的自我意识、失控和危险感，它们可以共同预测有意走神16%的变异；而在自发走神的拟合最优回归模型中，预测变量除失控和危险感外还有认知自信，它们可以共同解释自发走神的34%。这显示出了元认知和有意走神、自发走神关系的稳定性。

同时，本研究也证明，在心理特质层面，元认知不但影响自发走神，也影响有意走神，而且对不同走神的作用会因为元认知的不同结构而有差异，在小学生和大学生群体中结果具有一致性，这拓展了关于元认知和走神关系的研究。然而，应当注意的是，日常生活中的元认知和有意走神、自发走神的关系可能不同，日常生活中的任务大多相对简单甚至自动化程度较高[1]（比如洗碗、散步、开车等），此时完成当前任务不需要个体所有的认知资源，个体通过元意识监控将部分认知资源分配给当前任务，剩余的认知资源就可以分配给与任务无关的事情，从而出现有意走神，这可能是元意识调控的结果；而如果在实验任务中由于个体无法控制注意力一直集中维持在任务中，也会出现走神，这是自发走神，可能是元意识缺位的结果。

而且，要明确元认知和走神的关系及其在年龄上的变化特点，还需要拓宽不同年龄组的被试。因为有研究发现，尤其是

---

[1] S. Murray et al., "What's in a Task? Complications in the Study of the Task-unrelated-thought Variety of Mind Wandering", *Perspectives on Psychological Science*, 15 (3), 2000, 572~588.

在儿童时期个体有意识地监控自己思想和行为的能力会随年龄增长有明显提升，同时会伴随逐渐下降的走神频率。[1]所以，研究者仅仅对两个年龄段进行一次或两次相关研究和回归分析是不够的。此外，元认知与走神的关系可能是由背后的潜变量（如执行功能差异、自我效能感）造成的，也有可能二者与其他变量还存在不同的作用模式。对元认知和走神关系的实证探讨亟须从多方面开展。

第三节　元认知和走神的潜在类别研究

以往关于元认知与走神（有意走神和自发走神）关系的分析均是从变量为中心的角度出发，以变量为中心的分析最大的特点是并未把每一个个体视为整体，而是假设个体是可以互换的单元，除了随机误差以外，所有个体的发展水平基本一致。但是在实践中，我们很难保证一个群体中的所有个体全部同质。例如，在日常生活中，我们也会见到一些个体虽然元认知水平都很高，但是在走神行为上表现出完全不同的特点，乃至个体间有意走神和自发走神的特点也不一样。这可能反映了个体在元认知和走神上的不均衡发展。因此，本节将使用以个体为中心的方法——潜在剖面分析对个体的元认知、有意走神和自发走神进行分析，探索个体层面上儿童元认知与走神之间的关系模式。

以个体为中心的方法的重要任务就是确定心理或行为发展的个体差异或异质性，所以尤其适合解决当前的研究问题。杨之旭和辛自强基于前人的研究，总结了以个体为中心的方法的

---

[1] P. Paz-Alonso et al., "Memory Suppression is an Active Process that Improves over Childhood", *Frontiers in Human Neuroscience*, 3, 2009, 6.

五个基本理论原则[1]：

(1) 个体独特性原则：每个个体的发展都是独特的。

(2) 复杂互动性原则：在发展的过程中，每个心理或行为的发展都受到多方面的影响，因此很难找出一个单一因素对某一个因素的发展进行解释。

(3) 个体内变化的个体间差异性原则：不同个体的心理/行为发展可能形成几种不同的轨迹，同一轨迹之内的个体遵循的发展路径差异较小，不同轨迹之间的个体的发展路径差异较大。

(4) 模式概括性与整体性原则：模式概括性是指，发展的过程包含多个因素，多个因素的整合形式称为模式或者剖面，因此使用剖面可以在总体中区分出不同类别的亚群。整体性是指，某因素在发展的过程中会受制于其他因素。

(5) 模式有限性原则：描述个体模式或剖面的数量是有限的。有限的剖面数量是个体指向的方法在实践中得以应用的重要基础。

目前已经有越来越多的研究开始使用以个体为中心的方法（例如潜在类别分析、潜在剖面分析、聚类分析等）考察学生多维度发展结果的不同发展模式。潜在剖面分析（latent profile analysis，LPA）就是一种以个体为中心的研究方法，这种方法通过对研究对象的心理和行为特征进行分类，获得潜在类别的具体外在特征，从而有助于对不同特征人群的进一步研究。[2]这种以人为中心的研究路径将各个变量看作是相互依赖的一个系统，基于多项特征（变量）将被试分为多个子群体，这样可以

---

[1] 杨之旭、辛自强："应用心理学中的个体指向方法：理论、技术与挑战"，载《心理技术与应用》2016年第12期。

[2] 张洁婷、焦璨、张敏强："潜在类别分析技术在心理学研究中的应用"，载《心理科学进展》2010年第12期。

使我们对各变量的关系的理解更加直观、更贴近实践。例如，严（Yan）和安萨里（Ansari）的研究[1]使用美国早期儿童纵向研究（ECLS）的数据，针对儿童的行为（内化问题行为、外化问题行为、社交技能、自我控制和学习方法）和学业成就（数学和阅读）进行的潜在剖面分析发现，除了三类发展均衡的群组（学业和行为很差、学业和行为平均、学业和行为较差），还发现了两类发展不均衡的组别：一类是行为极佳但是学业处于平均水平，另一类是行为略高于平均水平但是学业极佳。

其实，在教育教学实践中，教师或教育者更关注的也是如何对教学对象（即学生）进行识别、分组，以更好地理解学生，找到更有效的教育教学方式，进而提升其能力和学业成绩。这种以个体为中心的研究方式为我们提供了新的研究视角，而对于元认知和走神，在小学生个体上是否表现出不同的发展水平，他们是否可以根据元认知、有意走神和自发走神的发展特点被划分为不同的潜在类别？带着这一疑问，笔者考察了元认知和有意走神、自发走神在小学生个体中的差异，考察不同亚类别的小学生在学业成绩上的表现特点。

一、研究对象

采用整群抽样的方法，在北京市朝阳区5所小学以班级为单位进行施测。选取四年级、五年级、六年级三个年级的学生发放问卷，剔除信息不完整和选项值都一致的被试数据后，回收有效问卷共2063份，有效率为87.56%。其中，四年级833人，占比40.4%；五年级619人，占30%；六年级613人，占

---

[1] N. Yan, A. Ansari, "Child Adjustment and Parent Functioning: Considering the Role of Child-driven Effects", *Journal of Family Psychology*, 30 (3), 2016, 1~12.

比 29.6%。平均年龄为 11.88±0.88 岁，男生 1053 人、女生 1010 人，分别占 51% 和 49%。

二、研究工具

（一）儿童青少年版元意识量表

采用斯珀林（Sperling）和霍华德（Howard）等人在 2002 年修订的儿童版元意识量表（Junior Metacognitive Awareness Inventory，Jr. MAI）。原量表是施劳（Schraw）和斯珀林（Sperling）在 1994 年编制的成人版元意识量表（Metacognitive Awareness Inventory，MAI）。儿童青少年版元意识量表的低年级版本包含元意识知识和元意识调节两个维度，每个维度 6 道题目，共 12 道题目，3 点计分，1、2、3 分别表示"从不""有时""总是"。在量表上得分越高，表明个体的元意识水平越高。为了验证元意识的结构效度，本研究采用 Mplus 7.0 对其进行验证性因子分析。结果表明，数据与模型拟合良好：$\chi^2=105.7$，$df=53$，$\chi^2/df=1.99$，$TLI=0.96$，$CFI=0.97$，$SRMR=0.022$，$RMSEA=0.03$。元意识量表的 Cronbach α 系数为 0.83，说明元意识量表的信效度较理想。

（二）有意走神和自发走神量表

采用修订的有意走神和自发走神量表，该量表最初由卡里埃（Carriere）等人编制，包括有意走神（MW-D）和自发走神（MW-S）两个维度，每个维度有 4 道题目，共 8 道题目，题目混合呈现，采用 7 点计分。其中有意走神和自发走神维度中的第 1、2、4 题让被试从"1＝很少"到"7＝总是"的范围中选择最合适的程度；有意走神的第 3 题需要被试从"1＝完全不同意"到"7＝完全同意"中选择；自发走神的第 3 题要求被试从"1＝几乎不是"到"7＝几乎总是"中选择最合适的程度。在量表上得分越高，表明个体相应的走神程度越高。

使用 MPLUS 7.0 对量表进行验证性因素分析,得到的拟合指标为:$x2 = 185.53$,$df = 17$,$x2/df = 10.91$,$TLI = 0.99$,$CFI = 0.99$,$GFI = 0.99$,$AGFI = 0.98$,$RMSEA = 0.04$,结果表明,数据与模型拟合良好。对量表的内部一致性信度分析发现,量表总分、有意走神和自发走神的 Cronbach α 分别为 0.78,0.73,0.71。

(三)学业成绩

本研究中的语文、数学成绩测验来源于董奇和林崇德主编的《中国 6-15 岁儿童青少年心理发育数据库手册》中的学业成就数据库,选取了第二学段四年级到六年级的学业成就进行测查,其内部一致性系数为 0.88。两科原始成绩总分均为 0~100 分;以年级为单位将两门成绩分别转化为标准 Z 分数,语文与数学成绩之间存在显著的中等相关,相关系数为 0.59;最后将各个年级两门课的成绩标准分分别相加,得到总成绩,作为被试的学业成绩指标。

三、研究结果

研究由心理学专业本科生或研究生担任主试,班级教师协助施测。施测前,要求集中对主试进行集体培训,对施测进行统一要求,并告知相关注意事项,确保每位主试了解测评及要求。研究遵循知情同意原则,在征得家长和教师的同意后进行以班级为单位的集体施测,问卷在规定时间内完成当场进行回收。

本研究所有数据采用 SPSS 22.0 和 MPLUS 7.0 软件进行数据管理与分析。

(一)共同方法偏差检验

研究采用单因素检验法,对所有测验量表的题项进行探索性因素分析,结果显示解释率最大的一个公因子解释了 17.94% 的变异,不存在共同方法偏差。

(二) 各变量描述统计与相关分析

各变量的描述统计与相关分析结果见表4-6。小学生元认知的均值（标准化分数）为0.26，有意走神和自发走神的均值（标准化分数）分别为0.07、0.02。对元认知、有意走神和自发走神进行Pearson相关分析发现，元认知与有意走神之间存在显著的正相关，与自发走神之间存在显著的负相关，有意走神和自发走神之间存在显著的正相关。

表4-6 各变量的描述统计与相关分析

	1	2	3	4
元认知	—			
有意走神	0.10**	—		
自发走神	-0.25**	0.43**		
学业成绩	0.16**	0.04*	-0.20**	—
平均值/M	0.26	0.07	0.02	0.05
标准差/SD	0.03	0.99	0.29	1.75

* 表示 $p<0.05$，** 表示 $p<0.01$，*** 表示 $p<0.001$，下同。

(三) 小学生元认知和两种走神的潜在剖面分析结果及学业成绩差异性检验

研究共抽取了5个潜在类别模型，最后的拟合指数见表4-7。通过表4-7可得知，在模型1到模型5中，随着分类数目的增多，AIC、BIC不断减小，并且降低趋势渐渐放缓。根据穆参（Muthen）等人对数据进行蒙特卡罗模拟研究中的结果[1]，在

---

[1] K. L. Nylund et al., "Deciding on the Number of Classes in Latent Class Analysis and Growth Mixture Modeling: A Monte Carlo Simulation Study-Structural Equation Modeling: A Multidisciplinary Journal - Volume 14, Issue 4", *Structural Equation Modeling A Multidisciplinary Journal*.

潜在类别的分类指标中，BIC 是较为可靠的指标之一。除此以外，王孟成等人在 Entropy 的精确性蒙特卡罗模拟研究中指出，在各种条件下，Entropy 对分类错误率比其他变式更灵敏。[1] 保留 4、5 个类别时 Entropy 的值最高，4 类模型 LMR 达到了显著水平，数目最小组人数的占比达到 9%。根据这 4 个指标来看，4 个潜在类别的模型优于 3 个潜在类别模型。综合考虑以上信息，3 类与 4 类是拟合指标较好的两个模型，参考刘华山等人的做法[2]，从模型的简洁性考虑，选定 3 类别模型为潜在剖面分析模型。

表 4-7 潜在剖面分析模型适配指标摘要表

Model	AIC	BIC	LMR	Entropy	数目最小组人数占比（%）
1	6649.15	6694.21	—	—	—
2	5958.2	6031.42	***	0.69	39.00
3	5630.05	5731.42	***	0.74	24.48
4	5356.12	5485.65	***	0.75	9
5	5247.8	5399.49	0.18	0.75	7.7

最终得到 3 个潜在类别（C1、C2、C3）的归属概率矩阵见表 4-8，由表 4-8 可知，小学生（行）归属于每个潜在类别的平均概率（列）在 84%~87% 之间，这同样也说明 3 分类结果是可信的。

---

[1] 王孟成等：“分类精确性指数 Entropy 在潜剖面分析中的表现：一项蒙特卡罗模拟研究”，载《心理学报》2017 年第 11 期。
[2] 吴鹏等：“父母教养方式的潜在类别：潜在剖面分析”，载《心理与行为研究》2016 年第 4 期。

表 4-8　各潜在类别被试的平均归属概率

	Class1（%）	Class2（%）	Class3（%）
Class1	0.85	0.13	0.014
Class2	0.08	0.84	0.08
Class3	0.01	0.12	0.87

在此基础上，可进一步获得 3 个潜在类别在元认知、有意走神和自发走神上的标准分分布图（见图 4-1）。

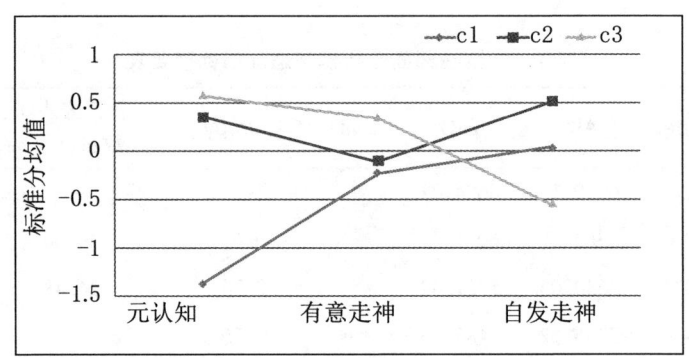

图 4-1　小学生元认知、有意走神和自发走神的潜在类别

确定了 3 个潜在类别的模型后，下面对模型进行进一步的分析，为这 3 个潜在类别命名并分析。上图选取的 3 类别模型的得分是进行类别命名的重要统计值，表现出了每一类群体在元认知、有意走神和自发走神上的特点。

由图 4-1 可以看出，类别 1 小学生相较于其他组具有低元认知、低有意走神、中等自发走神的特点，可以看出，具有较低元认知水平的小学生在有意走神上的得分最低，在自发走神上的得分高，尽管不是最高，但该结果说明，元认知水平低的小学生的走神中，有意走神的发生相对较少，而自发走神的发生相对较高,结合其元认知和有意走神的水平可将其命名为滞后型,占整个群体的 25%;相较于类别 1,类别 2 的小学生在元认知、有意走神和自发走神上的差异不大,值得注意的是,该类别的小学生尽管在元认知上得分较高,但是其自发走神的水平却是最高的,因此可将该类别命名为混合型,占整个群体的42%;类别 3 的小学生具有高元认知、高有意走神、低自发走神的特点,该类别的小学生的元认知水平在三个潜在类别中最高,并且有意走神水平也最高,与此同时,他们的自发水平最低,说明具有较高元认知水平的小学生能够有效监测自己的走神,并及时进行调节,这体现了该类别的小学生的元认知监测和控制能力,因此可将类别 3 命名为控制型,占整体的 33%。

在以上多组潜在类别分析结果的基础上,笔者继续探讨各个潜在类别在学业成绩上是否存在组间差异。对 3 个潜在类别的学业成绩进行方差分析后发现,3 个潜在类别在学业成绩上主效应显著 $F(2, 2057) = 76.36$,$p<0.000$,这表明不同潜在类别间学生的学业成绩水平有显著差异。进一步多重事后检验发现,滞后型学生的学业成绩($M = 0.25\ SD = 0.04$)显著低于混合型($M = 0.27\ SD = 0.03$)和控制型($M = 0.26\ SD = 0.04$),$ps<0.000$。值得注意的是,虽然混合型学生的元认知水平低于控制型学生,但混合型学生的学业成绩却显著高于控制型学生,$ps<0.000$。

四、讨论

(一)小学生元认知、有意走神和自发走神的三种潜在类别

本研究发现,小学生在元认知、有意走神和自发走神上存在三种潜在类别——滞后型、混合型和控制型。混合型是其中人数最多的一类,尽管他们的元认知水平仅次于控制型,但这类小学生在自发走神上的得分却最高,并且他们的学业成绩也

显著高于控制型学生,这与现有的对于走神与元认知之间的理论解释并不相符。如前所述,研究者普遍认为,元认知水平高的个体对走神的监测、调节能力也高。[1]但混合型小学生中,他们具有较高元认知水平,但在自发走神上的得分却并不理想。

根据以往对小学儿童的走神内容的研究,无论是自发走神还是有意走神,儿童走神的时间指向大多是未来,而指向未来的走神多与积极情绪、个人计划、对未来发生事件的预演为主。还有研究者指出,经常幻想与其他同伴一起玩的儿童在心理理论任务上的表现要优于低幻想儿童。[2]这说明影响小学生有意走神和自发走神的因素比我们想象的要复杂得多,与成年人相比甚至体现出一定的独特性:对于小学生来说,可能走神的内容要比走神的频率更加重要。

滞后型的小学生人数最少,这类小学生具有低元认知、低有意走神的特点,元认知水平低的个体在走神发生的时候无法有效监测到它的发生,并且不能及时对走神进行调节,这与前述的研究结果是相似的。而控制型学生具有高元认知、高有意走神、低自发走神的特点,与具有低元认知、低有意走神、低自发走神特点的滞后型学生相比较,他们在学业上的表现要高于滞后型学生。可能的原因是,具有高水平元认知的个体具有对自发走神较高的控制能力,而低水平的元认知能力的个体对自发走神的控制能力较低,导致了相异的任务成绩,同时有意走神也是其中一个关键因素,元认知和有意走神的调节能力在

---

[1] C. M. Zedelius, J. M. Broadway, J. W. Schooler, "Motivating Meta-awareness of Mind Wandering: A Way to Catch the Mind in Flight?", *Consciousness and Cognition*, 36, 2015, 44~53.

[2] M. Taylor, S. M. Carlson, "The Relation Between Individual Differences in Fantasy and Theory of Mind", *Child Development*, 68 (3), 2010, 436~455.

内涵上可能是类似的。

这一结果发现：小学生群体在元认知、有意走神和自发走神上可以分为三个潜在类别，混合型是以往的群体层面研究中从未发现过的类型，这一类型特征的小学生既具有较高的元认知水平，在自发走神上的得分也较高。这很有可能暗示，元认知与走神的关系并不是线性的，而是具有一定的复杂性，需要引起教育和心理学领域研究者的注意。

(二) 三种潜在类别在小学生的学业成绩上的差异

通过对不同元认知、有意走神和自发走神潜在类别上小学生的学业成绩的统计，三组存在显著差异。具体来讲，控制型和混合型学生的学业成绩显著高于滞后型小学生，说明学业成绩优秀的学生对注意力的控制调节能力强，高元认知能力导致其在转换注意时间上具有一定的优势；而学业成绩差的学生在注意力转换上可能具有一定的困难。元认知能力对成绩具有更高的影响力。这与笔者的研究假设是一致的。

但是，笔者的研究还发现，控制型学生的学业成绩显著低于混合组。也就是说，以高元认知、高有意走神、低自发走神为特征的控制型学生，他们的学业成绩还不如元认知和有意走神稍低、自发走神却最高的混合型学生。所以，并不一定是元认知能力越高成绩就越好。起码，在笔者的研究中可见，在元认知水平稍高、自发走神也高的情况下，小学生的学业成绩是最优的。毕竟，已有研究也发现，在社会性问题解决任务中，走神与产生解决方案的倾向呈现显著的正相关[1]，高自发走神也可能有更强的创造力。所以，不能单纯地把元认知和有意走

---

[1] J. Smallwood, F. J. Ruby, T. Singer, "Letting go of the Present: Mind-wandering is Associated with Reduced Delay Discounting", *Consciousness and Cognition*, 22, 2013, 1~7.

神的益处夸大，而需要综合考虑三者的相互影响和关系。而且，除了走神外，其他对学业成绩具有重要影响的因素（如工作记忆容量、学习兴趣、学业动机等）也可能导致了该结果。[1]

---

[1] N. Unsworth, B. D. McMillan, "Mind Wandering and Reading Comprehension: Examining the Roles of Working Memory Capacity, Interest, Motivation, and Topic Experience", *Journal of Experimental Psychology: Learning, Memory, and Cognition*, 39 (3), 2013, 832.

第五章 CHAPTER 5
走神与学业成绩的关系

第一节 走神对学业成绩的影响：积极还是消极作用

以往关于不同走神的研究大多是考察作业任务中的走神对当前作业的影响，但还需要在现实生活环境中（如在课堂学习和日常生活走神中）探讨走神（包括有意走神和自发走神）最终导致的事件结果是什么。其中，日常学习活动中的走神对学业成绩的影响是一个最常见的主题。

大部分研究调查指向：走神是一种不良的学习行为，对学习成绩有负面影响。例如，沈（Shen）等人通过对27所中国学校的527位教师的调研发现，走神发生频率处于课堂问题行为（讲话、太活跃、不按要求做作业、不合作、退缩、嘲笑他人、打扰、不依从等）之首，占所有课堂问题行为的57.9%，并且教师认为走神对学生发展的影响最大。[1]在大学课堂中，走神出现的概率为41%，并且随着课堂时间的推进，走神出现的次

---

[1] J. Shen et al., "Chinese Elementary School Teachers' Perceptions of Students' Classroom Behavior Problems", *Educational Psychology*, 29 (2), 2009, 187~201.

数越来越多,而学生对课堂内容的记忆成绩却越来越差。[1]还有研究发现,那些报告更多走神的学生,课堂笔记内容更少,在随后的考试中成绩也更差。[2]阅读时,走神的出现会阻碍个体对文本信息的编码,降低对文本的理解程度。而且,个体在阅读较难的文本时,会表现出更多的走神,因此理解这些文本的难度就会更大,个体将取得较差的阅读理解成绩。[3]此外,研究者还对不同学业水平学生的注意力进行了测查,结果发现:与正常学生相比,学业不良学生在注意力方面存在一定缺陷,他们的注意力容易脱离当前任务。[4]

但是,古尔德(Gold)、安德鲁斯(Andrews)和米诺(Minor)在研究中要求学生连续14天记录所有与学校有关的走神体验,却发现每天报告5次或更多走神的学生在学期末有更好的GPA成绩。[5]也有研究者认为,个体在走神时可能会回忆过去发生的事情,走神是记忆巩固的一种手段;[6]而且,当个体沉浸在走神目标上时,可能结合过去的经验对未来作心理模拟,

---

[1] K. K. Szpunar, N. Y. Khan, D. L. Schacter, "Interpolated Memory Tests Reduce Mind Wandering and Improve Learning of Online Lectures", *Proceedings of the National Academy of Sciences*, 110 (16), 2013, 6313~6317.

[2] S. I. Lindquist, J. P. McLean, "Daydreaming and its Correlates in an Educational Environment", *Learning and Individual Differences*, 21 (2), 2011, 158~167.

[3] D. R. Thomson, D. Besner, D. Smilek, "In Pursuit of Off-task Thought: Mind Wandering-performance Trade-offs While Reading Aloud and Color Naming", *Frontiers in Psychology*, 4 (4), 2013, 360.

[4] S. P. Hinshaw, "Academic Underachievement, Attention Deficits, and Aggression: Comorbidity and Implications for Intervention", *Journal of Consulting and Clinical Psychology*, 60 (6), 1992, 893.

[5] S. R. Gold, J. C. Andrews, S. W. Minor, "Daydreaming, Self Concept and Academic Performance", *Imagination Cognition & Personality*, 5 (3), 1986, 239~247.

[6] J. Smallwood, J. W. Schooler, "The Restless Mind", *Psychological Bulletin*, 132 (6), 2006, 946~958.

这有助于规划未来。[1]也有不少研究者聚焦于走神的创造性功能，认为走神时有益于产生新颖、创造性的想法，对创造性任务是有积极作用的。[2]

塞利（Seli）等人指出，走神之所以既有正面作用又有负面作用，是因为研究者没有对走神的心理结构进行区分。有意走神和自发走神在行为功能上有差异，有意走神和注意力集中一样，对学业成绩有积极作用；而自发走神对学业成绩有负向预测作用。塞利（Seli）等人在理论上从"起点"（ignition point）和"持续过程"（continuation）两方面细致地区分了有意走神和自发走神的区别。自发走神出现时（ignition point）无目的，没有意识或元意识，不受个体控制，相对比较被动，因此自发走神占据当前学习的认知资源，使个体中断或错过学习内容，进而负向影响学业成绩。有意走神出现时（ignition point），个体有意转移对当前任务的注意，其伴随着元意识，受个体控制，具有一定的主动性。[3]

2016年，瓦姆斯（Wammes）等人首次对154名在校大学生在课堂上发生的有意走神和自发走神进行了追踪，研究发现：两种走神对短期和长期的学业成绩具有不同的影响，自发走神对期末成绩有显著的负向预测作用，但有意走神对期末成绩的预测作用不显著，而且有意走神负向预测大学生的随堂检

---

[1] K. Christoff et al., "Experience Sampling During Fmri Reveals Default Network and Executive System Contributions to Mind Wandering", *Proceedings of the National Academy of Sciences*, 106 (21), 2009, 8719~24.

[2] B. Baird et al., "Inspired by Distraction Mind Wandering Facilitates Creative Incubation", *Psychological Science*, 23 (10), 2012, 1117~1122.

[3] P. Seli et al., "Intentionality and Meta-awareness of Mind Wandering: Are they One and the Same, or Distinct Dimensions", *Psychonomic Bulletin and Review*, 24 (6), 2017, 1808~1818.

测成绩。[1]也有研究发现,只有自发走神对成绩有负向作用,有意走神的作用不显著。[2]这些研究结果虽然说明了两种走神对任务成绩的影响是不同的,但与有意走神的行为功能的推测不一致。因此,走神,尤其是有意走神如何影响学业成绩还需进一步的研究来提供实证依据。

一、有意走神和自发走神对学业成绩影响的横断研究

如前所述,走神是一种普遍现象,在不同年龄段都会出现。在学业成就领域或课堂中考察不同走神对学业成绩作用的研究较有限,但走神又是教学情境中最常出现的现象。研究者已经指出有意走神和自发走神对学业成绩的影响不同,但还缺乏更充分的证据,尤其是儿童青少年的证据。因此,我们通过问卷调查的方式对小学高年级学生的有意走神和自发走神对学业成绩的影响进行了研究,试图寻找两种走神可能的不同作用,因为不同的作用方向意味着在实践中需要转变已有的观念,使用不同的教学干预策略等。

(一)研究方法

1. 研究对象

采用方便取样法,以班级为单位对河北省衡水市某小学四年级到六年级的学生施测。剔除信息不完整、规律作答和缺失

---

[1] J. D. Wammes et al., "Mind Wandering During Lectures Ⅱ: Relation to Academic Performance", *Scholarshipof Teaching and Learning in Psychology*, 2 (1), 2016, 33~48.

[2] J. Smallwood, M. McSpadden, J. W. Schooler, "The Lights are on But no One's Home: Meta-awareness and the Decoupling of Attention When the Mind Wanders", *Psychonomic Bulletin and Review*, 14 (3), 2007, 527~533; J. Smallwood, M. McSpadden, J. W. Schooler, "When Attention Matters: the Curious Incident of the Wandering Mind", *Memory & Cognition*, 36, 2008, 1144~1150.

值较多的被试数据后，回收有效问卷共 677 份，有效率为 84.94%，其中男生 353 人、女生 324 人，平均年龄为 10.25 ± 0.89 岁。

2. 研究工具

（1）有意走神和自发走神量表。采用高伟伟、刘兆敏等人修订的有意走神和自发走神量表。[1]该量表最初由卡里埃（Carriere）等人编制，包括有意走神（MW-D）和自发走神（MW-S）两个维度，每个维度有 4 个题目，共 8 个题目，题目混合呈现，采用 7 点计分。其中有意走神和自发走神维度中的第 1、2、4 题让被试从"1=很少"到"7=总是"的范围中选择最合适的程度；有意走神的第 3 题需要被试从"1=完全不同意"到"7=完全同意"中选择最合适的程度；自发走神的第 3 题要求被试从"1=几乎不是"到"7=几乎总是"中选择最合适的程度。在量表上得分越高，表明个体相应的走神程度越高。

研究采用 Amos 18.0 对其进行验证性因素分析，检验量表的结构效度。结果表明，数据与模型拟合良好：$\chi^2/df = 5.47$，TLI = 0.93，CFI = 0.96，GFI = 0.97，AGFI = 0.93，RMSEA = 0.08。对量表的内部一致性信度分析发现，量表总分、有意走神和自发走神的 Cronbach α 分别为 0.81、0.73、0.81。

（2）期末考试成绩。学业成绩变量采用的是三个年级学生的期末语文、数学成绩，都为百分制，将每个年级的各科成绩分别转化成标准 Z 分数后，分别相加，得到总成绩。

（二）数据收集与处理

由心理学专业研究生担任主试，以班级为单位进行团体测试。研究遵循知情同意原则。所有数据采用 SPSS 19.0 软件进行

---

[1] 高伟伟、刘兆敏、王秀红："有意走神和自发走神量表的中文版修订"，载《中国临床心理学杂志》2018 年第 5 期。

分析。

(三) 研究结果

1. 有意走神、自发走神及学业成绩的描述性统计与相关分析

研究中各变量的描述性统计及相关分析结果见表 5-1。数据显示，有意走神与学业成绩呈显著正相关（$r=0.08$，$p<0.05$），自发走神与学业成绩呈显著负相关（$r=-0.14$，$p<0.01$）；有意走神和自发走神也存在正相关（$r=0.47$，$p<0.01$）。

表 5-1 各变量的描述性统计及变量间的相关分析

变量	$M \pm SD$	男 $M \pm SD$	女 $M \pm SD$	1	2
1 有意走神	14.72±5.77	14.78±5.70	14.66±5.85	——	
2 自发走神	10.35±5.31	10.42±5.29	10.27±5.35	0.47**	——
3 学业成绩	0.00±1.79	-0.10±1.82	-0.11±1.76	0.08*	-0.14**

注：* 代表 $p<0.05$；** 代表 $p<0.01$；*** 代表 $p<0.001$，N=677 下同。

2. 有意走神、自发走神对学业成绩的回归分析

采用多层线性回归分析的方法考察两种走神对学业成绩的作用以及这种作用是否在不同性别中是一致的。首先以学生的学业成绩为因变量，以背景变量（性别和年级）为预测变量建立模型一，结果表明，性别和年级对学业成绩的预测作用均不显著。在模型二中加入预测变量有意走神和自发走神后，显著增加了回归方程的整体解释力（$\Delta R^2=0.054$，$p<0.001$）。其中，有意走神显著正向预测学业成绩（$\beta=0.194$，$p<0.001$），自发走神显著负向预测学业成绩（$\beta=-0.237$，$p<0.001$）。接下来，将两种走神与性别的乘积放入第三层模型中，结果表明，有意

走神和自发走神对学业成绩的作用在不同性别中没有差异（$\Delta R^2 =$ 0.002，$p>0.05$），具体结果见表 5-2。

表 5-2 有意走神和自发走神对学业成绩的回归分析

回归方程			整体拟合指数			回归系数显著性	
结果变量		预测变量	R	R^2	F	β	t
学业成绩	模型1	性别	0.063	0.004	1.317	0.062	1.613
		年级				-0.004	-0.104
	模型2	性别	0.231	0.054	9.431***	0.062	1.653
		年级				0.022	0.574
		有意走神				0.194	4.530***
		自发走神				-0.237	-5.483***
	模型3	性别	0.236	0.056	6.532***	0.062	1.652
		年级				0.019	0.505
		有意走神				0.195	4.566***
		自发走神				-0.239	-5.521***
		有意走神×性别				-0.019	-0.449
		自发走神×性别				0.052	1.217

（四）结论与讨论

在教育领域，尤其是课堂内，教师、家长通常消极地看待走神现象，一般认为走神会对成绩有不好的作用，因此通过各种方式抑制学生的走神，甚至批评走神的学生。但家长和教育工作者也应清楚：个体的注意不可能一直聚焦于学习任务，时不时会转移到其他任务或事情上,从而出现走神现象。

本研究就小学生有意走神和自发走神与学业成绩关系的分析揭示,两种走神对学业成绩有不同的影响。其中,有意走神正向预测学业成绩,而自发走神对学业成绩有负向预测作用,这一结果不受性别的影响。这说明,以往研究所发现的走神对成绩既有正向影响也有负向影响的结果,是研究者未区分有意走神和自发走神导致的。所以,不管是研究还是教育实践,在讨论走神与成绩的关系时,都需要首先考虑到走神并非单一的结构,它由不同的成分构成。这一结果也为塞利(Seli)等人的两维走神观点提供了证据支持。教育研究和工作者需要在实践中寻找合适的方法区分学生的两种走神,进而在学生学习或教师课堂教学方面更好地发挥有意走神的积极作用,降低自发走神的破坏作用。

一般来说,学习时更倾向于集中注意,减少有意走神,但在以下情况下会出现有意走神:当前学习任务较简单或自己比较熟悉,这时不需要占据较多认知资源即可完成任务,个体通过元认知评估、监测及反馈调整学习策略,有意转移部分认知资源至其他任务(与学习无关或相关)上,此时的有意走神对学业成绩不会产生消极影响,甚至有积极作用(转移到与学习相关的其他任务上时)。而且,学生因学习时间较长,出现学习疲惫时,通过有意转移注意力缓解疲劳感,可以促进学业成绩提升。有意走神出现时,元意识同时存在,[1]也就是说,此时个体不仅是有意图地主动走神,且这种走神的出现和内容导向受元意识监测,其结果有利于学业成绩的提升。比如,为了深

---

[1] P. Seli et al., "Intentionality and Meta-awareness of Mind Wandering: Are they One and the Same, or Distinct Dimensions", *Psychonomic Bulletin and Review*, 24(6), 2017, 1808~1818.

入理解学习材料,他们可能会在学习新东西时回想一节课的前几部分内容或之前的知识,或会对自己所学知识进行元认知评估,[1]这种与学习内容相关的有意走神,学生对学习投入较深,对学习成绩提升有利。[2]但自发走神时,由于缺乏元意识控制,走神内容随意转移且占据认知资源,因此,学生会错过对当前学习材料的认知加工,[3]加大当前学习内容的理解难度,不利于学业成绩的提升。

该结果还与瓦姆斯(Wammes)等人对大学生群体中有意走神行为功能的研究结果不一致,这可能与研究范式有关。他们在大学课堂中通过思维探针对大学生进行了为期一学期的思维取样,同时,每堂课最后都有随堂检测,检测内容包括之前的以及本堂课的学习内容,而随堂检测的研究设计能提高学生课堂学习动机,进而降低有意走神的频率。所以,在他们的研究中,有意走神对期末成绩的预测作用可能混入了学习动机在其中的作用,进而削弱了有意走神对学业成绩的影响。但小学生有意走神和自发走神对学业成绩的影响为什么和大学生课堂上不同走神对学业成绩的影响结果有差异,可能还有多个解释。例如,两个群体的学业特点可能不同;可能是由考核他们学业成绩的不同方式造成;他们的走神特点不同……或许在研究中还应重视个体发展过程中的走神动态变化过程,以及随着时间

---

[1] S. Shukor, "Insights into Students' Thoughts During Problem-based Learning Small Group Discussions and Traditional Tutorials", *Unpublished Manuscript*, 2005.

[2] H. G. Jing, K. K. Szpunar, D. L. Schacter, "Interpolated Testing Influences Focused Attention and Improves Integration of Information During A Video-recorded Lecture", *Journal of Experimental Psychology: Applied*, 22 (3), 2016, 305~318.

[3] P. Seli et al., "On the Relation between Motivation and Retention in Educational Contexts: The Role of Intentional and Unintentional Mind Wandering", *Psychonomic Bulletin & Review*, 23 (4), 2015, 1280~1287.

的变化,不同走神还会与学业成绩有交互作用。

二、有意走神和自发走神与学业成绩相互作用的交叉滞后研究

获得良好的学业成绩是一个长期的目标实现过程,以往关于走神与学业成绩的研究只关注走神如何影响学业成绩这一单方向关系。正如我们在上一研究中只选取了一个测查时间点的横断数据,探讨了有意走神和自发走神对学业成绩的影响,发现两种走神对学业成绩的影响方向不同。但也可能存在学业成绩影响走神的关系路径,或者交互影响的关系模式。比如,学业成绩较好的学生学习动机较强,学习时更可能集中注意力,就会较少出现走神。[1]但现有的研究缺乏学业成绩对走神的影响的研究,因此,学业成绩是否影响以及如何影响不同走神需要研究证据。

此外,随着时间的变化,不同走神与学业成绩的关系可能会表现出不同的动态变化过程。小学阶段是儿童认知快速发展的关键期,尤其是在执行功能和元认知能力方面,他们开始更频繁和准确地监控认知内容,排除其他的无关因素的干扰,[2]这可能进一步引起走神的动态变化。[3]而处于动态变化的走神如何影响成绩?这一关系是否随时间的发展而变化?两者是否还会出现动态地交互变化等……这些问题都没有直接证据,更

---

[1] P. Seli et al., "Motivation, Intentionality, and Mind Wandering: Implications for Assessments of Task-unrelated Thought", *Journal of Experimental Psychology: Learning, Memory and Cognition*, 41 (5), 2015, 1417~1425.

[2] P. Paz-Alonso et al., "Memory Suppression is an Active Process that Improves over Childhood", *Frontiers in Human Neuroscience*, 3, 2009, 6.

[3] J. C. McVay, M. J. Kane, "Drifting from Slow to 'd'Oh!' Working Memory Capacity and Mind Wandering Predict Extreme Reaction Times and Executive-control Errors", *Journal of Experimental Psychology: Learning, Memory and Cognition*, 38, 2012, 525~549.

没有针对有意走神和自发走神发展变化轨迹的研究。

基于上述理由,笔者又选取了与研究一不同的一组小学四年级的学生,进行了为期3年的、每隔一年测查一次的追踪研究,探讨走神(包括自发走神和有意走神)与学业成绩的双向关系,以及自发走神和有意走神的变化情况。

这一追踪研究设计采用交叉滞后模型分析两种走神与学业成绩的相互作用模式,刻画出了儿童青少年走神和学业成绩的变化图谱。在前期文献分析中,笔者发现性别和家庭社会经济地位可能是影响走神与学业成绩关系的背景变量,因此也对这两个变量进行了控制。

(一)研究方法

1. 研究对象

2017年6月,研究组对河北省保定市徐水区36所小学95个班级的四年级学生予以方便采样,进行为期3年的追踪调查,每学年末测查一次,共收集3轮数据。第一次测试时,共收集有效数据3761份,其中男生1944人、女生1817人,被试年龄在7岁到13岁之间($M=9.84$岁,$SD=0.46$);第二次测查时,两次均参与调查的有效被试为3580人,男生1850人、女生1730人;第三次测查时,三次均参与调查的有效被试为3456人,男生1766人、女生1690人。

调查遵循自愿参与的原则,学生接受测试前均由父母签署书面知情同意书。每一轮测查,学生均需完成4项评估,包括语文测试、数学测试和两份问卷测试。三轮调查均由经过培训的心理学研究生担任主试,以班级为单位采用相同的指导语进行团体测试。

2. 研究工具

(1)有意走神和自发走神量表。同研究一。

（2）学业成绩。语文和数学学科是本研究小学生的主要学习科目，因此，研究中的学业成绩采用的是具有代表性的语文和数学成绩。三次学业成绩测验以《全日制义务教育阶段语文/数学课程标准》为依据，邀请专家团队（如大学研究员、施测地区教研员、学科骨干教师等）通过确立双向细目表、编制试题、预试以及修订等步骤编制。语文和数学的两次测验均包括内容和能力两个维度。其中，四年级、五年级和六年级的语文测验分别有 51 道、52 道和 52 道题，题目的难度系数在 0.22~0.98、0.25~0.88 以及 0.16~0.92 之间，平均难度系数分别为 0.65、0.69 和 0.56；数学测验分别有 27 道、24 道和 24 道题，题目的难度系数在 0.25~0.91、0.11~0.92 和 0.19~0.75 之间，平均难度系数分别为 0.59、0.47 和 0.49。每次测验 45 分钟。将语文和数学成绩标准化后的均值作为学业成绩指标。

3. 控制变量

已有研究表明，家庭社会经济地位（Socioeconomic status, SEC）和性别对走神和学业成绩有影响，[1]因此，将两者作为控制变量纳入模型中。在测查中，家庭社会经济地位采用的是父亲和母亲分别报告的家庭年收入的均值，家庭年收入通过等级评分，其中 1 表示年收入在 3600 元以下，2 表示年收入为 3601 元~7200 元，3 表示年收入为 7201 元~14 000 元，4 表示年收入为 14 001 元~30 000 元，5 表示年收入为 30 001 元~50 000 元，6 表示年收入为 50 001 元~100 000 元，7 表示年收入为 100 001 元~200 000 元，8 表示年收入为 200 001 元~300 000 元，9 表示年收入为

---

[1] F. D. Mowlem et al., "Evaluating a Scale of Excessive Mind Wandering among Males and Females with and Without Attention-deficit/Hyperactivity Disorder from a Population Sample", *Scientific Reports*, 9 (1), 2019; M. O. Martin et al., "TIMSS 2011 International Results in Science. . International Association for the Evaluation of Educational Achievement", *Herengracht* 487, Amsterdam, 1017 BT, The Netherlands.

300 001 元~500 000 元，10 表示年收入为 500 001 及以上。

4. 分析计划

本研究逐步建立结构方程模型考察自发走神、有意走神与学业成绩的双向关系，建立结构方程模型主要有以下步骤：①无条件的自回归发展模型（模型1）；②自发走神和有意走神影响学业成绩影响的模型（模型2）；③学业成绩影响自发走神和有意走神的模型（模型3）；④交互作用的交叉滞后模型（模型4）；⑤在模型4的基础上加入控制变量的有条件模型（模型5）。

采用卡方检验（χ^2）、近似均方根误差（RMSEA）、比较拟合指数（CFI）、Tucker-Lewis 指数（TLI）和标准化均方根残差（SRMR）对模型拟合进行评价。其中，χ^2 值不显著，CFI、TLI 值大于0.95，RMSEA 值小于0.06，SRMR 值小于0.06，表明模型拟合良好（Little, 2013）。通过检验嵌套模型间的差异选择最优模型。

5. 缺失值处理

在纵向研究中，缺失值通常是由流失和未反应导致的。笔者按照10%的比例删除缺失个案，由于两维度走神量表共有8道题，因此，只要个案有缺失就被删除，最终纳入数据分析的被试共2693人。

（二）研究结果

结果共分为三部分：第一部分是变量间的描述性统计和相关分析；第二部分是两维度走神问卷的测量不变性检验；第三部分是自发走神、有意走神和学业成绩双向关系的检验。

1. 描述性分析

家庭社会经济地位、性别及各研究变量的描述性结果及相关关系结果具体见表5-3。其中，不同时间点的有意走神是低等到中等程度的相关，相关系数在 0.361 到 0.524 之间；自发走神同样是低等到中等程度的相关，相关系数在 0.359 到 0.551 之间；学业成绩间的相关较高，相关系数在 0.787 到 0.822 之间，说明各变量跨时间较稳定。在第一次测试和第二次测试，有意走神与学业成绩呈显著正相关（$r=0.104$，0.037），在三次时间点内，自发走神和学业成绩呈显著负相关，相关系数 r 在 -0.092 到 -0.246 之间。

2. 纵向测量不变性

对两维度走神问卷进行测量不变性检验，主要包括形态不变性检验、弱等值性检验以及强等值性检验。其中，形态不变性检验指的是在不同测量时间点限定问卷的结构不变；弱等值性指的是在不同测量时间点设定因子载荷相等；强等值性指的是在弱等值基础上在不同测量时间点设定测量截距相等。纵向测量不变性检验主要通过对以上嵌套模型的对比进行，包括卡方、CFI、TLI 的差异检验，其中卡方检验由于易受样本量的影响，随着样本量的增加即使很小的差异也会得到差异显著的结果，因此，研究者提出使用拟合指数差异的方法检验测量等值。[1] 当差异值小于 0.01 时，表明不存在显著差异；当差异值在 0.01 到 0.02 之间时表明存在中等差异；当差异值大于 0.02 时，表明存在确定的差异。

本研究中，差异值在 0.01 及以下，即模型间的差异不显著，说明两维度走神问卷的纵向不变性假设成立（具体结果见表 5-4）。

---

[1] G. W. Cheung, R. B. Rensvold, "The Effects of Model Parsimony and Sampling Error on the Fit of Structural Equation Models", *Organizational Research Methods*, 4 (3), 2001, 236~264.

第五章 走神与学业成绩的关系

表 5-3 各变量的描述性统计和相关分析

变量	1	2	3	4	5	6	7	8	9	10	11	12
T1												
1. 性别	—											
2. 年龄	−0.020	—										
3. SES	−0.047*	−0.029	—									
4. MW−D	−0.010	−0.011	0.101***	—								
5. MW−S	−0.057**	−0.007	0.024	0.476***	—							
6. A	0.058**	−0.050*	0.147***	0.104***	−0.092***	—						
T2												
7. MW−D	−0.010	−0.045*	0.066**	0.408***	0.295***	0.066***	—					
8. MW−S	−0.007	−0.003	−0.022	0.223***	0.430***	−0.183***	0.524***	—				
9. A	0.025	−0.054**	0.126***	0.078***	−0.087***	0.800***	0.037+	−0.208***	—			
T3												
10. MW−D	0.046*	−0.024	0.046*	0.361***	0.291***	0.028	0.524***	0.390***	0.001	—		
11. MW−S	0.030	−0.029	−0.031	0.191***	0.359***	−0.189***	0.294***	0.551***	−0.196***	0.590***	—	
12. A	0.078***	−0.038*	0.116***	0.075***	−0.119***	0.787***	0.051*	−0.222***	0.822***	−0.006	−0.246***	—

续表

变量	1	2	3	4	5	6	7	8	9	10	11	12
均值	1.51	9.83	4.08	4.44	3.56	0.12	4.58	3.58	0.11	4.47	3.52	0.12
标准差	0.50	0.46	1.86	1.51	1.56	0.90	1.54	1.63	0.89	1.55	1.65	0.90
最小值	1	7	1.00	1.00	1.00	-2.63	1.00	1.00	-2.03	1.00	1.00	-2.07
最大值	2	13	10.00	7.00	7.00	2.12	7.00	7.00	2.70	7.00	7.00	2.26
α	——	——	——	0.695	0.684	——	0.800	0.787	——	0.835	0.843	——

表 5-4　两维度走神问卷测量不变性分析

模型	△CFI	△TLI	χ^2(df)	CFI	TLI	SRMR	RMSEA
1	——	——	2002.068 (213)	0.935	0.915	0.047	0.056 [0.054 0.058]
2	0.001	0.004	2040.022 (225)	0.934	0.919	0.049	0.055 [0.053 0.057]
3	0.010	0.007	2316.971 (237)	0.924	0.912	0.050	0.057 [0.055 0.059]

注：模型1：形态不变模型（限定银子结构相等）；模型2：弱等值模型（限定因子载荷相等）；模型3：强等值模型（限定因子载荷和截距相等）。

3. 自发走神、有意走神与学业成绩的交互作用

首先，我们对4个嵌套模型（模型1~模型4）根据模型比较选出最优模型，具体模型拟合指标见表5-5。根据模型拟合指标标准，模型4的拟合指标最优，也就是说，自发走神、有意走神和学业成绩交互作用的模型最佳。模型5是在模型4的基础上进行有条件模型的分析（加入控制变量家庭社会经地位和性别），模型5的拟合指标良好，$\chi^2(24) = 90.431$，$p < 0.001$，CFI = 0.995，TLI = 0.986，RMSEA = 0.032，SRMR = 0.015。

如图5-1所示，在第一次测试时，家庭社会经济显著正向预测有意走神和学业成绩（$\beta = 0.101$，SE = 0.020，$p < 0.001$；$\beta = 0.150$，SE = 0.019，$p < 0.001$），性别显著正向预测学业成绩（$\beta = 0.065$，SE = 0.019，$p < 0.001$）、负向预测自发走神（$\beta = -0.056$，SE = 0.019，$p < 0.01$）。女生的学业成绩显著高于男生的学业成绩，而且相较于女生，男生的自发走神更多。此外，自发走神、有意走神以及学业成绩随时间发展较为稳定，各变量的自回归系数β在0.337（$p < 0.001$）到0.789（$p < 0.001$）之间。

对于有意走神和学业成绩的关系，T1时的学业成绩显著正

向预测 T2 时的有意走神（β=0.044，SE=0.018，p<0.05），T2 时的有意走神显著正向预测 T3 时的学业成绩（β=0.047，SE=0.012，p<0.001），表明四年级学业成绩越好的学生在五年级的有意走神越多，这将进一步提高六年级的学业成绩。

对于自发走神和学业成绩的关系，T1 时的学业成绩显著负向预测 T2 时的自发走神（β=-0.152，SE=0.017，p<0.001），T2 时的自发走神显著负向预测 T3 时的学业成绩（β=-0.073，SE=0.012，p<0.001），同时，T2 时的学业成绩显著负向预测 T3 时的自发走神（β=-0.088，SE=0.017，p<0.001），表明学业成绩越好的学生一年后的自发走神越少。可见，学生五年级时自发走神越多，六年级的学业成绩越差。

表 5-5 模型拟合指标

模型	$\chi^2(df)$	CFI	TLI	SRMR	RMSEA (90% CI)
模型 1	370.158 (18)	0.969	0.942	0.067	0.085 [0.078, 0.093]
模型 2	206.887 (10)	0.982	0.942	0.046	0.086 [0.076, 0.096]
模型 3	68.294 (10)	0.995	0.983	0.014	0.047 [0.036, 0.057]
模型 4	31.302 (6)	0.998	0.988	0.009	0.040 [0.027, 0.054]
模型 5	77.213 (18)	0.995	0.985	0.014	0.035 [0.027, 0.043]

注：模型 1：各变量的自回归模型；模型 2：学业成绩预测自发走神和有意走神的滞后模型；模型 3：自发走神和有意走神预测学业成绩的滞后模型；模型 4：自发走神、有意走神和学业成绩交互作用的交叉之后模型；模型 5：在模型 4 的基础上加入控制变量（家庭社会经济地位和性别）的有条件交叉之后模型。

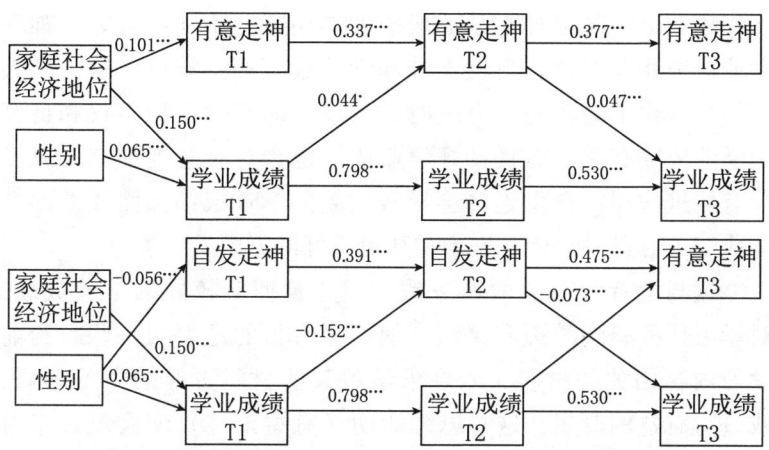

图 5-1 自发走神、有意走神和学业成绩的交互作用路径示意图

图中的路径系数为标准化系数。数据分析时，自发走神、有意走神和学业成绩的交互作用同时进行分析。为了清晰起见，图中分开呈现，上半部分图是有意走神与学业成绩交互作用的路径示意图，下半部分是自发走神与学业成绩的交互作用路径示意图。

（三）结论与讨论

个体的认知能力在一生当中是动态变化的，走神与个体的认知能力密切相关，走神的发生频率很可能随年龄增长而动态变化。在人生的早期和晚期阶段，这种可能的变化尤其需要注意。同时，儿童进入学龄阶段后，学业的成长和进步将成为一个需要实现的长期目标。这时，相比于设计实验任务研究状态走神下对当前任务的影响，研究在相当长一段时间内走神倾向（特质走神）对学业成绩的影响以及二者的交互影响作用显得更有意义。

笔者通过追踪研究获得了小学生 3 年内的走神和学业成绩数据，采用交叉滞后模型分析了有意走神和自发走神与小学生学业成绩之间的关系。结果显示：两种走神与学业成绩存在交互作用,但不同走神与学业成绩的作用方向不同:有意走神和学业成绩相互促进,自发走神和学业成绩相互拮抗。这一结果进一步深化了笔者在研究一时的发现,即有意走神不仅和良好的学业成绩有关,而且良好学业成绩也会对有意走神的未来发展有促进作用;自发走神会导致较差的学业成绩,而较差的学业成绩也会进一步使自发走神往更不好的方向发展。

这与笔者此前的假设一致。当儿童拥有较好的学业成绩,对学习任务感到游刃有余时,他们会有目的地思考一些跟当前学习内容相关的材料,或寻求学习某些材料更好的学习策略,或进行有益的遐想,这些思维活动(有意走神)便会反过来对未来的学习产生促进作用,有效提高成绩。然而,当儿童的学业成绩不佳时,他们往往难以应对日常学习任务,通常表现为注意力集中困难,动机、兴趣偏低等,更容易在不经意间被其他事情吸引,出现自发走神,久而久之,在学业上便会表现更差,形成恶性循环。

这些结论侧面支持了走神的认知资源假说[1]和执行控制失败。认知资源假说主张,个体有限的认知资源在当前任务和内部无关思维之间进行分配权衡,当任务的认知负荷很低时,消耗少量的认知资源就可以解决,此时留给走神的认知资源很多,走神频率就会保持在高水平上。对成绩较好的儿童来说,学习任务较为熟悉或比较简单,占用的认知资源较少,因此剩余的认知资源可以在元认知的监控下被转移到其他事情上,促进其更好地发展。执行控制失败假说则指出,走神是由执行控制能力和个人关注共同决定的。在执行任务过程中,当一个人的执行控制能力较低,并且关注的事物上升到意识思考的水平时,

---

[1] J. Smallwood, J. W. Schooler, "The Restless Mind", *Psychological Bulletin*, 132 (6), 2006, 946~958.

第五章 走神与学业成绩的关系

就构成了控制的失败,形成走神现象。正如成绩较差的儿童难以集中注意力,执行控制能力较低,对学习以外的事情抱以更大程度的兴趣,所以走神也常常指向与学业无关的事件,不能提高自己的学业成绩。

笔者还发现,如果不加干预,前期发展的有意走神会正向预测之后有意走神的发展,而前期的自发走神也会正向预测之后自发走神的发展。虽然都是正向预测,但由于有意走神和自发走神对学业成绩的影响方向是相反的,即有意走神发挥积极作用、自发走神发挥消极作用,所以教育实践者和研究者需要转变观念,寻求一些方式方法,在教育、教学活动中区分学生的有意走神和自发走神,从培育学生的有意走神、减少其自发走神的角度设计课堂教学,发展有效的干预策略,促进学生的健康成长。

此外,通过对控制变量的分析笔者发现,家庭社会经济地位和性别均会影响学业成绩。家庭 SES 之所以对学业成绩产生如此重要的作用,是因为 SES 高的家庭拥有更多的物质、人力、信息资源,能决定儿童的学习环境,培养其眼界和见识,为儿童的未来发展投资;而低家庭 SES 不具有这样的优势,不但没有足够的资源供应,甚至可能限制、阻碍儿童的正常发展。已有大量研究证实了高家庭 SES 的孩子在学业成就上有更好的表现。[1] 此外,还有研究关注家庭社会经济地位对学业成绩的间接影响,

---

[1] G. M. Lawson, M. J. Farah, "Executive Function as a Mediator between SES and Academic Achievement Throughout Childhood", *International journal of Behavioral Development*, 41 (1), 2017, 94~104; D. Bae, K. A. S. Wickrama, C. W. O'Neal, "Social Consequences of Early Socioeconomic Adversity and Youth Bmi Trajectories: Gender and Race/Ethnicity Differences", *Journal of Adolescence*, 37 (6), 2014883~892; E. Akben-Selcuk, "Personality, Motivation, and Math Achievement Among Turkish Students: Evidence from PISA Data", *Perceptual and Motor Skills*, 124 (2), 2017, 514~530.

发现父母教养方式[1]、父母期望[2]等均能作用于儿童的学业成绩。

笔者还发现，女生的学业成绩显著高于男生，而且相较于女生，男生的自发走神更多。学业成绩的确存在显著的性别差异，相比于男生，女生更可能扮演传统学生的角色，即听从老师安排、集中注意力完成学业，从而使得成绩优于男生。[3]同时，这一学业成绩上的性别差异也可能影响学业成绩与走神的关系，可能表现为女生群体的学业成绩与走神（尤其是与发挥消极作用的自发走神）间的关系弱于男生。

笔者从发展的角度证实了有意走神和自发走神与学业成绩间存在动态的交互作用，明确了提高有意走神、降低自发走神的重要性，可以进一步为教育教学中的走神干预提供理论指导的证据支持。同时，大量研究指出，在儿童的学业发展中，学业的前因变量可能更多的是学习动机、元认知等，走神只是在其中发挥了中介作用，下两节的内容主要考察走神在学习动机和元认知中对学业成绩影响的中介作用。

第二节 走神在学习动机和学业成绩间的中介作用

走神是直接影响成绩的重要变量，但也有研究发现走神是动机影响成绩的重要解释变量，即走神在动机与成绩之间起中

---

[1] H. S. Park, S. Bauer, "Parenting Practices, Ethnicity, Socioeconomic Status and Academic Achievement in Adolescents", *School Psychology International*, 23 (4), 2002, 386~396.

[2] J. C. Stull, "Socioeconomic Status, Parent Expectations, and a Child's Achievement", *Research in Education*, 90 (1), 2013, 53~67.

[3] D. Voyer, S. D. Voyer, "Gender Differences in Scholastic Achievement: A Meta-Analysis", *Psychological Bulletin*, 140 (4), 2014.

介作用。[1]动机强度会影响走神频率，表现在任务完成过程中，动机越强走神出现的频率就越低，[2]而走神频率的降低会对任务成绩有积极促进作用。近期，昂斯沃斯（Unsworth）和麦克米兰（McMillan）在阅读任务中探究阅读动机、走神以及阅读成绩之间的关系。在阅读过程中随机插入思维探测评估走神频率，阅读结束后，被试还需完成与阅读相关的测试题目以及两道阅读动机题目。研究结果表明，走神在阅读动机与阅读成绩之间起中介作用。

尽管昂斯沃斯（Unsworth）和麦克米兰（McMillan）的研究结果符合预期假设，但是塞利（Seli）等人指出该研究存在一定的局限。他们认为，之前大部分研究都将走神定义为无意识的、自发产生且不能控制的自发走神，即昂斯沃斯（Unsworth）和麦克米兰（McMillan）探究的是自发走神在动机与成绩之间的中介作用。但是除了这种自发走神外，还存在一种有意识、有目的且能自主控制的有意走神。既然走神包括自发走神和有意走神两种心理结构，那么两者在动机与成绩之间是否还存在中介效应？中介效应是否存在差别？

2015年，塞利（Seli）等人通过两项实验研究对以上问题作出了解答。首先，在实验任务即节拍器反应任务（Metronome Response Task，MRT）中随机插入思维探测，要求被试在三个选项中（集中注意力于任务上、有意走神、自发走神）选择符合自己情况的一项。在实验结束后，被试需要完成一道与任务动

---

[1] J. S. Antrobus, "Information Theory and Stimulus-independent Thought", *British Journal of Psychology*, 59, 1968, 423~430.

[2] P. Seli et al., "Motivation, Intentionality, and Mind Wandering: Implications for Assessments of Task-unrelated Thought", *Journal of Experimental Psychology: Learning, Memory, and Cognition*, 41 (5), 2015, 1417~1425.

机有关的题目。在这项研究中，研究者认为，如果被试在实验中出现走神，便会影响他的按键反应时，因此他们将反应时作为评估被试任务成绩的指标。在另一项研究中，他们采用记忆保留实验任务，即给被试观看一段录像，在这个过程中随机插入思维探测评估被试的走神情况，录像播放之后被试通过完成与影像内容有关的选择题作为任务成绩，对任务动机的评估与之前一致。两项研究结果均发现：任务动机越强，自发走神和有意走神出现的频率越低，从而导致任务成绩的提升，即自发走神和有意走神在动机与成绩之间起中介作用，且两种走神的中介效应类似。[1]

随着研究的深入，研究者发现以往对动机的评估过于简单，因此他们加强了对动机水平的控制：在 MRT 任务中，除了让被试自我报告动机水平外，还通过不同的指导语将被试分为动机组和控制组，同时，将反应时和遗漏率作为成绩指标。研究发现，当以反应时作为任务成绩指标时，两种走神的中介效应都不显著；当以遗漏率作为任务成绩指标时，只有有意走神的中介效应显著，且为负向的中介效应，[2]这一研究结果与之前的研究稍有差别。

基于文献梳理可知，动机可以通过降低走神频率间接影响任务成绩。然而，自我决定理论（Self-Determination Theory，

---

[1] P. Seli et al., "Motivation, Intentionality, and Mind Wandering: Implications for Assessments of Task-unrelated Thought", *Journal of Experimental Psychology: Learning, Memory and Cognition*, 41 (5), 2015, 1417~1425; P. Seli et al., "On the Relation Between Motivation and Retention in Educational Contexts: The Role of Intentional and Unintentional Mind Wandering", *Psychonomic Bulletin & Review*, 23 (4), 2015, 1280~1287.

[2] P. Seli et al., "Increasing Participant Motivation Reduces Rates of Intentional and Unintentional Mind Wandering", *Psychological Research*, 83 (5), 2019, 1057~1069.

SDT）指出，动机在本质上是多维度的，且根据行为的自我决定程度将动机区分为三种类型：内部动机（intrinsic motivation）、外部动机（extrinsic motivation）及无动机（amotivation）。其中，内部动机和外部动机是学习动机的两种基本类型。由内部动机驱使的个体自主性和自由性较强，对行为活动本身感兴趣，能在学习和探索新事物、参与活动的过程中获得快乐和满足。[1]相反，由工具性利益驱动行为产生的动机为外部动机，它强调动力来源中的非自身因素，[2]比如非出自自身兴趣的、迫于父母及老师压力的家庭作业。

　　动机的多维结构在心理乃至教育学领域一直受到重视，因为内、外部动机与成绩的关系不同。内部动机对学业成绩有重要的积极作用，由内部动机驱使的学习行为一般会导致较好的学习成绩，它也被称为学习的自然催化剂。[3]在外部动机对成绩的影响这一问题上，研究者的观点并未达成一致。大部分研究者认为，外部动机对学习成绩有负面影响，例如，有一项追踪三年级到六年级小学生内、外部动机对成绩的影响的研究发现，外部动机对成绩的消极影响具有跨时间的稳定性。[4]然而，

---

〔1〕 R. M. Ryan, E. L. Deci, "Self-determination Theory and the Facilitation of Intrinsic Motivation, Social Development, and Well-being", *American Psychologist*, 55, 2000, 68~78.

〔2〕 E. L. Deci, R. M. Ryan, "Intrinsic Motivation and Self-determination in Human Behavior", *Plenum*, 1985.

〔3〕 R. M. Ryan, E. L. Deci, "Promoting Self-determined School Engagement", in K. R. Wentzel, A. Wigfield (Eds.), *Handbook of Motivation at School*, New York, NY: Routledge, 2009.

〔4〕 M. R. Lepper, J. H. Corpus, S. S. Iyengar, "Intrinsic and Extrinsic Motivational Orientations in the Classroom: age Differences and Academic Correlates", *Journal of Educational Psychology*, 97, 2005, 184~196; M. Becker, N. McElvany, M. Kortenbruck, "Intrinsic and Extrinsic Reading Motivation as Predictors of Reading Literacy: A Longitudinal Study", *Journal of Educational Psychology*, 102, 2010, 773~785.

一项关于印度青少年内、外部动机对成绩的影响的研究却发现，外部动机对成绩并无显著影响。

因此，笔者基于自我决定理论的视角，采用小学生动机量表（Elementary School Motivation Scale-ESMS）[1]、有意走神自发走神量表对小学生进行调查，进一步探讨动机（内部动机和外部动机）、走神（有意走神和自发走神）以及成绩三者之间的关系。从特质层面考察小学生有意走神和自发走神在内、外部动机与学习成绩之间的中介作用，以期丰富教育教学研究。

一、研究方法

（一）研究对象

采用整群抽样的方法，对北京市5所小学四、五、六三个年级的学生以班级为单位进行施测。剔除信息不完整、规律作答和缺失值较多的被试数据后，回收有效问卷共1849份，有效率为82.58%，其中男生970人、女生879人；四年级728人、五年级548人、六年级573人；被试的平均年龄为11.08±0.98岁。

（二）研究工具

1. 小学生学习动机量表

本研究采用的是盖伊（Guay）和沙纳尔（Chanal）等人于2010年编制的小学生动机量表（Elementary School Motivation Scale-ESMS）中的语文内部动机、语文控制性调节、数学内部动机、数学控制性调节4个分量表，每个分量表有3个题目，共12个题目，题目混合呈现，采用5点计分，1表示"经常不

---

[1] Guay et al., "Intrinsic, Identified, and Controlled Types of Motivation for School Subjects in Young Elementary School Children", *British Journal of Educational Psychology*, 80, 2010, 711~735.

是",5表示"经常是",在量表上得分越高,表明个体相应的动机倾向越强。

为了检验该量表的结构效度,本研究采用 Amos 18.0 对内部动机、控制性调节两维度进行验证性因子分析。数据结果显示:$\chi^2/df = 2.13$,TLI = 0.99,CFI = 0.99,GFI = 0.99,AGFI = 0.99,RMSEA = 0.03;对量表的内部一致性信度分析发现,量表总分、内部动机和控制性调节的 Cronbach's α 分别为 0.68、0.81、0.83。

2. 有意走神和自发走神量表

同前文。

3. 总成绩

学科专家、心理学专家、教育学专家等相关专家经过标准化的测验编制程序编制语文和数学学业成就测验,每科均采用等值的 A、B 卷形式,交叉向学生发放,避免抄袭等影响结果可靠性的情况出现。而且,语文和数学测验均从内容和能力维度进行测查。

语文测验包括 45 道题,主要测查语言积累和阅读两方面的内容。从内容维度来讲,语文积累包括语言积累(字词理解等)和文化积累(文言文和古诗词等);阅读包括信息类文本阅读和文学类文本阅读。从能力维度来讲,语言积累被分为了解与识记、理解与分析、运用与评价三个水平;阅读被分为获取信息、解释信息、作出评价三个水平。

数学测验有 35 道题,在内容上包括数与代数、空间与图形和统计与概率三个部分,在能力上包括知道事实、运用规则、数学推理和非常规问题解决四个方面。测评内容重点参考了四年级到六年级《数学课程标准》(2001 年版),以考察能力为导向,重点测查学生在该年级应达到的数学能力水平。

研究中总成绩变量采用的是三个年级学生的语文、数学成绩，都为百分制，将每个年级的各科成绩分别转化成标准 Z 分数后，相加得到总成绩。

(三) 数据收集与处理

由心理学专业的本科生或者研究生担任施测主试，对班级进行团体测试。研究遵循知情同意原则。所有数据采用 SPSS 19.0 与 Mplus 7.0 软件进行数据分析。

二、研究结果

(一) 各变量描述统计与相关分析

对北京数据中各变量进行描述统计及相关分析，具体结果见表 5-6。小学生内部动机和外部动机的均值分别为 9.76、4.28，有意走神和自发走神的均值分别为 19.75、13.13。对各变量进行 Pearson 相关分析后，结果表明，有意走神与外部动机呈显著正相关；自发走神与内部动机呈显著负相关，与外部动机呈显著正相关，与总成绩之间呈显著负相关。另外，内部动机与成绩之间呈显著正相关，而外部动机与成绩之间呈显著负相关。

表 5-6 各变量的描述性统计与相关分析

变量	M±SD	内部动机	控制性调节	有意走神	自发走神
内部动机	9.76± 1.91	——			
控制性调节	4.28± 1.71	-0.16 **	——		
有意走神	19.75± 6.42	0.04	0.10 **	——	
自发走神	13.13± 6.33	-0.26 **	0.25 **	0.42 **	——
总成绩	0.00± 1.79	0.23 **	-0.25 **	0.03	-0.21 **

第五章 走神与学业成绩的关系

（二）有意走神和自发走神的中介效应检验

就内、外部动机对成绩的直接影响而言，内部动机对成绩有显著正向预测作用（$\beta=0.28$，$p<0.001$），而外部动机对成绩有显著负向预测作用（$\beta=-0.31$，$p<0.001$）。

通过结构方程模型探究有意走神和自发走神在内、外部动机与成绩之间的中介效应，模型3的拟合指标如下：其中，$\chi^2/df=22.11$，$CFI=0.80$，$TLI=0.75$，$RMSEA=0.11$。各变量间的具体关系如图5-2所示：不管是内部动机还是外部动机，都对有意走神有显著正向预测作用（$\beta=0.14$，$p<0.001$；$\beta=0.16$，$p<0.05$）；而不同动机类型对自发走神的影响存在差异，其中内部动机显著地负向预测自发走神（$\beta=-0.31$，$p<0.001$），而外部动机对其有显著的正向预测作用（$\beta=0.38$，$p<0.001$），同样表明内、外部动机对两种走神的影响有差异；有意走神和自发走神对成绩的影响与之前的结果一致，即有意走神显著地正向预测成绩（$\beta=0.11$，$p<0.001$），自发走神显著地负向预测成绩（$\beta=-0.25$，$p<0.001$）。另外，有意走神和自发走神在内、外部动机与成绩之间的中介效应在方向和解释力上同样存在差异，具体来讲，在内部动机与成绩之间，有意走神和自发走神的中介效应均是正向的，且均达到显著水平（$SE=0.006$，$p<0.05$；$SE=0.018$，$p<0.001$）；在外部动机与成绩之间，自发走神起显著的负向中介效应（$SE=0.024$，$p<0.001$），有意走神的中介效应是正向的，且达到边缘显著（$SE=0.009$，$p=0.053$）。

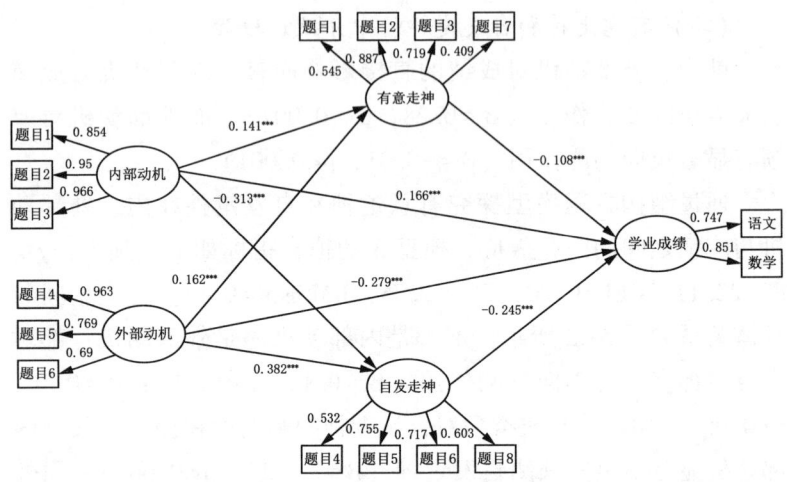

图 5-2 有意走神和自发走神在内、外部动机与总成绩之间的中介效应模型

三、结论与讨论

研究假设走神（有意走神和自发走神）在内、外部动机与成绩之间起中介作用，且中介机制存在差异，这一假设在结构方程模型中得到了验证，即个体的内、外部动机与学习成绩之间的关系可以分别通过有意走神和自发走神加以解释。其中，有意走神和自发走神在内部动机与成绩之间起正向的中介作用，但是具体的中介机制存在差异：高强度的内部动机增加了有意走神出现的频率，进而促进个体的学习成绩。另外，较强的内部动机能够降低自发走神出现的频率，而低频率的自发走神有利于提升个体的学习成绩。在外部动机与成绩之间，自发走神起负向的中介作用，有意走神起正向的中介作用：较强的外部动机导致自发走神的出现，而高频率的自发走神不利于学习成绩的提升；外部动机的增强有利于有意走神的出现，进而对学业成绩产生积极影响。

内部动机源于个体对行为活动的内在兴趣倾向，其自我决定程度较高，能较好地控制自己的意识行为。[1]在学习上，内部动机较强的学生，一方面对学习活动感兴趣，愿意付出更多的时间、精力和努力，[2]也就是说，他们把注意力更多地分配在学习任务上，有意识地控制学习时的注意状态，减少与学习无关事物对注意力的干扰，从而降低自发走神出现的频率，加深对学习材料的认知加工，有利于学习成绩的提升；另一方面，内部动机较强的学生意志力坚定，善于采取自主学习策略，[3]而学习策略的选择及使用恰恰可以通过有意走神实现，即有意识地思考与当前学习材料无关，但可以克服学习困难、提升学习成绩的方法。所以，内部动机较强的学生会在学习中通过适当地增加有意走神，降低自发走神频率将注意力维持在学习或与学习有关的事情上，进而取得进步。

外部动机下的行为是基于获得奖励、避免惩罚或者迫于外界压力产生的，[4]尽管如此，相比于外部动机较弱的学生，具有高水平外部动机的学生更希望自己取得好成绩。因此，他们在一定程度上通过有意走神采取学习策略，这可能是外部动机强的学生有意走神频率较高的原因，但这需要通过更多的研究证据加以论证。同时，我们知道，外部动机驱使下的学习行为并非学习兴趣驱使，因此，这类学生的注意力控制较弱，易被

---

[1] Deci et al., "Motivation and Education: The Self-Determination Perspective", *Educational Psychology*, 26 (3~4), 1991, 325.

[2] C. P. Niemiec, R. M. Ryan, "Autonomy, Competence, and Relatedness in the Classroom: Applying Self-determination Theory to Educational Practice", *Theory and Research in Education*, 7, 2009, 133~144.

[3] S. Hidi, A. Renninger, "The Four-phase Model of Interest Development", *Educational Psychologist*, 41, 2006, 111~127.

[4] R. J. Vallerand, C. F. Ratelle, "Intrinsic and Extrinsic Motivation: A Hierarchical Model", in E. L. Deci & R. M. Ryan (Eds.), *Handbook of self-determination Pesearch*, Rochester, NY: University of Rochester Press, 2002.

其他与学习无关的事物（非支持性条件）干扰，导致注意力发生转移，出现的自发走神远高于有意走神。这时，与当前学习内容无关的思维占据认知资源，干扰对任务的认知加工而错过重要信息，不利于学习成绩的提升。

第三节 走神在元认知和学业成绩间的中介作用

除学习动机以外，元认知对学业成绩的影响也得到了大量研究的证明。早在元认知的研究早期，元认知就被认为是与学习相关的可预测的一般因子。[1]斯滕伯格的智力三元论认为学业成绩优秀的学生比学业成绩差的学生元认知能力高，甚至有学者认为，元认知对学业成绩的影响超过了智力，研究者使用瑞文智力推理测验与成人版 MAI 对智力与元认知对学业成绩的影响进行研究，进而发现，元认知对外语成绩的影响超过了智力因素。[2]

在人们的各种活动中，元认知发挥着重要的作用。莱斯特（Lester）、加罗法治（Garofalo）和克罗尔（Kroll）认为，在自主学习和问题解决的过程中，调节个人认知过程的行为通常是元认知在发挥着主要作用。[3]虽然有研究者认为元认知和学业

---

[1] C. Glaser, J. C. Brunstein, "Improving Fourth-grade Students' Composition Skills: Effects of Strategy Instruction and Self-regulation Procedures", *Journal of Educational Psychology*, 99 (2), 2007, 297.

[2] R. Pishghadam, G. H. Khajavy, "Intelligence and Metacognition as Predictors of Foreign Language Achievement: A Structural Equation Modeling Approach", *Learning and Individual Differences*, 24, 2013, 176~181.

[3] F. K. Lester, J. Garofalo, D. L. Kroll, "Self-confidence, Interest, Beliefs, and Metacognition: Key Influences on Problem-solving Behavior", in *Affect and Mathematical Problem Solving*, Springer, New York, NY, 1989.

成绩之间存在较弱的相关关系，[1]但多数研究发现，元认知与各学科（包括阅读、数学）的成绩显著正相关。[2]采用Jr. MAI进行的研究也发现元认知得分与小学简单机械课程成绩、科学课程成绩之间显著相关。[3]

元认知知识和元认知调节是有效学习的显著特征。元认知知识为监测和控制等过程提供了经验基础，元认知调节扩大了元认知知识的范围，而它们共同涉及目标设定、记忆、理解监控以及策略选择。大部分的研究均表明，高学业成就的学生能够意识到更多的认知规则，并且唤起关于认知过程和认知结果的元认知知识会更加流畅，[4]而且，比起成绩低的学生，成绩优秀的学生被发现能够意识到自己的认知过程，在学习过程中有更多的自我调节行为参与。[5]高学习自我调节（self-regulating）

---

［1］ F. Gul, S. Shehzad, "Relationshipbetween Metacognition, Goal Orientation and Academic Achievement", *Procedia - Social and Behavioral Sciences*, 47, 2012, 1864~1868.

［2］ R. Negretti, "Metacognition in Student Academic Writing: A Longitudinal Study of Metacognitive Awareness and Its Relation to Task Perception, Self-regulation, and Evaluation of Performance", *Written Communication*, 29 (2), 2012, 142~179; A. Phakiti, "A Closer Look at the Relationshipof Cognitive and Metacognitive Strategy Use to EFL Reading Achievement Test Performance", *Language testing*, 20 (1), 2003, 26~56.

［3］ B. Ayazgök, N. Yalçin, "The Investigation of the Metacognitive Awarness and the Academic Achievement About Simple Machine in 7th Grade Students in Primary Education", *Procedia-Social and Behavioral Sciences*, 141, 2014, 774~780; L. Ciascai, M. E. Dulama, "What Specific Science Abilities and Skills are Romanian Students Developing during Primary Education? A Comparison with the Abilities Tested by the TIMSS 2011 Inquiry", *Acta Didactica Napocensia*, 6 (4), 2013, 29~44.

［4］ M. Romainville, "Awareness of Cognitive Strategies: The Relationshipbetween University Students' Metacognition and Their Performance", *Studies in Higher Education*, 19 (3), 1994, 359~366.

［5］ H. J. Hartman, "Metacognition in Learning and Instruction: Theory, Research and Practice", *Springer Science & Business Media*, 2001.

能力的学生会根据任务的价值与自我效能感来确定学习活动的具体目标、观察自己的学习表现、评估学习进展情况,并根据实际需要继续或者改变当前学习策略,从而达到学业成绩最大化的目标。

研究者发现,元认知能力产生于 5 岁到 7 岁,并且在整个学龄期可以得到持续发展。[1]国内学者在小学生中开展的实验研究也得到了相似的结果。例如,陈英和等人采用自编的拼图游戏程序,分别对共 124 个小学二、四、六年级的儿童在不同难度任务中的元认知监控和问题解决的能力进行了研究。结果显示:随着年级的升高,儿童在问题解决的正确率和速度上呈现出显著差异,说明儿童的元认知监控能力能够影响儿童的问题解决能力。[2]此外,还有学者使用口头报告法对学生的阅读理解过程进行研究,发现学生的元认知知识的水平也影响着阅读成绩。

上述研究说明:元认知在学生的认知发展上有重要的作用,与学业表现具有密切的关系。而在第三章笔者也指出,个体能够体验到走神,正是体现了元认知间歇性地评估当前思想内容的作用:元认知的参与可以终止走神或调节走神的内容,从而最大限度地降低走神对目标任务完成的损害。虽然走神也对任务成绩有着重要的影响,但实际上,元认知可以通过走神发挥作用进而对任务成绩产生影响。

兰德尔(Randall)及其同事根据以往理论提出了关于元认

---

[1] R. A. Reeve, A. L. Brown, "Metacognition Reconsidered: Implications for Intervention Research", *Journal of Abnormal Child Psychology*, 13 (3), 1985, 343~356; J. H. Flavell, F. L. Green, E. R. Flavell, "The Development of Children's Knowledge About Attentional Focus", *Developmental Psychology*, 31 (4), 1995, 706.

[2] 郝嘉佳、陈英和:"小学儿童在线和离线元认知监控的发展特点及其对问题解决的影响",载《心理科学》2010 年第 5 期。

知、走神和任务表现的认知资源理论模型。他们认为，任务越复杂，元认知能够分配给走神的认知资源就越少，从而导致走神减少，引起任务成绩提升；而任务较简单时，分配给走神的认知资源较多，发生走神的频率随之升高，任务表现就会变差。因此，他们假设，走神作为认知资源和任务成绩之间的中介，在两者之间起着重要的作用。[1]虽然他们提出了这一理论模型，但其研究结果却未能证实这一假设。研究者推测是样本量过小的缘故。值得注意的是，在该研究中，研究者并未区分有意走神和自发走神。斯莫尔伍德（Smallwood）曾经指出，若不能有效区分两种走神，在未来的研究中或许会混淆一些研究结果，可能会得出令人困惑的结论。因此，在元认知对任务成绩的实证研究中应当对有意走神和自发走神进行区分，寻求二者可能不同的中介作用，从而得到更可靠的结果。

结合之前研究发现的有意走神正向预测学业成绩、自发走神负向预测学业成绩的结果，笔者推测，在元认知（特别是元认知调节成分）对学业影响的过程中，自发走神和有意走神可能发挥了不同的中介作用。本研究收集了小学生的元认知、走神和学业成绩数据，对此进行建模分析，旨在揭示三者的关系机制，丰富现有的研究成果。

一、研究方法

（一）研究对象

采用方便取样的方法，在河北省衡水市某小学以班级为单位进行施测。选取四年级、五年级、六年级三个年级的学生发

---

[1] J. G. Randall, F. L. Oswald, M. E. Beier, "Mind-wandering, Cognition, and Performance: A Theory-driven Meta-analysis of Attention Regulation", *Psychological bulletin*, 140 (6), 2014, 1411.

放问卷,剔除信息不完整和选项值都一致的被试数据后,回收有效问卷共670份,有效率为84.07%。其中,男生356人、女生314人;四年级228人、五年级218人、六年级224人;被试的平均年龄为10.25±0.88岁。

(二)研究工具

1. 儿童青少年版元意识量表

采用斯珀林(Sperling)和霍华德(Howard)等人于2002年修订的儿童青少年版元意识量表(Junior Metacognitive Awareness Inventory, Jr. MAI)。儿童青少年版元意识量表的低年级版本包含元认知知识和元认知调节两个维度,每个维度6道题目,共12道题目,5点计分,1、2、3、4、5分别表示"从不""基本不""有时候是""经常""总是",在量表上得分越高,表明个体的元认知水平越高。本研究关注的是元认知调节,因此研究采用的是低年级版本儿童元意识量表中的元认知调节维度。为了验证元认知调节的结构效度,本研究采用MPLUS 7.0对其进行验证性因子分析。结果表明,数据与模型拟合良好:$\chi^2/df=2.34$, TLI=0.99, CFI=0.97, RMSEA=0.05,并且元认知调节维度的Cronbach α系数为0.74,说明元认知调节维度的信效度较理想。

2. 有意走神和自发走神量表

采用塞利(Seli)和卡里埃(Carriere)等人于2013年编制的两维度走神量表(Mind Wandering: Deliberate and Spontaneous Mind Wandering Scales, MW: MW-D 和 MW-S),该量表包括有意走神和自发走神两个维度,每个维度有4道题目,共8道题目,题目混合呈现,采用7点计分。其中有意走神维度和自发走神维度中的第1、2、4题让被试从"1=很少"到"7=经常"的范围中选择最合适的程度;有意走神维度的第3题需要被试从"1=完全不同意"到"7=完全同意"中选择最合适的程度；自发走神维度的第3题要求被试从"1=几乎不是"到"7=几乎总是"中选择最合适的程度。在量表上得分越高，表明个体相应的走神程度越高。使用 MPLUS 7.0 对量表进行验证性因素分析，得到的拟合指标为：$\chi^2/df = 4.95$，$TLI = 0.93$，$CFI = 0.96$，$RMSEA = 0.08$。对量表的内部一致性信度分析发现，量表总分、有意走神和自发走神的 Cronbach α 分别为 0.80、0.70、0.79。

（三）数据收集与处理

由心理学专业本科生或研究生担任主试，以班级为单位进行团体测试。研究遵循知情同意原则。所有数据采用 SPSS 19.0 及 MPLUS 7.0 软件进行数据分析。

二、研究结果

（一）共同方法偏差的检验与控制

为避免共同方法偏差，根据周浩、龙立荣相关研究的建议，研究重点从施测过程进行控制，题目随机编排，系统设置限定一个 ID 号，保证每个被试只能填答一份问卷，并要求被试匿名回答。[1]在数据分析时，本研究进行 Harman 单因子检验共同方法偏差问题，单因子模型的拟合指标为：$\chi^2/df = 15.72$，$TLI = 0.44$，$CFI = 0.53$，$RMSEA = 0.15$，结果表明共同方法偏差不明显。

（二）各变量的描述统计与相关分析

研究中总成绩变量采用的是三个年级学生的期末成绩，包括语文、数学、英语成绩，都为百分制，将每个年级的各科成绩分别进行标准化后，相加得到总成绩。

---

[1] 周浩、龙立荣："共同方法偏差的统计检验与控制方法"，载《心理科学进展》2004年第6期。

各变量的描述统计与相关分析结果见表 5-7。小学生元认知调节的均值为 19.87，有意走神和自发走神的均值分别为 14.84、10.59。对元认知调节、有意走神和自发走神进行 Pearson 相关分析发现，元认识调节与有意走神之间存在显著的正相关，与自发走神之间存在显著的负相关，有意走神和自发走神之间存在显著的负相关。

表 5-7　各变量的描述统计与相关分析

变量	$M \pm SD$	1	2	3	4
1 元意识调节	19.87 ± 4.45	——			
2 有意走神	14.84 ± 5.57	0.11**	——		
3 自发走神	10.59 ± 5.24	−0.23**	0.46**	——	
4 总成绩	0.06 ± 2.58	0.16**	0.07	−0.17**	——

注：* 代表 $p<0.05$；** 代表 $p<0.01$；*** 代表 $p<0.001$。N=670。

（三）有意走神和自发走神的中介效应检验

在文献分析和相关分析的基础上，就元认知调节对成绩的影响进行数据分析，结果表明元认知调节对成绩有显著正向预测作用（$\beta=0.16$，$p<0.001$）。接下来，采用结构方程模型考察有意走神和自发走神在元认知调节与总成绩之间的中介作用。研究采用偏差校正的百分位 Bootstrap 法进行中介效应检验，分析中偏差校正的百分位 Bootstrap 法的重复取样为 5000，中介效应量的置信区间为 95%，建立模型 1，该模型的各拟合指标良好：$\chi^2/df=4.18$，$CFI=0.89$，$TLI=0.87$，$RMSEA=0.07$。

结构方程模型具体结果见图 5-3，其中元认知调节对有意走神具有正向预测作用（$\beta=0.118$），且在统计学上达到边缘显著（$p=0.06$），有意走神显著地正向预测总成绩（$\beta=0.175$， p<0.001）；元认知调节对自发走神具有显著的负向预测作用（β=-0.340，p<0.001），自发走神显著地负向预测总成绩（β=-0.233，p<0.001），也就是说，有意走神和自发走神作为元认知调节和成绩的中介变量，所起的中介效应在方向上是完全相反的。另外，在元认知调节和成绩之间加入中介变量有意走神和自发走神后，元认知调节对总成绩的正向预测作用有所降低，且达到边缘显著水平（β=0.112，p=0.07）。这表明有意走神和自发走神在元认知调节和总成绩之间起部分中介作用，其中有意走神的中介效应量为2.2%，自发走神的中介效应量为8.5%，且在0.01水平上显著。

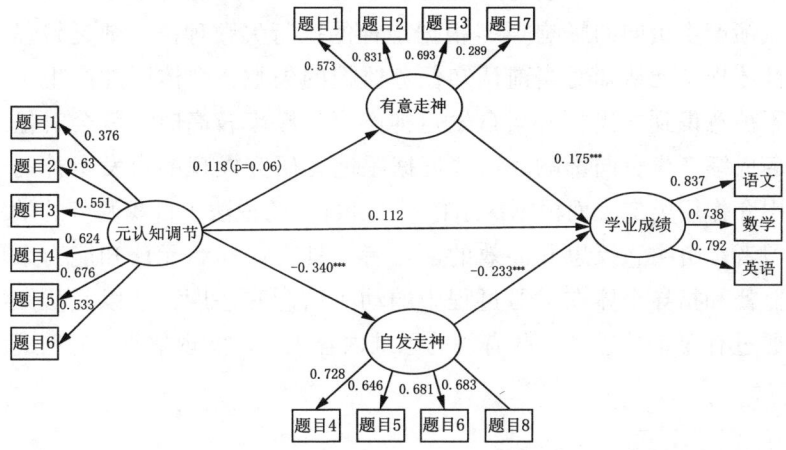

图5-3 有意走神和自发走神在元认知调节与总成绩之间的中介效应模型

三、结论与讨论

研究发现小学生元认知能力对其学业成绩具有显著的影响，元认知调节能力越高，成绩越好，这一结果与已有研究的结论是一致的，进一步支持元认知能力是影响小学生学业成绩的前因变量的观点。使用 MAI 对在校大学生进行的研究表明：元认知能够显著正向预测学生的学业绩点（GPA）；[1]元认知监控也调节着思考和学习，那些理解了自己需要达成学习目标并能有效学习的学习者可以有意识地将特定的学习策略和技能应用于学习中，由此提高学业成绩。[2]

笔者的研究显示，有意走神和自发走神在元认知调节和学业成绩之间起部分中介作用，而且两种走神在其中的中介作用完全相反。即，元认知调节成分正向影响有意走神，有意走神正向预测学业成绩，但元认知调节成分负向预测自发走神，自发走神负向预测学业成绩。昂斯沃斯（Unsworth）等人的研究结果表明，注意力控制能够通过注意失败，即走神对学生的 SAT 成绩产生负向的影响。[3]根据走神的执行失败理论，缺乏警惕性体现了元认知对当前认知任务监控的失败，个体因此产生了不被意识到的走神，当自发走神产生的频率较高时，就会对任务成绩产生负向影响。这些证据跟笔者研究发现的自发走神的中介作用类似。而根据沃尔特（Wolter）的说法，自我调节的学习者是自主、反思和高效的学习者，具有认知和元认知能力来监督和指导个体在学习过程中的动机信念和态度，所以元认知通过有意走神思考一些有益的思维内容也可以实现学业上的更成

---

[1] S. A. Coutinho, G. Neuman, "A Model of Metacognition, Achievement Goal Orientation, Learning Style and Self-efficacy", *Learning Environments Research*, 11 (2), 2008, 131~151.

[2] J. G. Borkowski, M. Carr, M. Pressley, "'Spontaneous' Strategy Use: Perspectives from Metacognitive Theory", *Intelligence*, 11 (1), 1987, 61~75; D. F. Halpern, *Thought & Knowledge An Introduction to Critical Thinking*, 36 (2), 2002, 143~186.

[3] N. Unsworth et al., "Everyday Attention Failures: an Individual Differences Investigation", *Journal of Experimental Psychology: Learning, Memory and Cognition*, 38 (6), 2012, 1765.

功。[1]

  这一研究通过探索元认知调节、走神与儿童学业成绩间的关系,又确认了有意走神和自发走神在元认知调节和学业成绩之间不同的中介路径,进一步丰富了研究结果。

---

  [1] C. A. Wolters, "Understanding Procrastination from A Self-regulated Learning Perspective", *Journal of Educational Psychology*, 95 (1), 2003, 179~187.

第六章 CHAPTER 6

走神与情绪和心理健康的关系

第一节 走神与情绪和心理健康的横断研究

情绪和认知虽然都有各自的发生机制和变化规律，但二者有密切的联系。现代神经生理学研究表明，大脑中与情绪相关的许多脑区被认为与明显的认知过程有关，当前的心理学观点也通常认为认知和情感是不可分割的。在对走神的研究中，也有较多研究者就走神与情绪、幸福感、心理健康乃至心理疾病的关系进行了较为广泛的探讨。

第一，走神与情绪密切相关。在走神的情绪功能研究中，大部分研究指出，走神与消极情绪或情绪体验的恶化有关。[1]研究者指出，烦躁不安的情绪与更多的走神有关，走神会伴随消极的、不快乐的情绪，大规模的经验取样研究发现当人们在

---

[1] M. S. Franklin et al., "The Silver Lining of a Mind in the Clouds: Interesting Musings are Associated with Positive Mood While Mind-wandering", *Frontiers in Psychology*, 4, 2013, 583; J. Smallwood, R. C. O'Connor, D. Heim, "Rumination, Dysphoria, and Subjective Experience", *Imagination, Cognition, and Personality*, 24 (4), 2005, 355~367.

走神时他们的情绪状态总体上也是低落的。[1]通过问卷测量了初、高中生的走神、情绪和压力等情况,发现初、高中生的高走神与糟糕心情、低生活满意度、高压力和低自尊有关。[2]斯塔瓦奇克(Stawarczyk)等人也同样证实了上述观点,发现在日常生活中走神自我报告的一般频率和消极情绪有关。[3]所以,研究者指出,由于走神主要聚焦于无法实现的内容,并且会对当下状况和渴望达到的目标之间的差异进行评估,所以当个体会到目标差异后就会产生暂时的或者长期的消极情绪。[4]

但还有研究揭示了走神与积极情绪的联系。鲁比(Ruby)等人指出,关于自我和未来的走神会带来积极的情绪体验,但关于他人和过去的走神则会带来消极的情绪体验。如果个体之前先处于积极情绪下,走神的出现才会引起个体的消极情绪。[5]而且,在某些情况下,特别是当人们认为走神事件有趣时,走神也与后续增加的积极情绪有关。关于走神的年龄差异研究则提示,拥有更多积极情绪的老年人报告了更少的走神现象,而拥

---

[1] M. A. Killingsworth, D. T. Gilbert, "A Wandering Mind is an Unhappy Mind", *Science*, 330, 2010, 932.

[2] M. D. Mrazek et al., "Young and Restless: Validation of the Mind-Wandering Questionnaire (MWQ) Reveals Disruptive Impact of Mind-wandering for Youth", *Frontiers in Psychology*, 4, 2013, 560.

[3] D. Stawarczyk et al., "Using the Daydreaming Frequency Scale to Investigate the Relationships Between Mind-wandering, Psychological Well-being, and Present-moment Awareness", *Frontiers in Psychology*, 3, 2012, 363.

[4] I. Marchetti et al., "Spontaneous Thought and Vulnerability to Mood Disorders: the Dark Side of the Wandering Mind", *Clinical Psychological Science*, 4 (5), 2016, 835~857.

[5] F. J. Ruby et al., "How Self-generated Thought Shapes Mood——the Relation Between Mind-wandering and Mood Depends on the Socio-temporal Content of Thoughts", *PloS One*, 8 (10), 2013, e77554.

有更多消极情绪的年轻人报告了更多的走神频率。[1]

第二,走神会影响幸福感和心理健康。佛教哲学和现有的经验证据表明,活在当下并接受当下与更大的幸福感有关。然而,我们的心理特点和自身注意力的特点使得我们只关注当下的经验而忽略不想要的想法是非常困难的。一般来说,走神比不走神更让人感到不幸福,[2]经历更多走神体验的个体,会报告更低的生活满意度,而且这种不幸福感在关注过去的经历上尤为明显。[3]即使是青少年群体(初中和高中生),他们的高走神也与低生活满意度相关。[4]

第三,走神通常与各种适应性功能障碍有密切关系。研究已经证明,几种不同的精神病理问题和走神体验的增加有关,包括抑郁、注意多动障碍(ADHD)、精神分裂症、强迫症等。研究者提出,走神是抑郁和 ADHD 的状态标志,[5]自发性思维

---

[1] D. J. Frank et al. , "Validating Older Adults' Reports of Less mind-wandering: An Examination of Eye Movements and Dispositional Influences", *Psychology and Aging*, 30 (2), 2015, 266.

[2] A. Welz et al. , "Happy Thoughts: Mind Wandering Affects Mood in Daily Life", *Mindfulness*, 9 (1), 2018, 332~343.

[3] R. A. Mar, M. F. Mason, A. Litvack, "How Daydreaming Relates to Life Satisfaction, Loneliness, and Social Support: the Importance of Gender and Daydream Content", *Consciousness and Cognition*, 21 (1), 2012, 401~407.

[4] Y. Luo et al. , "Validation of the Chinese Version of the Mind-Wandering Questionnaire (MWQ) and the Mediating Role of Self-esteem in the Relationshipbetween Mind-wandering and Life Satisfaction for Adolescents", *Personality and Individual Differences*, 92, 2016, 118~122.

[5] N. S. Bozhilova et al. , "Mind Wandering Perspective on ADHD", *Neuroscience & Biobehavioral Reviews*, 92, 2018, 464~476; F. Hoffmann et al. , "Where the Depressed Mind Wanders: Self-generated Thought Patterns as Assessed Through Experience Sampling as a State Marker of Depression", *Journal of Affective Disorders*, 2016, 127~134.

第六章 走神与情绪和心理健康的关系

是易患情绪障碍的个体脆弱性的一个先兆。[1]

对正常人群和临床人群的研究均发现抑郁与更多的走神有关。而且,抑郁症患者过去指向的无关思维和负性情绪存在高关联。[2]在那些ADHD程度高[3]或者本质上冲动性更强[4]的个体中同样也可以观察到更多的走神。还有结果发现,患有精神分裂症的个体会更多地体验到走神,[5]而高烦躁、高焦虑、高幻想个体也更容易走神。[6]

综合上述结果,在走神和情绪、幸福感以及心理健康的研究中,大多发现了走神的负向预测作用,即走神更多地与消极情绪、更低的生活满意度相关,走神也会影响到个体的心理健康,与各种心理障碍存在高关联。同时,研究者也发现了一些相互矛盾的结果,例如,有的研究还发现了走神与积极情绪的高相关。ADHD症状与有害走神呈正相关,低ADHD得分与有益走神呈正相关,而有益走神是一种"策略式"的走神,即被试有

---

[1] J. Smallwood et al., "Mind-wandering and Dysphoria", *Cognition and Emotion*, 21 (4), 2007, 816~842; I. Marchetti et al., "Spontaneous Thought and Vulnerability to Mood Disorders: the Dark Side of the Wandering Mind", *Clinical Psychological Science*, 4 (5), 2016, 835~857.

[2] S. Nolen-Hoeksema, B. E. Wisco, S. Lyubomirsky, "Rethinking Rumination", *Perspectives on Psychological Science*, 3, 2008, 400~424.

[3] G. A. Shaw, L. Giambra, "Task-unrelated Thoughts of College Students Diagnosed as Hyperactive in Childhood", *Developmental Neuropsychology*, 9 (1), 1993, 17~30.

[4] W. S. Helton, "Impulsive Responding and the Sustained Attention to Response Task", *Journal of Clinical and Experimental Neuropsychology*, 31 (1), 2009, 39~47.

[5] I. Elua, K. R. Laws, Kvavilashvili, "From Mind-pops to Hallucinations? a Study of Involuntary Semantic Memories in Schizophrenia", *Psychiatry Research*, 196 (2~3), 2012, 165~170.

[6] C. Schupak, J. Rosenthal, "Excessive Daydreaming: A Case History and Discussion of Mind Wandering and High Fantasy Proneness", *Consciousness and Cognition*, 18 (1), 2009, 290~292.

意识地将注意力转移到某处。[1]根据前面所述，走神的不同心理结构——有意走神和自发走神除了对个体的作业成绩影响存在功能上的差异外，可能还广泛地与许多心理特征有着不同的联系，如创造力和有意走神而不是自发走神存在相关，走神与ADHD、强迫症等心理疾病相关的成分更多指的是自发走神。[2]

研究者指出，造成这一矛盾结果的部分原因在于走神是一种高度多元化的认知结构。它的效价（消极的、积极的、中性的思维内容）、时间指向（思考过去或未来）和自我参照特点自我释放品质（内容与自我相关还是与他人相关）都对它与情绪的关系具有重大影响。[3]例如，有研究发现当走神是关于过去和他人的内容时，其与消极情绪有关，而与未来和自我内容有关的走神则与积极情绪有关。[4]马库森-克莱弗茨（Marcusson-Clavertz）和谢尔（Kjell）验证了塞利（Seli）编制的走神问卷的二维度结构，并发现自发走神可以单独预测一般的焦虑症，而有意走神则可以单独预测大五人格中的开放性。[5]此外，有

---

[1] M. S. Franklin et al., "Tracking Distraction: the RelationshipBetween Mind-wandering, Meta-awareness, and ADHD Symptomatology", *Journal of Attention Disorders*, 21 (6), 2017, 475~486.

[2] P. Seli et al., "Not all Mind Wandering is Created Equal: Dissociating Deliberate from Spontaneous Mind Wandering", *Psychological Research*, 79 (5), 2015, 750~758; P. Seli et al., "Intrusive Thoughts: Linking Spontaneous Mind Wandering and Ocd Symptomatology", *Psychol Res*, 81 (2), 2017, 392~398.

[3] C. A. Webb et al., "Mind-wandering in Adolescents Predicts Worse Affect and Is Linked to Aberrant Default Mode Network-salience Network Connectivity", *Journal of the American Academy of Child & Adolescent Psychiatry*, 60 (3), 2010, 377~387.

[4] F. J. Ruby et al., "How Self-generated Thought Shapes Mood——the Relation between Mind-wandering and Mood Depends on the Socio-temporal Content of Thoughts", *PloS one*, 8 (10), 2013, e77554.

[5] D. Marcusson-Clavertz, O. N. E. Kjell, "Psychometric Properties of the Spontaneous and Deliberate Mind Wandering Scales", *European Journal of Psychological Assessment*, 35 (6), 2018, 1~13.

的研究也并未发现走神对精神障碍的影响。

所以,走神对情绪和心理健康是否产生影响呢?单纯地去研究走神能产生消极情绪还是积极影响还不足以得到更准确的结果。以往研究中走神和不同情绪及心理健康的联系有可能是由未区分心理结构导致的,因而有必要对这两种走神分别进行考察。

本研究中,笔者关注了两种走神和积极情绪、消极情绪、生活满意度以及抑郁之间的关系,试图在小学高年级群体中通过问卷调查的方式验证这一假设。除上述因素以外,研究将考试焦虑这一因素纳入分析中,因为有研究发现具有高焦虑倾向的学生在信号辨别、编码信息和填词任务中更容易走神。[1]学生群体中的考试焦虑也是一种常见的现象,鉴于前期研究结果,笔者推测,在一定程度上,考试的焦虑水平也反映了儿童的走神现象。

一、研究方法

(一)研究对象

对河北省保定市 36 所小学的四年级学生进行问卷调查,共收集 3725 名学生的测查信息,删除缺失数据比例大于 10% 的被试后,有效被试共 2904 人,其中男生 1451 人(50%)、女生 1453 人(50%),平均年龄为 9.84 ±0.49 岁。

---

[1] J. Smallwood et al., "The Consequences of Encoding Information on the Maintenance of Internally Generated Images and Thoughts: The Role of Meaning Complexes", *Consciousness and Cognition*, 13(4),2004, 789~820; J. Smallwood, D. J. Fishman, J. W. Schooler, "Counting the Cost of an Absent Mind: Mind Wandering as an Underrecognized Influence on Educational Performance", *Psychonomic Bulletin and Review*, 14(2), 2007, 230~236.

(二）研究工具

1. 有意走神和自发走神量表

该量表由卡里埃（Carriere）和塞利（Seli）等人编制，2018年高伟伟、刘兆敏等人对该量表进行了中文版修订。该量表包括有意走神和自发走神两个维度，每个维度有4道题，共8道题，题目混合呈现，采用7点计分。其中有意走神和自发走神维度中的第1、2、4题采用1（很少）到7（总是）的计分方式，MW-D的第3题采用1（完全不同意）到7（完全同意）的计分方式，MW-S的第3题采用1（几乎不是）到7（几乎总是）的计分方式。在量表上得分越高，表明个体相应的走神程度越高。该量表的内部一致性信度良好，量表总分、有意走神和自发走神的Cronbach's α在0.68~0.84之间。数据分析采用的是各维度的均值分数。

2. 生活满意度问卷（Students' Life Satisfaction Scale）

该量表由休伯纳（Huebner）等人编制，2014年叶（Ye）等人对其进行了中文版修订。[1]该量表共6道题，其中前5到题分别从不同方面评估个体的生活满意度，包括家庭、朋友、学校、环境、自我，最后1道题是综合性地评估被试整体的生活满意度。该问卷采用7点计分，1=非常不满意，7=非常满意，在量表上得分越高，表明个体的生活满意度越高。该量表具有良好的内部一致性信度，Cronbach's α在0.83~0.86之间。数据分析采用的是量表的均值分数。

---

[1] E. S. Huebner, "Preliminary Development and Validation of a Multidimensional Life Satisfaction Scale for Children", *Psychological Assessment*, 6（2），1994，149~158；M. Ye et al., "Life Satisfaction of Adolescents in Hunan, China: Reliability and Validity of Chinese Brief Multidimensional Students' Life Satisfaction Scale（BMSLSS）", *Social Indicators Research*, 118（2），2014，515~522.

3. 考试焦虑问卷（Test Anxiety Scale）

该问卷是宾特里奇（Pintrich）编制的学习动机策略问卷（Motivated Strategies for Learning Questionnaire，MSLQ）[1]，包括自我效能感、内在价值、考试焦虑、认知策略使用及自我调节五个维度，考试焦虑作为该问卷的其中一个维度，包括4道题目，采用4点计分（1=完全不符合，4=完全符合），在该维度上得分越高，表明个体的考试焦虑程度越深。

中文版问卷采用回译的方式修订，首先由两名英语水平优秀的心理学专业研究生独立将英文版量表翻译为中文，之后由一名该领域的心理学专业教授进行校正并提出修改意见；然后再由另外两名心理学专业研究生将中文版翻译为英文，并且与原版进行比对和修改，通过反复的翻译与回译使条目表达清晰易懂，既不违背英文原义，又符合小学阶段的中文表达习惯。中文版的考试焦虑分量表具有良好的内部一致性信度，Cronbach's α 在 0.82~0.84 之间。数据分析采用的是量表的均值分数。

4. 儿童抑郁量表（Children's Depression Inventory，CDI）

该量表是科瓦奇（Kovacs）根据成人的贝克抑郁问卷（Beck's Depression Inventory，BDI）改编的，适用于7岁到17岁的儿童青少年，2000年俞大维和李旭对该量表作了中文版修订。[2]该量表包括5个维度：快感缺乏、低自尊、低效感、人际关系及负性情绪，共27道题。每个题目都是对同一件事情的三种不同描述，要求被试根据近2周的真实感受选择最适合自己的一种

---

[1] P. R. Pintrich et al., *A Manual for the Use of the Motivated Strategies for Learning Questionnaire*, Ann Arbor, MI: The Regents of the University of Michiga, 1991.

[2] M. Kovacs, "Children's Depression Inventory (CDI) Manual", Toronto: Multi-Health Systems Inc；俞大维、李旭："儿童抑郁量表（CDI）在中国儿童中的初步运用"，载《中国心理卫生杂志》2000年第4期。

描述。量表上得分越高，表明个体的抑郁程度越高。该量表具有良好的内部一致性信度，Cronbach's α 在 0.86~0.89 之间。数据分析采用的是各维度及量表整体的均值分数。

5. 积极消极情绪量表（Positive Affect and Negative Affect Scale, PANAS）

该量表由沃特森（Watson）等人编制，2008 年邱林和郑雪等人对该量表作了中文版修订。[1]该量表包括积极情绪和消极情绪两个维度，每个维度均有 9 个描述积极情感和消极情感的词语，要求被试在 5 点量表（1=几乎没有，5=非常多）上回答近 2 周在多大程度上体验到这些词汇所描述的情感。在每个维度上得分越高，表明相应的情绪越强。该量表具有良好的内部一致性信度，Cronbach's α 在 0.85~0.89 之间。数据分析采用的是各维度的均值分数。

二、数据收集与处理

由经过培训的心理学研究生担任主试，以班级为单位采用相同的指导语进行团体测试。在研究前已获得参与研究学生的父母的书面知情同意书。所有数据采用 SPSS 19.0 软件进行分析。

三、研究结果

（一）各变量的描述统计与相关分析

各变量的描述统计及相关分析结果如表 6-1 所示，有意走神

---

[1] D. Watson, L. A. Clark, A. Tellegen, "Development and Validation of Brief Measures of Positive and Negative Affect: The PANAS Scales", *Journal of Personality and Social Psychology*, 54 (6), 1988, 1063~1070; 邱林、郑雪、王雁飞："积极情感消极情感量表（PANAS）的修订"，载《应用心理学》2008 年第 3 期。

第六章 走神与情绪和心理健康的关系

表6-1 各变量的描述统计及相关分析

变量	均值	标准差	性别	年龄	有意走神	自发走神	考试焦虑	生活满意度	快感缺乏	低自尊	低效感	人际关系	负性情绪	抑郁总分	积极情绪
性别	1.50	0.50	—												
年龄	9.84	0.49	-0.06**	—											
有意走神	4.42	1.54	-0.02	0.00	—										
自发走神	3.57	1.58	-0.05**	-0.02	0.48***	—									
考试焦虑	2.63	0.91	0.003	0.00	0.08***	0.26***	—								
生活满意度	6.02	1.14	0.04	-0.02	0.04**	-0.13***	-0.11***	—							
快感缺乏	0.52	0.38	-0.02	0.00	-0.06**	0.19***	0.20***	-0.40***	—						
低自尊	0.64	0.34	-0.03	-0.02	-0.02	0.21***	0.24***	-0.44***	0.43***	—					
低效感	0.50	0.43	-0.08**	0.01	0.09***	0.32***	0.30***	-0.35***	0.42***	0.49***	—				
人际关系	0.38	0.35	-0.18***	0.00	0.02	0.24***	0.18***	-0.33***	0.40***	0.44***	0.43***	—			
负性情绪	0.56	0.38	-0.04*	0.01	0.12***	0.37***	0.35***	-0.40***	0.46***	0.54***	0.64***	0.49***	—		
抑郁总分	0.52	0.29	-0.09***	0.00	0.05*	0.35***	0.33***	-0.50***	0.71***	0.75***	0.80***	0.71***	0.82***	—	
积极情绪	3.65	0.85	0.02	-0.05*	0.17***	-0.08***	-0.16***	0.45***	-0.44***	-0.42***	-0.36***	-0.29***	-0.39***	-0.50***	—
消极情绪	2.38	0.83	0.05	-0.01	0.18***	0.36***	0.44***	-0.23***	0.29***	0.36***	0.43***	0.36***	0.53***	0.52***	-0.14***

注：*：$p<0.05$，**：$p<0.01$；***：$p<0.001$，下同。

与考试焦虑、生活满意度、低效感、负性情绪、整体的抑郁程度、积极情绪及消极情绪呈显著正相关，与抑郁问卷中的快感缺乏维度呈显著负相关；自发走神与考试焦虑、抑郁的各维度得分、抑郁的整体得分以及消极情绪呈显著正相关，与生活满意度、积极情绪呈显著负相关。

（二）回归分析

以性别和年龄作为控制变量，自发走神和有意走神作为预测变量，分别以心理健康的各指标为因变量建立模型，进行回归分析，具体结果如表6-2所示。有意走神显著负向预测考试焦虑、抑郁量表的5个维度以及抑郁量表的整体得分（$\beta_{考试焦虑}=-.03$，$p<0.01$；$\beta_{快感缺乏}=-.05$，$p<0.001$；$\beta_{低自尊}=-.03$，$p<0.001$；$\beta_{低效感}=-.02$，$p<0.001$；$\beta_{人际关系}=-.03$，$p<0.001$；$\beta_{负性情绪}=-.02$，$p<0.001$；$\beta_{抑郁总分}=-.03$，$p<0.001$），显著正向预测生活满意度和积极情绪（$\beta_{生活满意度}=.10$，$p<0.001$；$\beta_{积极情绪}=.15$，$p<0.001$），即有意走神频率越高，消极的心理健康指标越差，积极的心理健康指标越良好，说明有意走神在一定程度上对心理健康有益。自发走神的结果与有意走神完全相反，自发走神显著正向预测考试焦虑、抑郁量表的5个维度、抑郁量表的整体得分及消极情绪（$\beta_{考试焦虑}=.17$，$p<0.001$；$\beta_{快感缺乏}=.07$，$p<0.001$；$\beta_{低自尊}=.06$，$p<0.001$；$\beta_{低效感}=.10$，$p<0.001$；$\beta_{人际关系}=.06$，$p<0.001$；$\beta_{负性情绪}=.10$，$p<0.001$；$\beta_{抑郁总分}=.08$，$p<0.001$；$\beta_{消极情绪}=.19$，$p<0.001$）；显著负向预测生活满意度和积极情绪（$\beta_{生活满意度}=-.14$，$p<0.001$；$\beta_{积极情绪}=-.11$，$p<0.001$），即自发走神频率越高，消极的心理健康指标得分越高，积极的心理健康指标得分越低，说明自发走神在一定程度上对心理健康不利。

第六章 走神与情绪和心理健康的关系

表6-2 自发走神、有意走神与心理健康的回归分析

预测变量	考试焦虑	生活满意度	快感缺乏	低自尊	低效感	人际关系	负性情绪	抑郁总分	积极情绪	消极情绪
常量	1.95***	6.50***	0.46**	0.71***	0.20	0.46***	0.22	0.41***	4.19***	1.80***
性别	0.03	0.06	-0.01	-0.01	-0.06***	-0.12***	-0.02	-0.04***	0.02	-0.03
年龄	0.02	-0.05	0.004	-0.01	0.01	-0.001	0.01	0.003	-0.08**	0.005
有意走神	-0.03**	0.10***	-0.05***	-0.03***	-0.02***	-0.03***	-0.02***	-0.03***	0.15***	0.00
自发走神	0.17***	-0.14***	0.07***	0.06***	0.10***	0.06***	0.10***	0.08***	-0.11***	0.19***

四、结论与讨论

本研究对儿童走神和心理健康的几个方面进行评估，有助于明确两种走神的行为功能，确定儿童情绪及心理健康的有关因素，为儿童身心的健康发展提供有效指导。

以往对走神和情绪、幸福感、焦虑和抑郁等心理障碍的研究多以成人被试为主，也有临床样本。笔者的研究则认为，早在儿童时期，这种走神和情绪乃至心理健康的关联可能就已经出现了。而且，以往研究发现的一些相互矛盾的结果在对有意走神和自发走神进行区分后，结论更为明晰。

笔者通过对小学高年级学生有意走神和自发走神与积极和消极情绪、抑郁、生活满意度以及考试焦虑的关系分析得出，两种走神对情绪和心理健康有不同的影响。其中，有意走神显著负向预测考试焦虑、抑郁量表的 5 个维度和抑郁量表的整体得分，显著正向预测生活满意度和积极情绪；而自发走神显著正向预测考试焦虑、抑郁量表的 5 个维度、抑郁量表的整体得分及消极情绪，显著负向预测生活满意度和积极情绪。这是对除成年被试外儿童研究的结果拓展。

同时，笔者的研究结果显示，自发走神和消极的情绪与心理健康指标相关。有研究发现，中国大学生群体的走神得分（通过 MWQ 问卷测得更多的是自发走神）与积极消极情感量表（PANAS）的积极情绪显著负相关，与 PANAS 消极情绪显著正相关，与生活满意度量表（SWLS）显著负相关。[1]这跟我们对小学生群体的自发走神结果相契合。

塞利（Seli）等人在评估了正常被试群体和 ADHD 患者的

---

[1] 鞠恩霞、张晏宁、罗扬眉："心理游离问卷中文版的修订及其信效度研究"，载《中国临床心理学杂志》2016 年第 1 期。

第六章 走神与情绪和心理健康的关系

ADHD 症状与有意走神和自发走神的关系后发现，无论在临床还是非临床水平上，自发走神，而不是有意走神，是 ADHD 症状的主要特征。随后，他们对大样本的非临床样本的被试进行探讨，也发现了一致的结果，即自发走神（而不是有意走神）与强迫症状存在高关联。[1]以往研究发现的正常人群和临床人群的抑郁状态与更多的走神有关，这种抑郁和走神的关联可能更多的是指自发走神。[2]然而，笔者对小学生的研究还显示，有意走神和积极的情绪与心理健康指标相关，与自发走神正好呈相反的趋势。这似乎也可以解释以往研究中不区分走神结构、对同一研究主题出现不同结论的情况。这进一步暗示两种走神的意识状态是完全不同的，证实了区分走神结构的重要性。因此，未来研究在探讨走神与情绪和健康的关系时，应重视对走神的结构加以区分，即不再将走神作为一个整体进行讨论，而从有意走神和自发走神的层面上进行深入讨论。

本研究首次从走神的两维结构角度初步构建了走神与情绪、心理健康之间的联系，扩展了该领域的研究视角，明确了两种走神与不同指标的对应关系，是一项开创性的工作。然而，本研究在这里的结果分析只是基于单一时间点的相关分析和回归分析。要作出具有更强有力因果关系的推断还需要从纵向研究的角度，进一步确定不同的走神心理结构对上述五个因素产生了不同影响。

---

[1] P. Seli et al., "Intrusive Thoughts: Linking Spontaneous Mind Wandering and OCD Symptomatology", *Psychol Res*, 81 (2), 2017, 392~398.

[2] J. Smallwood, R. C. O'Connor, D. Heim, "Rumination, Dysphoria, and Subjective Experience", *Imagination, Cognition, and Personality*, 24 (4), 2005, 355~367; J. Smallwood et al., "Mind-wandering and Dysphoria", *Cognition and Emotion*, 21 (4), 2007, 816~842; F. N. Watts, A. K. MacLeod, L. Morris, "Associations Between Phenomenal and Objective Aspects of Concentration Problems in Depressed Patients", *British Journal of Psychology*, 79 (2), 1988, 241~250.

第二节　走神与情绪和心理健康的纵向研究

如前所述，相当多研究证明走神（特别是自发走神）通常与更消极的情绪有关。但对于消极情绪是走神的原因[1]还是结果[2]，仍存在争议。

基林斯沃思（Killingsworth）和吉尔伯特（Gilbert）采用经验抽样法，通过向 iPhone 手机用户发送问卷，询问他们"现在感觉如何？""你正在做什么？"以及"除了正在做的事，你是否在想别的事情？"来获得被试的实时活动和经验体验报告问卷。研究追踪了来自 83 个国家 2000 多人的数据，对每个人的追踪时间均为 1 周。他们通过该方法获得了不同被试 1 周内的调查数据。研究者采用了多层次回归模型进行分析，发现日常生活中，走神占据了 30%~50% 的清醒时间，并且他们通过滞后分析发现，走神通常是不快乐的原因，而非结果。他们采用多层回归来确定给定样本（T 时间点）的愉快水平与前一个样本（T-1）或后一个样本（T+1）中的走神是否存在相关，结果发现 T-1 时间点的走神能够显著预测 T 时间点被试报告的愉快水平，但 T+1 的走神和 T 的愉快水平没有关联，证实是走神引发消极情绪，而不是消极情绪引发了走神。基林斯沃思（Killingsworth）和吉尔伯特（Gilbert）在 *Science* 上发表的研究引起了广泛的关注，开启了针对走神与情绪和幸福感等内容的大量探讨。这种时间滞后分析表明，走神是消极情绪的前因。

---

[1] J. Smallwood et al., "Shifting Moods, Wandering Minds: Negative Moods Lead the Mind to Wander", *Emotion*, 9, 2009, 271~276.

[2] M. A. Killingsworth, D. T. Gilbert, "A Wandering Mind Is an Unhappy Mind", *Science*, 330, 2010, 932.

第六章　走神与情绪和心理健康的关系

但是，也有研究者通过诱发情绪的研究指示低情绪是走神的原因而非结果。有研究通过诱发情绪的实验探讨其对走神的影响。结果发现：相对于积极情绪，诱发的消极情绪会导致个体出现更多的失误，报告与任务无关的想法的频率更高，但诱发积极情绪后，反而会使个体更好地改善任务成绩。[1]在实验室研究中，也有人发现高抑郁者在任务中走神更多，[2]被诱发了消极情绪的被试在随后的注意任务上比诱发了积极和中性情绪的被试犯了更多错误，更频繁地报告与任务无关的想法。[3]波里奥（Poerio）等人通过测量走神前后的情绪发现，悲伤先于走神发生，但走神并不伴随悲伤。研究者还发现悲伤或不高兴的情绪往往导致走神的内容是回忆过去发生的事情。[4]

但还有研究者有不同的发现，他们利用生态瞬时评估（ecological momentary assessment，EMA）技术（经验取样法）对青少年（12岁到18岁）走神进行研究，[5]发现青少年的走神也很频繁，而且，走神与消极情绪高关联。他们使用儿童版积极和消极情绪量表（Positive and Negative Affect Schedule for Children，PANAS-C）在多个时间点测查个体的走神、积极情绪（happy，

---

[1] J. Smallwood et al., "Shifting Moods, Wandering Minds: Negative Moods Lead the Mind to Wander", *Emotion*, 9, 2009, 271~276.

[2] Y. Q. Deng, S. Li, Y. Y. Tang, "The Relationship between Wandering Mind, Depression, and Mindfulness", *Mindfulness*, 5 (2), 2014, 124~128.

[3] D. Stawarczyk, S. Majerus, A. D'Argembeau, "Concern-induced Negative Affect is Associated with the Occurrence and Content of Mind-wandering", *Consciousness & Cognition*, 22 (2), 2013, 442~448.

[4] G. L. Poerio, P. Totterdell, E. Miles, "Mind-wandering and Negative Mood: Does One Thing Really Lead to Another?", *Consciousness and Cognition*, 22 (4), 2013, 1412~1421.

[5] C. A. Webb et al., "Mind-wandering in Adolescents Predicts Worse Affect and Is Linked to Aberrant Default Mode Network-salience Network Connectivity", *Journal of the American Academy of Child & Adolescent Psychiatry*, 60 (3), 2012, 377~387.

interested, and excited）和消极情绪（sad, nervous, and angry），通过时间滞后分析发现，走神和积极情绪之间存在双向关联，但走神和消极情绪间却不存在。走神与积极情绪的双向关联表现在：走神可以预测积极情绪，如果走神内容是消极的，被试在下一时间点的积极情绪会更低；相反，较低的积极情绪预示着在下一个 EMA 时间点出现走神时，其不愉快内容的出现可能性增加。

此外，还有研究者并不区分情绪和走神的影响方向，只是从各个角度对二者的相互联系进行探讨。例如，有研究者要求被试在完成任务的过程中，通过探测刺激考察被试在走神时的不同情绪内容（积极或消极）与前后情绪（积极或消极）状态的关联。[1]

关于走神与心理障碍的研究则较多地强调自发思维对心理健康的影响，以及它在重症抑郁症和双向情感障碍等主要精神病理中可能发挥的作用。[2]无法克服的走神往往与精神病理状态（如焦虑、抑郁）相关；[3]对非临床样本的研究也发现，习惯性白日做梦水平越高，患躁郁症的风险就越大。[4]而且，一

---

[1] A. Welz et al., "Happy Thoughts: Mind Wandering Affects Mood in Daily Life", *Mindfulness*, 9 (1), 2018, 332~343.

[2] J. R. Andrews-Hanna, J. Smallwood, R. N. Spreng, "The Default Network And Self-generated Thought: Component Processes, Dynamic Control, and Clinical Relevance", *Annals of the New York Academy of Sciences*, 1316, 2014, 29~52; E. R. Watkins, "Constructive and Unconstructive Repetitive Thought", *Psychological Bulletin*, 134 (2), 2008, 163.

[3] C. Ottaviani, A. Couyoumdjian, "Pros and Cons of a Wandering Mind: a Prospective Study", *Frontiers in Psychology*, 4, 2013, 524; C. Ottaviani, D. Shapiro, A. Couyoumdjian, "Flexibility as the Key for Somatic Health: from Mind Wandering to Perseverative Cognition", *Biol. Psychol*, 94, 2013, 38~43.

[4] T. D. Meyer, L. Finucane, G. Jordan, "Is Risk for Mania Associated with Increased Daydreaming as a form of Mental Imagery?", *Journal of Affective Disorders*, 135, (1~3), 2011, 380~383.

第六章　走神与情绪和心理健康的关系

项长达 11 年的追踪研究调查了 559 名后来发展为双相情感障碍的单相抑郁患者。[1]在这项研究中，单相患者的自发思维倾向预示后来可能发展为明显的双相障碍。

马尔凯蒂（Marchetti）等人在前人的基础上总结道，自发思维被认为是一种能够放大情绪障碍的认知风险因素，如果个体具有稳定的消极情感特质或正在经历暂时的由于无法达到目标而引起的负性情绪体验，自发的走神可能使认知过程变得更脆弱，助长反刍式的沉思、无助、低自尊、认知反应等，进而导致并发性的抑郁或更严重的抑郁症状。[2]还有研究对走神进行正念干预，发现 8 分钟的正念呼吸训练减少了被试的走神情况，提高了其在 SART 任务上的表现。同时也发现，正念有助于缓解情绪，被试在正念训练后报告了更为愉快、轻松的感觉。[3]

考虑到上述情绪与走神的不同的研究结果，研究者发现，情绪性的走神内容既受前期情绪的影响，也可以预测随后的情绪。悲伤和焦虑情绪会导致走神内容是悲伤和焦虑的，但当被试的走神是他们焦虑和悲伤的内容时，他们在 15 分钟后就会报告产生了负性情绪。[4]笔者认为，走神和情绪或心理健康的关系是一个长期的交互作用的过程，可能需要长时间的追踪才能

---

[1] H. S. Akiskal et al., "Switching from 'Unipolar' to Bipolar Ⅱ: An 11-year Prospective Study of Clinical and Temperamental Predictors in 559 Patients", *Archives of General Psychiatry*, 52 (2), 1995, 114~123.

[2] I. Marchetti et al., "Spontaneous Thought and Vulnerability to Mood Disorders: the Dark Side of the Wandering Mind", *Clinical Psychological Science*, 4 (5), 2016, 835~857.

[3] M. D. Mrazek, J. Smallwood, J. W. Schooler, "Mindfulness and Mind-wandering: Finding Convergence Through Opposing Constructs", *Emotion*, 12 (3), 2012, 442.

[4] G. L. Poerio, P. Totterdell, E. Miles, "Mind-wandering and Negative Mood: Does One Thing Really Lead to Another?", *Consciousness and Cognition*, 22 (4), 2013, 1412~1421.

更好地探讨他们的关系。所以,在本研究中,笔者采用纵向追踪和滞后分析的方法考察儿童走神和情绪及心理健康之间的时序变化。通过不同时间点的走神、情绪及心理健康数据,以前一时间点的变量来预测后面时间点的走神、积极、消极情绪、生活满意度、考试焦虑和抑郁等变量,探索走神与各因素间的动态变化关系。

此外,根据横断研究的结果,笔者发现,有意走神和积极特征相关,而自发走神和消极特征相关。但两种走神对不同情绪产生不同的影响,对生活满意度、考试焦虑乃至抑郁的不同影响,是否可以建立因果关系,值得进一步探讨。

一、研究方法

(一)研究对象

采用问卷调查的方式对河北省保定市 36 所小学的四年级学生进行追踪调查,第一次调查时间为 2017 年 6 月,共收集 4004 名学生的信息,之后每半年进行一次,共收集 5 次数据。删除每次测查时缺失比列大于 10% 的被试及追踪测查时的流失被试后,5 次调查均参与的学生共有 1546 人,其中男生 698 人(45.1%)、女生 848(54.9%),第一次测查时学生的平均年龄为 9.83±0.45 岁。

(二)研究工具

使用的量表与第一节的内容相同。

二、数据收集与处理

第一次施测时间(T1)为 2017 年 6 月(四年级第二学期末);第五次施测时间(T5)为 2019 年 6 月(六年级学期末),每半年测查一次。每次调查均由经过培训的心理学研究生担任主试，以班级为单位采用相同的指导语进行团体测试。在研究前已获得参与研究学生的父母的书面知情同意书。

对于缺失数据，首先删除每个测试工具中大于10%的被试，然后采用 Max Likelihood–ML 的插补方法对剩余缺失值进行插补。

采用结构方程模型，分别建立有意走神、自发走神与各心理健康指标（抑郁、积极情绪、消极情绪、生活满意度及考试焦虑）的交叉滞后关系模型。

三、研究结果

（一）各变量的描述统计与相关分析

有意走神、自发走神与相关心理健康变量（抑郁、积极情绪、消极情绪、生活满意度及考试焦虑）的描述统计及相关分析结果如表6-3至表6-7所示。其中，对于积极情绪而言，T1、T2及T3测查时有意走神与其呈显著正相关，自发走神在各测查时间点上均与积极情绪呈显著负相关关系（具体结果见表6-3）；对于消极情绪而言，在各测查时间点上有意走神和自发走神均与其呈显著正相关关系（具体结果见表6-4）；对于生活满意度而言，有意走神与其呈负相关关系，尤其是在T4和T5测查时间点上，两者关系显著增强，而自发走神在各测查时间点上均与生活满意度呈显著负相关关系（具体结果见表6-5）；对于考试焦虑而言，在各测查时间点上有意走神和自发走神均与其呈显著正相关关系（具体结果见表6-6）；对于抑郁而言，在各测查时间点上有意走神和自发走神均与其呈显著正相关关系（具体结果见表6-7）。

表 6-3　有意走神、自发走神与积极情绪的描述统计及相关分析

变量	1	2	3	4	5	6	7	8	9	10	11	12	13	14	15	16	17
1 性别-T1	—																
2 年龄-T1	-0.04	—															
3 有意走神-T1	-0.03	-0.02	—														
4 自发走神-T1	-0.07**	-0.01	0.49***	—													
5 积极情绪-T1	0.45	-0.03	0.14***	-0.09***													
6 有意走神-T2	-0.03	-0.01	0.47***	0.38***	0.06***												
7 自发走神-T2	-0.02	0.01	0.26***	0.48***	-0.10***	0.56***											
8 积极情绪-T2	0.04	-0.02	0.09**	-0.09***	0.56***	0.09***	-0.15***										
9 有意走神-T3	-0.02	-0.02	0.45***	0.33***	0.07***	0.56***	0.40***	0.08***									
10 自发走神-T3	0.00	0.02	0.23***	0.44***	-0.12***	0.33***	0.59***	-0.15***	0.52***								
11 积极情绪-T3	0.03*	-0.01	0.09***	-0.08***	0.53***	0.04	-0.13***	0.58***	0.09***	-0.14***							
12 有意走神-T4	0.05*	-0.05	0.38***	0.33***	0.03	0.50***	0.41***	0.03	0.56***	0.41***	0.00						

第六章 走神与情绪和心理健康的关系

续表

变量	1	2	3	4	5	6	7	8	9	10	11	12	13	14	15	16	17
13 自发走神-T4	0.04*	-0.03	0.19***	0.41***	-0.13***	0.28***	0.52***	-0.20***	0.31***	0.60***	-0.20***	0.59***	—				
14 积极情绪-T4	-0.01	-0.04	0.02	-0.11***	0.43***	0.01	-0.15***	0.52***	0.04	-0.15***	0.58***	0.03	-0.20***	—			
15 有意走神-T5	0.04	-0.04	0.38***	0.32***	-0.01	0.47***	0.41***	0.01	0.53***	0.42***	-0.01	0.68***	0.46***	-0.04***	—		
16 自发走神-T5	0.05	-0.05	0.20***	0.37***	-0.17***	0.28***	0.50***	-0.18***	0.32***	0.59***	-0.19***	0.46***	0.68***	-0.20***	0.60***	—	
17 积极情绪-T5	-0.05*	-0.04	0.02	-0.11***	0.39***	-0.01	-0.18***	0.49***	-0.02	-0.18***	0.53***	-0.02	-0.21***	0.65***	-0.04	-0.24***	—
均值	1.55	9.83	4.45	3.53	3.65	4.46	3.54	3.75	4.59	3.55	3.67	4.44	3.40	3.65	4.51	3.48	3.67
标准差	0.50	0.45	1.54	1.57	0.85	1.52	1.58	0.82	1.55	1.64	0.87	1.54	1.68	0.88	1.57	1.66	0.91

表 6-4 有意走神、自发走神与消极情绪的描述统计及相关分析

变量	1	2	3	4	5	6	7	8	9	10	11	12
1 性别-T1	—											
2 年龄-T1	-0.04	—										
3 有意走神-T1	-0.03	-0.02	—									
4 自发走神-T1	-0.07**	-0.01	0.49***	—								
5 消极情绪-T1	-0.06*	-0.00	0.17***	0.34***	—							
6 有意走神-T2	-0.03	-0.01	0.47***	0.38***	0.16***	—						
7 自发走神-T2	-0.02	0.01	0.26***	0.48***	0.31***	0.56***	—					
8 消极情绪-T2	-0.06*	0.02	0.10**	0.27***	0.53***	0.19***	0.41***	—				
9 有意走神-T3	-0.02	-0.02	0.45***	0.33***	0.22**	0.56***	0.40***	0.18***	—			
10 自发走神-T3	0.00	0.02	0.23***	0.44***	0.33***	0.33***	0.59***	0.40***	0.52***	—		
11 消极情绪-T3	-0.04	0.03	0.09***	0.26***	0.49***	0.18***	0.36***	0.59***	0.23***	0.42***	—	
12 有意走神-T4	0.05*	-0.05	0.38***	0.33***	0.17***	0.50***	0.41***	0.22***	0.56***	0.41***	0.24***	—

第六章 走神与情绪和心理健康的关系

续表

变量	1	2	3	4	5	6	7	8	9	10	11	12	13	14	15	16	17
13 自发走神-T4	0.04*	-0.03	0.19***	0.41***	0.28***	0.28***	0.52***	0.39***	0.31***	0.60***	0.40***	0.59***	—				
14 消极情绪-T4	-0.01	-0.02	0.08**	0.25***	0.42***	0.15***	0.34***	0.57***	0.18***	0.40***	0.61***	0.29***	0.49***	—			
15 有意走神-T5	0.04	-0.04	0.38***	0.32***	0.17***	0.47***	0.41***	0.17***	0.53***	0.42***	0.22***	0.68***	0.46***	0.24***	—		
16 自发走神-T5	0.05	-0.05	0.20***	0.37***	0.29***	0.28***	0.50***	0.35***	0.32***	0.59***	0.37***	0.46***	0.68***	0.42***	0.60***	—	
17 消极情绪-T5	-0.01	-0.02	0.06*	0.22***	0.40***	0.13***	0.31***	0.49***	0.16***	0.38***	0.56***	0.24***	0.42***	0.66***	0.23***	0.47***	—
均值	1.55	9.83	4.45	3.53	2.37	4.46	3.54	2.34	4.59	3.55	2.32	4.44	3.40	2.32	4.51	3.48	2.36
标准差	0.50	0.45	1.54	1.57	0.82	1.52	1.58	0.83	1.55	1.64	0.84	1.54	1.68	0.84	1.57	1.66	0.85

表 6-5 有意走神、自发走神与生活满意度的描述统计及相关分析

变量	1	2	3	4	5	6	7	8	9	10	11	12	13	14	15	16	17
1 性别-T1	—																
2 年龄-T1	-0.04	—															
3 有意走神-T1	-0.03	-0.02	—														
4 自发走神-T1	-0.07**	-0.01	0.49***	—													
5 生活满意度-T1	0.06*	-0.02	0.00	-0.14***	—												
6 有意走神-T2	-0.03	-0.01	0.47***	0.38***	-0.05	—											
7 自发走神-T2	-0.02	0.01	0.26***	0.48***	-0.19***	0.56***	—										
8 生活满意度-T2	0.05*	-0.04	-0.04	-0.14***	0.57***	-0.07*	-0.02	—									
9 有意走神-T3	-0.02	-0.02	0.45***	0.33***	-0.07*	0.56***	0.40***	-0.04	—								
10 自发走神-T3	0.00	0.02	0.23***	0.44***	-0.14***	0.51***	0.59***	-0.20***	0.52***	—							
11 生活满意度-T3	-0.04	0.01	-0.03	-0.14***	-0.07*	0.33***	-0.07**	0.65***	-0.03	-0.20***	—						
12 有意走神-T4	0.05*	-0.05	0.38***	0.33***	-0.07***	0.50***	0.41***	-0.07*	0.56***	0.41***	-0.08**						

第六章 走神与情绪和心理健康的关系

续表

变量	1	2	3	4	5	6	7	8	9	10	11	12	13	14	15	16	17
13 自发走神-T4	0.04*	−0.03	0.19***	0.41***	−0.16***	0.28***	0.52***	−0.19***	0.31***	0.60***	−0.22***	0.59***	—				
14 生活满意度-T4	−0.01	−0.01	−0.04	−0.15***	0.47***	−0.08***	−0.18***	0.55***	−0.05	−0.19***	0.63***	−0.08**	−0.23***	—			
15 有意走神-T5	0.04	−0.04	0.38***	0.32***	−0.06***	0.47***	0.41***	−0.06***	0.53***	0.42***	−0.06***	0.68***	0.46***	−0.06***	—		
16 自发走神-T5	0.05	−0.05	0.20***	0.37***	−0.15***	0.28***	0.50***	−0.17***	0.32***	0.59***	−0.19***	0.46***	0.68***	−0.22***	0.60***	—	
17 生活满意度-T5	−0.04	−0.03	−0.06*	−0.16***	0.43***	−0.07***	−0.20***	0.52***	−0.05	−0.20***	0.58***	−0.09***	−0.22***	0.69***	−0.07**	0.23***	—
均值	1.55	9.83	4.45	3.53	6.06	4.46	3.54	6.15	4.59	3.55	5.98	4.44	3.40	5.89	4.51	3.48	5.88
标准差	0.50	0.45	1.54	1.57	1.11	1.52	1.58	1.09	1.55	1.64	1.11	1.54	1.68	1.18	1.57	1.66	1.20

思维之隅：走神研究与启示。

表6-6 有意走神、自发走神与考试焦虑的描述统计及相关分析

变量	1	2	3	4	5	6	7	8	9	10	11	12	13	14	15	16	17
1 性别-T1	—																
2 年龄-T1	-0.04	—															
3 有意走神-T1	-0.03	-0.02	—														
4 自发走神-T1	-0.07**	-0.01	0.49***	—													
5 考试焦虑-T1	0.01	-0.00	0.07**	0.26**	—												
6 有意走神-T2	-0.03	-0.01	0.47***	0.38***	0.12***	—											
7 自发走神-T2	-0.02	0.01	0.26***	0.48***	0.26***	0.56***	—										
8 考试焦虑-T2	0.01	0.01	0.04	0.21***	0.52***	0.13***	0.35***	—									
9 有意走神-T3	-0.02	-0.02	0.45***	0.33***	0.14***	0.56***	0.40***	0.12***	—								
10 自发走神-T3	0.00	0.02	0.23***	0.44***	0.25***	0.33***	0.59***	0.32***	0.52***	—							
11 考试焦虑-T3	-0.01	0.04	0.03	0.22***	0.48***	0.11***	0.31***	0.56***	0.17***	0.38***	—						
12 有意走神-T4	0.05	-0.05	0.38***	0.33***	0.14***	0.50***	0.41***	0.19***	0.56***	0.41***	0.16***	—					

第六章 走神与情绪和心理健康的关系

续表

变量	1	2	3	4	5	6	7	8	9	10	11	12	13	14	15	16	17
13 自发走神-T4	0.04*	-0.03	0.19***	0.41***	0.25***	0.28***	0.52***	0.32***	0.31***	0.60***	0.33***	0.59***	—				
14 考试焦虑-T4	0.03	-0.01	0.02	0.18***	0.43***	0.11**	0.27***	0.52***	0.11***	0.29***	0.57***	0.18**	0.34***	—			
15 有意走神-T5	0.04	-0.04	0.38***	0.32***	0.12***	0.47***	0.41***	0.14***	0.53***	0.42***	0.16***	0.68***	0.46***	0.18***	—		
16 自发走神-T5	0.05	-0.05	0.20***	0.37***	0.23***	0.28***	0.50***	0.31***	0.32***	0.59***	0.33***	0.46***	0.68***	0.34***	0.60***	—	
17 考试焦虑-T5	0.04	-0.01	0.03	0.20***	0.41***	0.12***	0.28***	0.48***	0.14***	0.31***	0.55***	0.18***	0.32***	0.62***	0.18***	0.36***	—
均值	1.55	9.83	4.45	3.53	2.61	4.46	3.54	2.57	4.59	3.55	2.62	4.44	3.40	2.63	4.51	3.48	2.67
标准差	0.50	0.45	1.54	1.57	0.92	1.52	1.58	0.90	1.55	1.64	0.92	1.54	1.68	0.91	1.57	1.66	0.90

表 6-7 有意走神、自发走神与抑郁的描述统计及相关分析

变量	1	2	3	4	5	6	7	8	9	10	11	12	13	14	15	16	17
1 性别	—																
2 年龄	-0.04	—															
3 有意走神-T1	-0.03	-0.02	—														
4 自发走神-T1	-0.07**	-0.01	0.49***	—													
5 抑郁-T1	-0.10***	0.01	0.12***	0.37***	—												
6 有意走神-T2	-0.03	-0.01	0.47***	0.38***	0.17***	—											
7 自发走神-T2	-0.02	0.01	0.26***	0.48***	0.37***	0.56***	—										
8 抑郁-T2	-0.09***	0.02	0.07**	0.31***	0.76***	0.16***	0.43***	—									
9 有意走神-T3	-0.02	-0.02	0.45***	0.33***	0.14***	0.56***	0.40***	0.13***	—								
10 自发走神-T3	0.00	0.02	0.23***	0.44***	0.35***	0.33***	0.59***	0.39***	0.52***	—							
11 抑郁-T3	-0.06*	0.01	0.08***	0.29***	0.68***	0.16***	0.39***	0.77***	0.17***	0.45***	—						
12 有意走神-T4	0.05*	-0.05	0.38***	0.33***	0.19***	0.50***	0.41***	0.17***	0.56***	0.41***	0.22***	—					

第六章 走神与情绪和心理健康的关系

续表

变量	1	2	3	4	5	6	7	8	9	10	11	12	13	14	15	16	17
13 自发走神-T4	0.04*	-0.03	0.19***	0.41***	0.35***	0.28***	0.52***	0.41***	0.31***	0.60***	0.46***	0.59***	—				
14 抑郁-T4	-0.02	0.01	0.11***	0.28***	0.61***	0.18***	0.36***	0.68***	0.16***	0.40***	0.77***	0.25***	0.50***	—			
15 有意走神-T5	0.04	-0.04	0.38***	0.32***	0.18***	0.47***	0.41***	0.16***	0.53***	0.42***	0.19***	0.68***	0.46***	0.23***	—		
16 自发走神-T5	0.05	-0.05	0.20***	0.37***	0.34***	0.28***	0.50***	0.37***	0.32***	0.59***	0.40***	0.46***	0.68***	0.45***	0.60***	—	
17 抑郁-T5	0.02	0.02	0.10***	0.25***	0.54***	0.17***	0.35***	0.59***	0.17***	0.41***	0.71***	0.25***	0.47***	0.81***	0.26***	0.51***	—
均值	1.55	9.83	4.45	3.53	0.51	4.46	3.54	0.45	4.59	3.55	0.47	4.44	3.40	0.47	4.51	3.48	0.48
标准差	0.50	0.45	1.54	1.57	0.29	1.52	1.58	0.29	1.55	1.64	0.30	1.54	1.68	0.31	1.57	1.66	0.33

(二) 有意走神、自发走神与心理健康变量的交叉滞后分析

建构结构方程模型分析有意走神、自发走神与相关心理健康变量，包括积极情绪、消极情绪、生活满意度、考试焦虑及抑郁之间的交叉滞后路径，为了简化模型，此处不将不显著的路径系数显示在模型中。

就积极情绪与两种走神的关系而言，模型结果见图6-1，模型各项指标拟合良好：$\chi^2(36) = 1.78$，$p<0.01$，CFI = 0.997，TLI = 0.993，RMSEA = 0.022，SRMR = 0.013。从图6-1可以看出，有意走神、自发走神及积极情绪在5次测查间均具有较强的稳定性，自回归路径系数在0.32~0.55之间（$p<0.001$）。就积极情绪与有意走神之间的关系而言，T2时间点的积极情绪显著正向预测T3时间点的有意走神（$\beta=0.05$，$p<0.05$），T4时间点的积极情绪显著负向预测T5时间点的有意走神（$\beta=-0.04$，$p<0.05$）。对于积极情绪与自发走神的关系而言，两者存在负向的双向影响关系，具体来讲，T1时间点的积极情绪显著负向预测T2时间点的自发走神（$\beta=-0.07$，$p<0.01$），T2时间点的积极情绪显著负向预测T3时间点的自发走神（$\beta=-0.05$，$p<0.05$），T3时间点的积极情绪显著负向预测T4时间点的自发走神（$\beta=-0.10$，$p<0.001$），T4时间点的积极情绪显著负向预测T5时间点的自发走神（$\beta=-0.08$，$p<0.001$）；自发走神对积极情绪也有负向预测作用，具体来讲，T1时间点的自发走神显著负向预测T2时间点的积极情绪（$\beta=-0.06$，$p<0.05$），T2时间点的自发走神显著负向预测T3时间点的积极情绪（$\beta=-0.05$，$p<0.05$），T4时间点的自发走神显著负向预测T5时间点的积极情绪（$\beta=-0.06$，$p<0.05$），T2时间点的自发走神对T4时间点积极情绪的预测作用不显著。

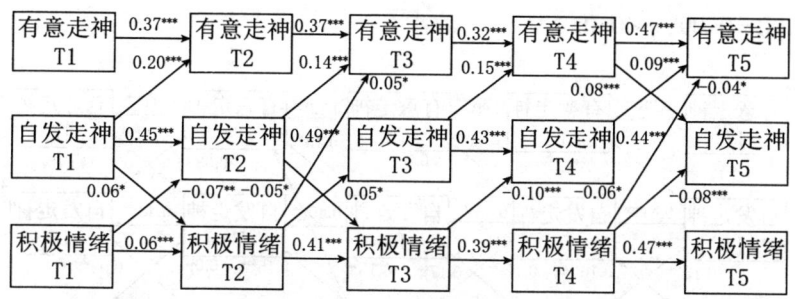

图 6-1 有意走神、自发走神与积极情绪的交叉滞后模型，路径系数均为标准化系数

就消极情绪与两种走神的关系而言，模型结果见图 6-2，模型各项指标拟合良好：$\chi^2(36) = 2.17$，$p<0.001$，CFI = 0.996，TLI = 0.990，RMSEA = 0.028，SRMR = 0.014。从图 6-2 可以看出，有意走神、自发走神及消极情绪在 5 次测查间均具有较强的稳定性，自回归路径系数在 0.32~0.49 之间（$p<0.001$）。就消极情绪与有意走神之间的关系而言，T3 时间点的消极情绪显著正向预测 T4 时间点的有意走神（$\beta=0.07$，$p<0.01$）。就消极情绪与自发走神的关系而言，两者之间存在正向的双向影响关系，T1 时间点的消极情绪显著正向预测 T2 时间点的自发走神（$\beta=0.16$，$p<0.001$），T2 时间点的消极情绪显著正向预测 T3 时间点的自发走神（$\beta=0.17$，$p<0.001$），T3 时间点的消极情绪显著正向预测 T4 时间点的自发走神（$\beta=0.15$，$p<0.001$），T4 时间点的消极情绪显著正向预测 T5 时间点的自发走神（$\beta=0.08$，$p<0.001$）；T1 时间点的自发走神显著正向预测 T2 时间点的消极情绪（$\beta=0.13$，$p<0.01$），T2 时间点的自发走神显著正向预测 T3 时间点的消极情绪（$\beta=0.12$，$p<0.01$），T3 时间点的自发走神显著正向预测 T4 时间点的消极情绪（$\beta=0.13$，$p<0.05$），T4 时间点的自发走神显著正向预测 T5 时间点的消极情绪

($\beta=0.09$, $p<0.05$)。

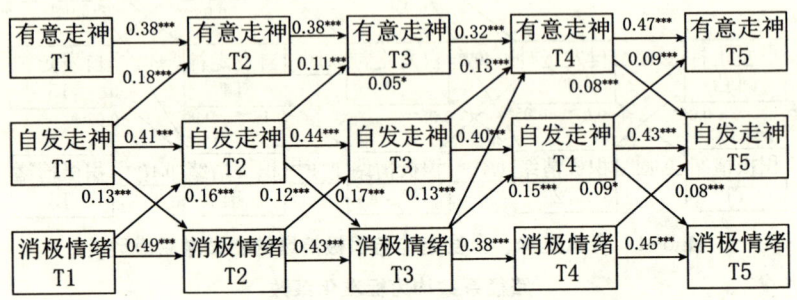

图 6-2 有意走神、自发走神与消极情绪的交叉滞后模型，路径系数均为标准化系数

就生活满意度与两种走神的关系而言，模型结果见图 6-3，模型各项指标拟合良好：$\chi^2(36) = 1.22$, $p>0.05$, $CFI=0.999$, $TLI=0.998$, $RMSEA=0.012$, $SRMR=0.012$。从图 3 可以看出，有意走神、自发走神及生活满意度在 5 次测查间均具有较强的稳定性，自回归路径系数在 0.32~0.56 之间 ($p<0.001$)。生活满意度与有意走神之间无显著的相互影响关系，但与自发走神之间存在显著的相互预测作用。具体来讲，T1 时间点的生活满意度显著负向预测 T2 时间点的自发走神 ($\beta=-0.12$, $p<0.001$)，T2 时间点的生活满意度显著负向预测 T3 时间点的自发走神 ($\beta=-0.07$, $p<0.001$)，T3 时间点的生活满意度显著负向预测 T4 时间点的自发走神 ($\beta=-0.08$, $p<0.001$)，T4 时间点的生活满意度显著负向预测 T5 时间点的自发走神 ($\beta=-0.05$, $p<0.05$)；T1 时间点的自发走神显著负向预测 T2 时间点的积极情绪 ($\beta=-0.05$, $p<0.05$)，T2 时间点的自发走神显著负向预测 T3 时间点的积极情绪 ($\beta=-0.05$, $p<0.05$)，T3 时间点的自发走神显著负向预测 T4 时间点的积极情绪 ($\beta=-0.06$, $p<0.05$)，

T4 时间点的自发走神对 T5 时间点生活满意度的预测作用不显著。

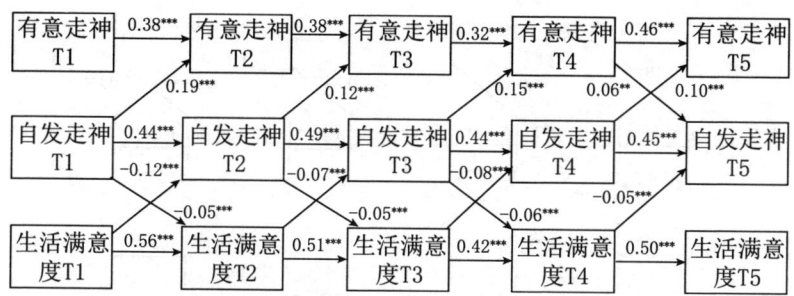

图 6-3 有意走神、自发走神与生活满意度的交叉滞后模型，路径系数均为标准化系数

就考试焦虑与两种走神的关系而言，模型结果见图 6-4，模型各项指标拟合良好：$\chi^2(36) = 1.90$，$p<0.001$，$CFI = 0.997$，$TLI = 0.992$，$RMSEA = 0.024$，$SRMR = 0.015$。从图 6-4 可以看出，有意走神、自发走神及考试焦虑在 5 次测查间均具有较强的稳定性，自回归路径系数在 0.32~0.50 之间（$p<0.001$）。考试焦虑与有意走神之间无显著的相互影响关系，但与自发走神之间存在显著的双向预测作用。具体来讲，T1 时间点的考试焦虑显著正向预测 T2 时间点的自发走神（$\beta=0.15$，$p<0.001$），T2 时间点的考试焦虑显著正向预测 T3 时间点的自发走神（$\beta=0.12$，$p<0.001$），T3 时间点的考试焦虑显著正向预测 T4 时间点的自发走神（$\beta=0.10$，$p<0.001$），T4 时间点的考试焦虑显著正向预测 T5 时间点的自发走神（$\beta=0.10$，$p<0.001$）；T1 时间点的自发走神显著正向预测 T2 时间点的考试焦虑（$\beta=0.11$，$p<0.001$），T2 时间点的自发走神显著正向预测 T3 时间点的考试焦虑（$\beta=0.14$，$p<0.001$），T3 时间点的自发走神显著正向预测 T4 时间点的考试焦虑（$\beta=0.06$，$p<0.05$），T4 时间点的自发走

神显著正向预测 T5 时间点的考试焦虑（β=0.06，$p<0.05$）。

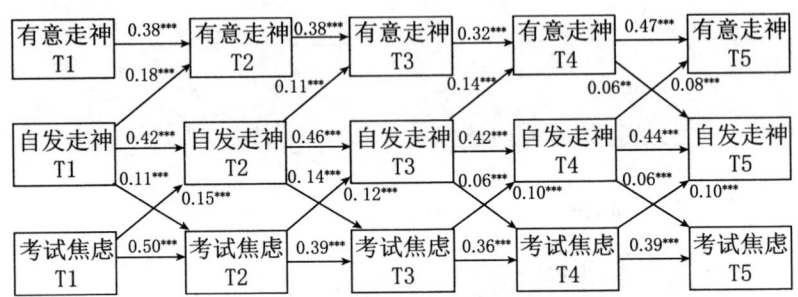

图 6-4　有意走神、自发走神与考试焦虑的交叉滞后模型，
路径系数均为标准化系数

就抑郁与两种走神的关系而言，模型结果见图 6-5，模型各项指标拟合良好：$\chi^2(36) = 1.83$，$p<0.01$，CFI = 0.998，TLI = 0.994，RMSEA = 0.023，SRMR = 0.011。从图 6-5 可以看出，有意走神、自发走神及抑郁在 5 次测查间均具有较强的稳定性，自回归路径系数在 0.32~0.74 之间（$p<0.001$）。就抑郁与有意走神之间的关系而言，T1 时间点的抑郁显著正向预测 T2 时间点的有意走神（β=0.06，$p<0.05$），T3 时间点的抑郁显著正向预测 T4 时间点的有意走神（β=0.07，$p<0.01$）。抑郁与自发走神之间存在正向的双向影响关系，T1 时间点的抑郁显著正向预测 T2 时间点的自发走神（β=0.23，$p<0.001$），T2 时间点的抑郁显著正向预测 T3 时间点的自发走神（β=0.15，$p<0.001$），T3 时间点的抑郁显著正向预测 T4 时间点的自发走神（β=0.21，$p<0.001$），T4 时间点的抑郁显著正向预测 T5 时间点的自发走神（β=0.11，$p<0.001$）；T1 时间点的自发走神显著正向预测 T2 时间点的抑郁（β=0.06，$p<0.01$），T2 时间点的自发走神显著正向预测 T3 时间点的抑郁（β=0.06，$p<0.01$），T3 时

间点的自发走神显著正向预测 T4 时间点的抑郁（$\beta=0.05$，$p<0.05$），T4 时间点的自发走神显著正向预测 T5 时间点的抑郁（$\beta=0.06$，$p<0.05$）。

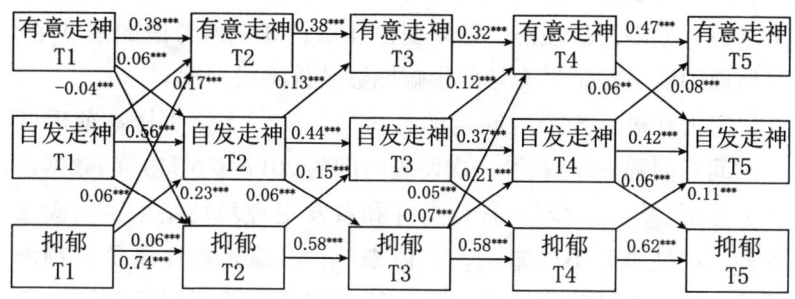

图 6-5　有意走神、自发走神与抑郁的交叉滞后模型，路径系数均为标准化系数

在建立的交叉滞后模型中，除两种走神与相关心理健康变量存在相互预测关系外，两种走神之间也存在一定的相互影响关系。具体来讲，主要是自发走神能稳定正向预测有意走神，但到小学末期，即六年级第二学期时，有意走神才开始对自发走神有显著正向预测作用。

四、结论与讨论

在探索教育现象的研究中，实验法是一种比较合适的揭示变量间的因果关系的方法，它通过研究一个或几个变量对其他变量的效应，发现和验证变量间的因果联系。在众多量化研究方法中，实验法对研究者来说是相对可控的，但同时它也对研究者提出了较高的研究程序设计和操作环节的严谨性要求，这就导致在相当多的教育实践中这种方法无法落地。

然而，纵向研究数据也可以为我们提供有效的方法支持。

思维之隅：走神研究与启示

邓肯（Duncan）等人于2013年出版的《潜变量增长曲线模型：概念、问题与应用》[1]一书中指出，要想得出变量之间的因果关系，原因变量和结果变量之间至少要满足三个条件：①假设存在因果关系的原因变量与结果变量之间是相关的；②从时间上来讲，原因变量在前，结果变量在后；③在所考虑的模型中，其他原因变量对结果变量的影响能够被排除或控制。

笔者在进行5个时间点的分析前，先对小学生样本前后两个时间点间隔一年（第一次调查时间为2017年6月）的数据进行了分析。结果发现：有意走神和自发走神对情绪、生活满意度和心理健康有不同影响。具体来说，有意走神显著负向预测了一年后的考试焦虑、抑郁和消极情绪，显著正向预测了一年后的生活满意度和积极情绪，而自发走神则与其相反，显著正向预测了一年后的考试焦虑、抑郁和消极情绪，显著负向预测了一年后的生活满意度和积极情绪。这跟横断研究的数据相吻合。

本研究对5次纵向追踪数据的交叉滞后分析结果则显示：走神，主要是自发走神与各心理健康变量存在双向影响的关系，自发走神与消极情绪、考试焦虑及抑郁存在相互正向影响的关系，与积极情绪及生活满意度存在相互负向影响的关系。但有意走神与相关变量的相互影响却并不明显。这种纵向数据的结果，似乎进一步验证了消极情绪与走神，特别是自发走神的关系，而且两者呈双向交叠作用的过程。所以，走神会引起负性情绪，同样，消极的情绪和低幸福感也会进一步加剧个体的走神，特别是自发走神。笔者并没有发现相对稳定的有意走神和积极或消极心理健康指标的交互影响。这也进一步验证了，在

---

[1] T. E. Duncan, S. C. Duncan, L. A. Strycker, "An Introduction to Latent Variable Growth Curve Modeling: Concepts, Issues, and Application", *Routledge Academic*, 2013.

两种走神与心理健康的关系中，只有自发走神与其存在负相关关系，[1]有意走神与它们的关系不明显。

但综合来看，在与各心理健康变量的连续追踪中可知，两种走神之间存在较为系统的影响关系。具体来讲，从4年级开始，主要是自发走神能稳定正向预测有意走神，但到了小学末期，即六年级第二学期时，有意走神开始对自发走神有显著正向预测作用。本研究选取的是儿童中后期的被试，8岁左右的儿童能意识到且能报告出自己的思维内容，儿童中后期是认知能力的关键发展期，个体的元意识也在增强，而塞利（Seli）等人在理论上从"起点"（ignition point）和"持续过程"（Continuation）两方面细致地区分了有意走神和自发走神的区别。他们认为，自发走神出现时无目的，没有意识或元意识，不受个体控制，相对比较被动。有意走神出现时伴随元意识，个体有意转移对当前任务的注意，受个体控制，具有一定的主动性。因此，也许自发走神和有意走神在个体发展过程中的出现是由时间上的先后造成的，但这需要进一步的证据。

研究者指出，走神与情绪的关系受到社会-时间内容（socio-temporal content）的调节，如果走神的内容是已经发生的、与他人相关的，即使之前处于积极情绪状态下，也会引起消极情绪，但如果走神内容是未来的、与自己相关的内容，则有助于改善情绪。[2]所以，我们未来的研究除了调查个体是有意走神还是

---

［1］ P. Seli et al., "On the Relation of Mind Wandering and ADHD Symptomatology", *Psychonomic Bulletin & Review*, 22 (3), 2015, 629~636; P. Seli et al., "Intrusive Thoughts: Linking Spontaneous Mind Wandering and Ocd Symptomatology", *Psychol Res*, 81 (2), 2017, 392~398.

［2］ F. J. Ruby et al., "How Self-generated Thought Shapes Mood——the Relation Between Mind-wandering and Mood Depends on the Socio-temporal Content of Thoughts", *PloS One*, 8 (10), 2013, e77554.

自发走神外，还可以关注走神的内容。

马尔凯蒂（Marchetti）等人认为，走神主要聚焦于个体完不成的目标内容，并且个体会对当下状况和渴望达到的目标之间的差异进行评估。这时个体就会体会到由目标差异造成的暂时或者长期的消极情绪。所以，当寻求对学生群体进行走神干预，以防止其恶化并影响心理健康时，应当重点关注自发走神的影响，从消除其消极影响的角度寻求干预策略，这样才可以更有效地帮助到儿童的学业及心理健康发展。

第七章 CHAPTER 7

启示与展望

　　任何生物体的发展总是同时受许多因子的影响,每一因子都不是孤立地对生物体起作用,而是许多因子共同一起起作用。因此,生物体总是生活在多种生态因子交织成的复杂的网络之中。但在任何具体生态关系中,在一定情况下某个因子可能起的作用最大。早在 1840 年,李比希(Justus Liebig)便发现谷物的产量通常并不是受它所需要的大量营养元素的限制,反而只是受到微量元素的限制。如果稍微加入所需的微量元素,谷物的产量就会明显上升。在个体的教育生态环境中,社会、学校、同伴、家庭、个体的生理和心理发展等几乎所有的因子也都有可能成为个体成长的限制因子。

　　从儿童进入学龄期开始,学业成长便成了其发展过程中的一项主要任务。但儿童在求学过程中随处可以听到父母和老师的倾诉。有的爸爸说:"儿子很喜欢上学,早晨起床也及时,每天在学校里也很快乐,就是上课开小差!真愁人啊。"有的妈妈说:"女儿都读三年级了,还不懂得专心听讲!讲了无数遍了,她就是做不到,在家里,我带着上网课,也总是走神,好在学习成绩还凑合!"有的老师反映:"我不断强调,上课注意听讲,课堂上还是有一部分小学生,连老师讲什么都不知道!课上不到一半,就开始四处张望,看门、看窗户、抠手指,就是不听课。"这里的上课走神就是家长和教师普遍关心又一致在想办法解决的现象。

注意力是学生学习的重要基础，但在学校里，学生注意力高度分散的现象非常普遍。而走神无疑是维持注意集中的一个重大障碍。对儿童期的研究表明：在一般情况下，7 岁到 10 岁的儿童可以连续集中注意 20 分钟左右，10 岁到 12 岁的儿童可以连续集中注意 25 分钟左右，12 岁以上的儿童可以集中注意 30 分钟左右。在组织好的教学中，小学高年级学生可以保持注意 30 分钟到 45 分钟。对成人的调查也显示：大约 76% 的大学生会走神，[1] 走神时间约有 10% 到 50%，[2] 而且随着课堂或学习时间的延长，这一数字还会增加。如果这一数据在教育情景中成立，那么通过相关干预措施将走神降低一半，由 50% 下降到 25%，便相当于给学生额外增加了 45 天的全日制学习时间。[3]

与此同时，近年来，越来越多的研究者呼吁各方采取措施降低学生心理障碍的发生，提高学生的幸福感、社会情绪能力等。[4]

---

[1] N. Unsworth et al., "Everyday Attention Failures: an Individual Differences Investigation", *Journal of Experimental Psychology: Learning, Memory, and Cognition*, 38 (6), 2012, 1765.

[2] S. I. Lindquist, J. P. McLean, "Daydreaming and its Correlates in an Educational Environment", *Learning and Individual Differences*, 21 (2), 2011, 158~167; J. D. Wammes et al., "Mind Wandering During Lectures Ⅰ: Changes in Rates Across an Entire Semester", *Scholarshipof Teaching and Learning in Psychology*, 2 (1), 2016, 13~32.

[3] C. A. Sanchez, J. S. Naylor, "Mindwandering While Reading Not Only Reduces Science Learning but also Increases Content Misunderstandings", *Journal of Applied Research in Memory and Cognition*, 7 (3), 2018, 332~341.

[4] J. A. Durlak et al., "Handbook of Social and Emotional Learning: Research and Practice", New York, NY: Guilford Press, 2015; N. Noddings, *Happiness and Education*, New York, NY: Cambridge University Press, 2003; OECD, "Global Competency for an Inclusive World", https://www.oecd.org/education/Global-competencyfor-an-inclusive-world.Pdf.

而研究表明，走神（特别是自发走神）会对个体的情绪、幸福感和心理健康均产生消极影响。

目前，研究者已经对一些以个体为中心的变量参数（如工作记忆容量）与走神的关系进行了相关分析，但对走神的现象学及其发生的原因仍然知之甚少。考虑到走神的高出现率及其通常的负面影响，探索走神的应对策略，甚至预防或至少减少走神的负面影响势在必行。下文将从研究和教育实践两个层面进行展望。

一、研究展望与启示

（一）从理论上界定走神的概念框架

研究者在对走神进行研究时，使用了多个不同的概念，从本质上说明，走神是一种广泛的心理现象。但目前在走神是什么和不是什么的问题上还缺乏科学共识。其中最有代表性的就是塞利（Seli）等人提出的家族相似性（family-resemblances）框架[1]和克里斯托弗（Christoff）等人提出的动态框架（dynamic framework）[2]。

塞利（Seli）和他的同事指出，研究者提出的与任务无关的想法、自发产生的想法、白日梦等概念是走神集群概念中的子概念，具有相似性。走神是一个集群概念，可以作为一个无法定义具体子概念的总称，研究者在使用时只要下好操作定义，就可以使用，这样可以更好地服务于走神这个研究领域，这种家族相似性观点也有助于将走神与其他类型的思维形式区分开。

---

[1] P. Seli et al., "Mind-wandering as a Natural Kind: A Family-resemblances View", *Trends in Cognitive Sciences*, 22 (6), 2018, 479~490.

[2] K. Christoff et al., "Mind-wandering as Spontaneous Thought: A Dynamic Framework", *Nature Reviews Neuroscience*, 17 (11), 2016, 718~731.

而克里斯托弗（Christoff）等人则强调要从意识的动态连续性上就多种不同思维状态（如白日梦、走神、创造性思维、目标指向的思维、强迫性思维）加以区分。应该将走神视为一个需要严格理论定义的科学概念，以区别于其他类型的思维。根据动态框架，走神有一个定义特征：在走神期间，思想以一种相对自由、不受约束的方式产生和进行。因此，这两个框架在是否应该将高度受限的思维类型（如与任务无关的持续思维）归类为走神方面存在分歧。动态框架认为它不是走神，因为不对思想加以强烈约束是走神的一个基本动态特征，但家族相似性框架认为它是走神。[1]

塞利（Seli）指出，采用家族相似性框架，并不否定走神的范畴具有等级隶属关系，研究者必须明确指定所调查的走神的维度，用心区分，而不是把不同种类的走神混为一谈。[2]他们认为，动态框架下的走神定义并没从逻辑和实证研究中给出足够的说服证据，而且动态框架排除了许多其他人通常认为是走神的思维类型（在2016年发表的文献中，94.5%的研究人员将走神定义为与任务无关的想法）。所以，塞利（Seli）和他的同事指出，对走神的科学研究并不需要一个排他性的定义。从与任务无关的思维到相对不受约束的思维，研究人员可以对其众多种类中的任何一种进行实证研究，并提出科学解释。

塞利（Seli）等人对走神的界定实质上是采用一种归纳的方式，而克里斯托弗（Christoff）等人则更强调从动态的视角区分

---

[1] K. Christoff et al., "Mind-wandering as a Scientific Concept: Cutting Through the Definitional Haze", *Trends in Cognitive Sciences*, 22 (11), 2018, 957~959.

[2] P. Seli et al., "The Family-resemblances Framework for Mind-wandering Remains Well Clad", *Trends in Cognitive Sciences*, 22 (11), 2018, 959~961.

第七章　启示与展望

各种不同的意识形态。到目前为止，双方的观点都指出自己提出的概念框架是可以进行争论和补充的，也需要新的理论与观点碰撞。但现有的理论研究者还无法达成共识，所以针对是否对走神与其他意识形态（如创造性思维）进行区分，研究者还莫衷一是。目前更合适的做法是在实证研究中对走神作细致区分和精确的操作定义，这有助于更深入地理解走神的代价和效益，也能更有针对性地进行干预。

（二）区分不同结构的走神

除了对走神和其他概念的理论构建外，在走神的目的和可控性方面，前期的研究者普遍认为走神是一种自发的思维加工过程，没有目的，不需要意志努力。基于这一前提，研究者探讨了走神的内容、形式和基本特点，还从多个方面开展研究，以寻找走神与作业成绩、情绪、日常生活、其他心理加工过程或心理结构的关系，并部分开展了临床和干预研究。但随着研究的推进，人们发现基于走神的不可控前提得到的研究结果并不一致，甚至出现了相互矛盾的现象。以塞利（Seli）为代表的研究者指出，应将无目的的走神和有目的的走神区分开来，并从"起点"和"持续过程"两方面细致地区分了有意走神和自发走神。他们及后来的研究者做了大量的验证工作，均证实走神不只是单独的一个成分，既包括自发产生的、没有特定目的且不能自主控制的自发走神，也包括有目的的、个体可以主导自己的注意指向且允许自己产生与任务无关的有意走神，而且两者在行为功能上有差异。

笔者以国内小学生为被试进行的前述调查也进一步验证了这一点，而且发现自发走神越频繁越容易导致较差的学业成绩，引发一系列心理健康问题，而有意走神时可以进行元认知调节、评价或短暂的自我休息，更可能对学业成绩和心理健康有积极影响。这些都启示未来的研究不应该仅单纯研究自发走神,还应重视有意走神的产生机制、作用和影响。

(三) 寻找更可靠的行为和生理测量指标来确定走神的开始和结束,而不必过分依赖于个体的自我报告

在走神研究中,存在三个方法学的挑战[1]:

第一个挑战是对走神的开始和发生很难进行实验控制。走神,尤其是无意识的走神,是自发产生的,这就意味着研究者不能直接诱发走神。这时,就不太好推论走神体验与正在进行的加工过程的关系或导致的后果,从而导致研究者不能很好地进行因果研究。例如,有证据表明,执行控制能力差会导致在高要求的任务中出现更多的走神,[2]而在执行控制任务中,走神对绩效有负面影响。[3]但在研究中很难确定是个体的低执行控制能力导致了高走神,还是高走神导致了对控制能力的较低评价。所以,在缺乏实验控制、很难识别走神出现的前兆或触发因素的情况下,研究者要对走神的特征进行系统分析就变得更复杂了。

第二个挑战是走神的隐蔽性。自发产生的想法基本上是内

---

[1] J. Smallwood, J. M. Schooler, "The Science of Mind Wandering: Empirically Navigating the Stream of Consciousnes", *Annual Review of Psychology*, 66 (1), 2015, 487.

[2] J. C. McVay, M. J. Kane, "Why Does Working Memory Capacity Predict Variation in Reading Comprehension? on the Influence of Mind Wandering and Executive Attention", *Journal of Experimental Psychology: General*, 141 (2), 2012, 302~320; M. D. Mrazek, J. Smallwood, J. W. Schooler, "Mindfulness and Mind-wandering: Finding Convergence Through Opposing Constructs", *Emotion*, 12 (3), 2012, 442.

[3] J. C. McVay, M. J. Kane, "Why Does Working Memory Capacity Predict Variation in Reading Comprehension? on the Influence of Mind Wandering and Executive Attention", *Journal of Experimental Psychology: General*, 141 (2), 2012, 302~320; M. D. Mrazek, J. Smallwood, J. W. Schooler, "Mindfulness and Mind-wandering: Finding Convergence Through Opposing Constructs", *Emotion*, 12 (3), 2012, 442.

在的，很少有外部表现。所以，作为一种内在的心理现象，人们的走神是以一种私有体验的形式存在的，它会适时"在人们方便的情况下发生"。但从本质上来说，走神的主要特点难以从他人的角度来观察和测查，通过他人的角度测量只能是间接的推断。

第三个挑战是走神的测量主要依赖个体的自我报告，但研究者普遍认为这些测量是主观的和有偏见的，这种自我报告可能已经改变了走神本来的样子。从本质上来说，自我报告是一种内省，这种内省还需要借助外部测量手段来予以证实，以确保研究结果的真实有效性。

基于走神研究中存在的上述三个挑战，研究者尽量开发一些措施和实验手段进行研究，并取得了一些进展。例如，虽然走神不是直接诱发的，但可以寻找一些可以控制走神发生的替代因素，如改变一个人的心理状态（消极情绪诱发走神）或者改变一个正在进行的任务的复杂程度，获得一定程度的实验性控制；基于走神的内隐性，研究者除了采用经验取样法或出声思考等主观指标外，还把它们与客观指标结合起来增强研究的效度，采用一些不打断被试思维的认知指标（如反应时）和生理指标（如生物电、基于血氧水平的 fMRI 等）来标记走神。在任务过程中的自我报告会打断被试的思维、改变走神的特点，所以研究者还会采取事后测量的方式。

但是，有研究者指出，这些应对挑战的努力从方法学上来看还是不够的。[1]因为确定和操作一些变量引起走神并不足以让我们真正理解什么是走神。举个医学例子来说，假如出现了一种新型的脑积水，但是它的诱因还不清楚，研究者开始研究

---

[1] U. Weger, J. Wagemann, A. Meyer, "Researching Mind Wandering from a First-person Perspective", *Applied Cognitive Psychology*, 2018.

它的促成因素，发现它更有可能发生在炎热地区。这一信息当然有用，但是仅仅有这种间接的科学证据是不够的，因为除了炎热的气候外，同样还需要识别脑积水的病毒媒介或者其他来源等。同理，在寻找控制走神或预防走神的因素时，除了对诱发因素感兴趣，还应更深刻地理解走神的真正特点。同时，研究者指出，使用多种参数和指标来标识走神虽然可以从各角度来探讨，但走神本质上还是一种意识状态，需要探讨其核心本质，如果这些指标性的表述之前没有定性的洞察或补充，它们最终将毫无意义。

因此，走神作为一种特别个人的心理现象，除了自我报告，用他人测量的方式来处理可能还需要更好的方式或进行更好的论证。同时，未来的研究还需要探索对不同走神进行简单识别和测量的关键指标。

（四）进一步评估走神的作用及与其他环境和心理变量的关系，开发减少消极走神的技术

目前，研究者已经对走神的形式和内容进行了相对多的探讨，发现它的内容通常既涉及未来，也与过去的记忆相联系。走神通常与个人的经历相关，不同的个体走神内容和形式均存在差异。走神也与消极特征（如各种精神障碍）和积极特质（如创造力）有关。还有研究评估了走神在许多需要警惕的现实世界活动（如医疗、交通、安全）中的影响。但如前所述，研究者基于的理论观点和操作定义的多样性导致目前还不能较好地描述引发走神的环境条件和个体因素，走神与其他心理变量（如元认知、执行功能等）的研究也呈各持己见的态势，研究者需要进一步精准评估走神（或不同成分的走神）的功能益处和消极危害，并在前期干预的基础上进一步细化问题，设计降低走神危害的策略和干预方案。

二、教育启示

(一) 转变关于走神的观念

对于教育者而言,最重要的是要跟进科学研究的成果,实时更新相关认识和教育观念,不断地产生思考、产生创新、带来变革。因为不具备现代教育观念的教师难对每个学生做到因材施教、扬长避短和长善救失。

在教育领域,教师和家长通常消极地看待走神现象,一般认为走神会消极影响成绩,因此通过各种方式试图消除学生的走神,甚至批评走神的学生。但研究已经证实:走神是一种普遍现象,无法完全避免。走神现象在生活中十分常见,不仅会带来消极影响,还有利于未来计划、创造力[1]等方面,因此,不应该因为孩子的走神加以指责。还要了解:部分走神是不可控制的,并非学生的意志可控;并不是所有的走神都对成绩有消极影响,有意走神可以帮助学生提升成绩,需要区别对待。学习时有意识地将注意转移到同一主题的其他内容,是有利于系统学习和记忆的。所以,教师和家长应当重视不同走神,应有不同的应对方法,如果能积极寻求有效的干预策略,发挥有意走神的积极作用、消除自发走神的消极影响则更有利。

随着走神内部结构的划分,研究人员在寻找降低走神的方法时需要考虑不同方法对应的走神是有意的还是自发的。笔者通过研究发现,在学习环境中,走神是不可能被完全消除的,因此为学生提供走神的机会而不造成严重损害是很重要的。

---

[1] A. D'Argembeau, O. Renaud, M. Van Der Linden, "Frequency, Characteristics and Functions of Future-oriented Thoughts in Daily Life", *Applied Cognitive Psychology*, 25 (1), 2011, 96~103; B. Baird et al., "Inspired by Distraction Mind Wandering Facilitates Creative Incubation", *Psychological Science*, 23 (10), 2012, 1117~1122.

(二) 社会和教育组织要营造一个积极的学习环境

学习环境中充满了电视、网络等令人注意分散的要素。而且，现在的学校和教育机构也在转向在线课程，并开始变成逐步替代线下教学的最重要的方式。但是，线上教育缺乏线下教育那种更为强有力的学习监督机制，使得学生更容易走神。这要求社会和教育组织针对在线教育开发出新的降低走神的方法，如缩短视频的时间或者修改视觉布局等，[1]营造一个友好的、适合专注于在线学习的环境。

研究者还发现，观看现场直播的学生，与现场授课的学生相比，随着时间的推移，走神程度持续增加。[2]许多学生也表示，视频课更难集中注意，参与度下降得更快。[3]因此，尽量开展线下课程，可以有效地减少走神。

(三) 教学管理通过调整与学习相关的措施降低自发走神

在课堂学习中，注意和意义的形成之间存在一个必要的孵化期，在此期间，大脑需要筛选进入的信息并寻求已有经验和新信息的关联。哈佛大学的哈布森博士曾经指出："这种联系和巩固过程只能发生在停工时间。"既然大脑需要"停工"才能很好地完成理解、记忆这个工作，那么，可以说，在课堂上听讲的时候并非注意集中的时间越长越好。

---

[1] P. J. Guo, J. Kim, R. Rubin, "How Video Production Affects Student Engagement: an Empirical Study of MOOC Videos", in *Proceedings of the Fifirst ACM Conference on Learning @ Scale Conference*, 2015, 41~50; J. Inman, S. Myers, "Now Streaming: Strategies That Improve", *Video Lectures*, 2018, IDEA Paper# 68. IDEA Center, Inc.

[2] J. D. Wammes, D. Smilek, "Examining the Influence of Lecture Format on Degree of Mind Wandering", *Journal of Applied Research in Memory and Cognition*, 6 (2), 2017, 174~184.

[3] A. Timmons, "Remote Learning Just Isn't the Same, Students Say", *Miami Hurricane*, https://www.themiamihurricane.com/2020/04/22/remote-learningjust-isnt-the-same-students-say.

第七章 启示与展望

课间休息或任务转换经常被认为是保持注意的方法。[1]在课程授课过程中，学生的注意保持能力会随着时间的延长而下降，应对方法之一是进行任务转换或课间休息。研究表明，即使学生没有积极参与当前的任务，他们的大脑仍可能"后台"参与问题解决，因此，应当允许学生有心不在焉的状态。[2]在学习一项有挑战性内容的过程中，休息一下可以帮助其更有效地掌握知识。

还有研究指出，在班级管理中，学生的座位位置不同可能也会造成走神频率的差异，坐在讲堂前三排的学生的走神频率显著低于坐在三排以后的学生[3]，因为前排的学生是在教师的直接观察下，因此他们觉得更有义务专心听讲。[4]

（四）教师要重视和寻求教学中的积极策略

在课堂和学习活动中学生的走神是明确无误、普遍出现的，但解决走神消极作用的方案却不那么明确。早期的教育研究者渴望开发出能够降低学习情境下走神频率的方法。相当多的研究表明，将多个学习环节分开进行学习，而不是集中地进行填鸭式学习，可以更有效地维持学生的注意集中，确保他们对课

---

[1] D. A. Bligh, *What's the use of Lectures?*, New York: John Wiley & Sons, 2020.

[2] E. F. Risko et al., "Everyday Attention: Variation in Mind Wandering and Memory in a Lecture", *Applied Cognitive Psychology*, 26 (2), 2012, 234~242; A. A. Pachai et al., "The Mind that Wanders: Challenges and Potential Benefits of Mind Wandering in Education", *Scholarshipof Teaching and Learning in Psychology*, 2 (2), 2016, 134; A. Ariga, A. Lleras, "Brief and Rare Mental 'Breaks' Keepyou Focused: Deactivation and Reactivation of Task Goals Preempt Vigilance Decrements", *Cognition*, 118 (3), 2011, 439~443.

[3] S. I. Lindquist, J. P. McLean, "Daydreaming and its Correlates in an Educational Environment", *Learning and Individual Differences*, 21 (2), 2011, 158~167.

[4] L. Stires, "Classroomseating Location, Student Grades, and Attitudes: Environment or Self-selection?", *Environment and Behaviour*, 12, 1980, 241~254.

堂材料的长期记忆。[1]如塞皮达（Cepeda）等人对近一百多年来有关分散式学习的研究进行了元分析，他们发现学习时间的分散分布对学习效果有促进作用，间隔时间越长学习效果越好。而且，在控制了总学习时间之后，采用后一种方法的学生也能记住更多信息。

还有一些策略可以尽量降低学生的自发走神：

1. 插入测试

在学习过程中，插入简短测试，可以检验学习的直接效果，更重要的是，通过测试可以间接地带来学习上的提升。以往实验表明，完成部分学习内容后立即进行记忆测试，其效果比完成所有内容后进行总测试更好。[2]而且，学习时插入测试可以增加记笔记的次数，使被试有效整合信息单元，提高最终考试成绩[3]，减少自发走神。

授课期间的间歇性测试可以减少走神并改善学习，这可能是因为测试过程提供了反馈，有助于抵消学生在学习中典型的

---

[1] N. J. Cepeda et al., "Distributed Practice in Verbal Recall Tasks: a Review and Quantitative Synthesis", *Psychol Bull*, 132, 2006, 354~380; J. Dunlosky et al., "Improving Students' Learning with Effective Learning Techniques: Promising Directions from Cognitive and Educational Psychology", *Psychol Sci Public Interest*, 14, 2013, 4~58; H. Pashler et al., *Organizing Instruction and Study to Improve Student Learning* (NCER 2007-2004), Washington, DC: National Center for Education Research, Institute of Education Sciences, U. S. Department of Education.

[2] B. Pastötter, K. H. T. Bäuml, "Retrieval Practice Enhances New Learning: the Forward Effect of Testing", *Frontiers in Psychology*, 5, 2004, 286; K. K. Szpunar, "Directing the Wandering Mind", *Current Directions in Psychological Science*, 26 (1), 2017, 40~44.

[3] H. G. Jing, K. K. Szpunar, D. L. Schacter, "Interpolated Testing Influences Focused Attention and Improves Integration of Information During A Video-recorded Lecture", *Journal of Experimental Psychology: Applied*, 22 (3), 2016, 305~318.

过度自信。[1]

2. 预测试

与插入测试不同，预测试指在学习之前要求学生完成和后续内容有关的测试。研究通常设置随机对照组，发现预测试无论出现在课程间隙[2]还是讲课之前[3]，都能够让学生有意识地集中精力，有效减少走神，提高在相关问题上的表现。

3. 精细询问

在教学过程中，要求学生对知识的来龙去脉进行描述，解释新知识是如何与已知信息相关联的，或者解释解决问题时需要采取的步骤，也能有效减少走神。

4. 采用生动的授课方式

教师利用声音的高低起伏强调课程重点，多与学生进行眼神的交流，采用微笑、点头等方式给予学生肯定的反馈等，都有利于使学生的注意聚焦于课堂上，减少自发走神的发生。此外，持续新奇的学习材料、利用多媒体进行呈现等都会吸引学生的持续注意，减少课堂自发走神。

5. 难度适中的作业是保持注意的重要条件

任务难度与走神频率呈 U 型关系。[4]完成较简单任务时，

---

[1] K. K. Szpunar et al., "Overcoming Overconfidence in Learning from Video-recorded Lectures: Implications of Interpolated Testing for Online Education", *Journal of Applied Research in Memory & Cognition*, 3(3), 2014, 161~164.

[2] K. J. St. Hilaire, S. K. Carpenter, J. M. Jennings, "Using Prequestions to Enhance Learning from Reading Passages: the Roles of Question Type and Structure Building Ability", *Memory*, 27, 2019, 1204~1213.

[3] S. C. Pan et al., "Pretesting Reduces Mind Wandering and Enhances Learning During Online Lectures", *Journal of Applied Research in Memory and Cognition*, 9(4), 2020, 542~554.

[4] J. G. Randall, M. E. Beier, A. J. Villado, "Multiple Routes to Mind Wandering: Predicting Mind Wandering with Resource Theories", *Consciousness and Cognition: An International Journal*, 67, 2019, 26~43.

个体的认知资源充足,当干扰因素出现时,学生会将多余的认知资源分配给干扰事件,从而出现走神;当进行较困难任务时,即使付出更多努力也难以完成,这时学生也可能会有意转移注意在其他事情上,出现走神。因此,较难或较易的任务都会增加走神的频率,难度适中的作业会较大程度地占据认知资源,学生通过自己的努力解决问题、完成任务,进而提升学业自信心,因此也就更可能将注意力专注于学习上。

(五) 家庭要重视走神与心理健康的关系

在教育的系统工程中,家庭教育的作用越来越引起人们的重视。苏联教育家苏霍姆林斯基说过:"生活向学校所提出的任务如此复杂,如果没有整个社会首先是家庭的高度的教育学素养,那么不管教师付出多大的努力,都收不到完满的效果。"我们的家庭教育更应该重视这种教育和支持的力量。

1. 避免过度重视学业成绩,减少焦虑是降低走神的有效方式

孩子的学业成功是一个家庭骄傲的重要来源之一。成绩优异的孩子通常会受到老师和家长的表扬及同龄人的尊敬,但那些没有达到标准的学生则可能受到批评,被同伴拒绝。而家长对学业的过度重视则容易使孩子处于高焦虑状态。

处于焦虑状态的儿童会由于经常担心无法实现既定的学业目标,而消耗其有限的注意资源,损害注意控制功能,[1]从而增加走神出现的可能。因此,避免唯分数论,注重学生的个性,促进其全面发展,让每个孩子收益最大化是当前教育的主要理念,也有利于促进孩子的积极、健康发展。

---

[1] M. W. Eysenck, M. G. Calvo, "Anxiety and Performance: The Processing Efficiency Theory", *Cognition and Emotion*, 6, 1992, 409~434.

2. 温暖的沟通方式能有效提升注意力

家庭环境（如亲子关系、依恋状态等）与孩子的持续注意能力密切相关。研究发现：母亲对孩子的持续关注，而非忽视不管，对孩子的持续注意能力有积极作用，[1]但不安全的依恋状态则容易引起孩子的注意力问题。[2]此外，抱有敌意的母亲会导致孩子过于焦虑，使他们无法专注于任务，走神频率高。[3]

温暖的、支持性的亲子关系或沟通方式有利于提升孩子的持续注意能力，降低走神出现的频率。特别是处于青春期的个体逐渐开始面对各方面的压力和矛盾，他们既有摆脱束缚、争取独立的欲望，也有对依恋关系的需求，父母在注意力问题和学习问题上多以温暖的、支持性的养育方式与孩子沟通，了解孩子的心理变化和需求，给予心理支持和满足，减少孩子对无关事情的关注，可以提升其对学习任务的专注度，降低走神的频率。

（六）重视学生的内部学习动机和学习策略提升注意力

学生们经常被要求集中注意，但却很少被教导或培训如何做到这一点。但总体而言，提供激励性激励、增加内在兴趣并参与精细加工是学习成功的重要保障。[4]

---

[1] K. R. Lawson, R. Parrinello, H. A. Ruff, "Maternal Behavior and Infant Attention", *Infant Behavior and Development*, 15, 1992, 209~229.

[2] R. M. P. Fearon, J. Belsky, "Attachment and Attention: Protection in Relation to Gender and Cumulative Social-contextual Adversity", *Child Development*, 75, 2004, 1677~1693; L. Hubbs-Tait et al., "Relation of Maternal Cognitive Stimulation, Emotional Support, and Intrusive Behavior During Head Start to Children's Kindergarten Cognitive Abilities", *Child Development*, 73, 2002, 110~131.

[3] J. Smallwood et al., "Shifting Moods, Wandering Minds: Negative Moods Lead the Mind to Wander", *Emotion*, 9, 2009, 271~276.

[4] N. Unsworth, B. D. McMillan, "Mind Wandering and Reading Comprehension: Examining the Roles of Working Memory Capacity, Interest, Motivation, and Topic Experience", *Journal of Experimental Psychology: Learning, Memory, and Cognition*, 39 (3), 2013, 832.

首先，提升学生的学习动机是进一步影响走神，提升学业成绩的有效方法之一。学习动机影响两种走神可能是其作用于成绩的重要机制。对于自发走神而言，动机可能通过两种不同的认知过程发挥作用：一方面，动机强的学生更可能专注学习，较少受外界干扰因素的影响，从而降低与任务无关想法的侵入；另一方面，动机强的学生可能有更高的捕捉走神的动机，当个体监测到走神时会立即终止这一注意状态，并将注意维持在学习任务上。而对于有意走神而言，动机强的学生可能更善于寻求各种自主学习策略（如利用创造性的发散思维），实现有目的的走神，从而提升学习成绩。

其次，积极参与任务是避免走神的最有效方法之一。对学生而言，主动学习并调控注意至关重要。某在线学习软件要求学生站在教师的角度向虚拟助教教授概念，发现他们比自己学习时掌握得更好。[1]

此外，任务的效用价值作为期望价值理论的核心成分，是促进个体完成任务的重要动力来源。通过典型案例、讲座等方式传递给孩子学习的重要性，提升孩子对学习效用价值的认知，可以增强其学习动力。

有研究开展了对各种学习策略的干预研究，探讨了策略的作用。研究发现，加强学习过程的自我解释练习（self-explanation practices）可以有效地减少走神。自我解释是指个体解释新的学习信息是如何与已知信息相关联的，或者解释解决问题时所采取的步骤。研究者使用基于眼睛注视的走神检测器确定被试在阅读期间是否走神，一旦检测到走神，被试就会被要求进行自我解释，并尽可能重读文本的部分内容，提高他们对刚刚所读

---

[1] C. C. Chase et al., "Agents and the Protégé Effect: Increasing the Effort Towards Learning", *J. Sci. Educ. Technol. 18*, 2009, 334~352.

内容的理解水平。结果发现：与控制组相比，对走神进行探测并干预的方式确实促进了更好的、长期的概念理解。[1]

学习时划重点、标出材料中潜在的重要部分或者把图形和文字描述结合起来、经常性记笔记等策略都利于学生维持注意，减少走神发生。研究发现：在课堂上记笔记是减少自发走神、增强注意力的有效方式，[2]因为笔记增加了课堂上的注意，能促进长时间记忆的形成。而且，记笔记越详细，走神频率就越少。个体在记笔记的同时理解新信息，是对中央执行功能和工作记忆等提出的较高要求。[3]

最后，走神（特别是有意走神）时有益于产生新颖、创造性的想法。研究者通过发散性实验发现，有意走神倾向越高，发散性思维越好；[4]在完成任务的过程中，遇到难以解决的问题，可以暂时转移注意力，增加无意识联想过程，有利于产生解决问题的方案。

（七）通过正念冥想训练提高注意力

正念冥想（Mindfulness Meditation）作为一种心理练习，是通过集中自我注意调节身心的活动，重点关注此时此刻的感觉、体验此时此刻的经历，需要个体全身心地投入其中并接纳当下状态。这种练习已经在治疗心理疾病、促进幸福与成长、改善

---

[1] C. Mills, "A Real-time Mind Wandering Intervention During Reading", Order No. AAI10308174, *Dissertation*, 2018.

[2] D. A. Bligh, *What's the Use of Lectures?*, New York: John Wiley & Sons, 2000; S. I. Lindquist, J. P. McLean, "Daydreaming and its Correlates in an Educational Environment", *Learning and Individual Differences*, 21, 2011, 158~167.

[3] A. Piolat, T. Olive, R. T. Kellogg, "Cognitive Effort During Note Taking", *Applied Cognitive Psychology*, 19, 2005, 291~312.

[4] S. Agnoli et al., "Exploring the Link between Mind Wandering, Mindfulness, and Creativity: A Multidimensional Approach", *Creativity Research Journal*, 30 (1), 2018, 41~53.

人际关系、提升个体和组织绩效等诸多方面得到了广泛的应用，大众对于正念和冥想的需求也与日俱增。

一般来说，冥想训练直接改善的是不受控制、无目的的自发走神，这种类型的走神多与消极的行为功能有关，因此，应通过冥想训练降低该走神频率，促进学生积极发展。通过训练和建立注意控制技能可以帮助学生在各个能力水平的发展上得到提升。研究发现，在学校环境中，正念干预有助于改善学生的认知功能，即使是特别简短的正念干预（例如，大约8分钟）也可以提高学生标准化考试的成绩。[1]并且，将标准的瑜伽和冥想练习引入高中甚至中学后，对学生也产生了积极的效果。[2]这种训练可以帮助学生更快地发现自己走神，重新集中注意，减少自发走神，减少浪费在内部思考上的时间，[3]是减少走神、提高注意力的有效干预方法。除此之外，冥想训练与个体对自身认知过程的认知（即元认知）有高度重复性，因此也是提升元认知水平的有效方法。而元认知不仅能通过监测功能检查注意状态，并通过控制功能将注意维持在当前任务上从而有效降低自发走神，还能根据自身的认知水平与任务资源需求有效调控有意走神。

---

[1] C. Zenner, S. Herrnleben-Kurz, H. Walach, "Mindfulness-based Interventions in Schools—A Systematic Review and Meta-analysis", *Frontiers in Psychology*, 5, 2014, 20.

[2] W. Britton et al., "The Contribution of Mindfulness Practice to a Multicomponent Behavioral Sleepintervention Following Substance Abuse Treatment in Adolescents: a Treatment-development Study", *Substance Abuse*, 31 (2), 2010, 86~97; T. Mendelson et al., "Feasibility and Preliminary Outcomes of a Schoolbased Mindfulness Intervention for Urban Youth", *Journal of Abnormal Child Psychology*, 2010, 1~10.

[3] J. Meiklejohn et al., "Integrating Mindfulness Training Into K-12 Education: Fostering the Resilience of Teachers and Students", Mindfulness, 3 (4), 2012, 291~307.

第七章　启示与展望

　　对大学生的干预研究也发现，正念可以提升注意力，增强对内、外分心物的抑制能力，并对积极情绪有正面作用。[1]个体在正念状态下，其注意朝向具有好奇、接纳和开放的特点，[2]可有效治疗焦虑、抑郁等心理障，提高幸福感。[3]

　　在课堂实施正念训练会带来广泛的好处，如改善同学关系、师生关系，以及改善和促进公平的、支持性的学校氛围。[4]可见，我们可以将正念训练项目引入学校，以帮助学生在更长的时间内更好地集中注意，减少学生的走神（部分是通过减少走神的负面影响并改变学生的心态），提高学生的学业成绩和幸福感。

---

[1] E. R. Yosai, "Further Investigating the Underlying Attentional Processes of Brief Mindfulness-based Interventions (Order No. AAI10285760)", *APA PsycInfo*©. 196050 2721; 2017-33541-080.

[2] J. Kabat-Zinn, *Wherever You Go, There You Are: Mindfulness Meditation in Everyday Life*, New York, NY: Hyperion, 1994.

[3] D. Querstret, M. Cropley, C. Fife-Schaw, "The Effects of an Online Mindfulness Intervention on Perceived Stress, Depression and Anxiety in a Non-clinical Sample: a Randomised Waitlist Control Trial", *Mindfulness*, 9 (6), 2018, 1825~1836; M. Virgili, "Mindfulness-based Interventions Reduce Psychological Distress in Working Adults: a Meta-analysis of Intervention Studies", *Mindfulness*, 6 (2), 2015, 326~337; L. Champion, M. Economides, C. Chandler, "The Efficacy of a Brief App-based Mindfulness Intervention on Psychosocial Outcomes in Healthy Adults: a Pilot Randomised Controlled Trial", *PloS One*, 13 (12), 2018, e0209482.

[4] J. H. Bottiani, C. P. Bradshaw, T. Mendelson, "Promoting an Equitable and Supportive School Climate in High Schools: the Role of School Organizational Health and Staff Burnout", *Journal of School Psychology*, 52 (6), 2014, 567~582.

参考文献

1. S. Agnoli et al., "Exploring the Link between Mind Wandering, Mindfulness, and Creativity: A Multidimensional Approach", *Creativity Research Journal*, 30 (1), 2018, 41~53.
2. E. Akben-Selcuk, "Personality, Motivation, and Math Achievement among Turkish Students: Evidence from PISA Data", *Perceptual and Motor Skills*, 124 (2), 2017, 514~530.
3. Akina et al., "Does Mind Wandering During the Thought Incubation Period Improve Creativity and Worsen Mood?", *Psychological Reports*, 2019, 2147483647.
4. M. Allen, J. Smallwood, G. Rees, "Balancing Internal and External Attention: Mind-wandering Variability Predicts Error Awareness", *Journal of Vision*, 14 (10), 2014, 330~330.
5. M. Allen et al., "The Balanced Mind: the Variability of Task-unrelated Thoughts Predicts Error Monitoring", *Frontiers in Human Neuroscience*, 7, 2013, 743.
6. R. P. Anderson, C. G. Halcomb, R. B. Doyle, "The Measurement of Attentional Deficits", *Exceptional Children*, 39 (7), 1973, 534~539.
7. T. Anderson et al., "The Metronome Response Task for Measuring Mind Wandering: Replication Attempt and Extension of Three Studies by Seli et. al", *Attention, Perception, & Psychophysics*, 2020, 1~16.
8. J. S. Antrobus, "Information Theory and Stimulus - independent Thought", *British Journal of Psychology*, 59, 1968, 423~430.
9. B. B. Armbruster, "The Role of Metacognition in Reading to Learn: A Devel-

opmental Perspective", *Reading Education Report*, No. 40, 1983.
10. B. Ayazgök, N. Yalçin, "The Investigation of the Metacognitive Awarness and the Academic Achievement About Simple Machine in 7th Grade Students in Primary Education", *Procedia-Social and Behavioral Sciences*, 141, 2014, 774~780.
11. B. J. Baars, "Spontaneous Repetitive Thoughts Can Be Adaptive: Postscript on McKay and Vane", *Psychological Bulletin*, 136 (2), 2010, 208~210.
12. D. Bae, K. A. S. Wickrama, C. W. O'Neal, "Social Consequences of Early Socioeconomic Adversity and Youth Bmi Trajectories: Gender and Race/Ethnicity Differences", *Journal of Adolescence*, 37 (6), 2014, 883~892.
13. B. Baird et al., "Inspired by Distraction Mind Wandering Facilitates Creative Incubation", *Psychological Science*, 23 (10), 2012, 1117~1122.
14. M. Becker, N. McElvany, M. Kortenbruck, "Intrinsic and Extrinsic Reading Motivation as Predictors of Reading Literacy: A Longitudinal Study", *Journal of Educational Psychology*, 102, 2010, 773~785.
15. L. R. Bergman, D. Magnusson, "A Person-oriented Approach In Research on Developmental Psychopathology", *Development and Psychopathology*, 9 (2), 1997, 291~319.
16. J. Biederman et al., "Clinical Correlates of Mind Wandering in Adults with ADHD", *Journal of Psychiatric Research*, 117, 2019, 15~23.
17. Birnie et al., "Glucose and the Wandering Mind: Not Paying Attention or Simply out of Fuel?", *Psychopharmacology*, 232 (16), 2015, 2903~2910.
18. J. Block, "Lives Through Time", *Berkeley*, CA: Bancroft, 1971.
19. J. G. Borkowski, M. Carr, M. Pressley, " 'Spontaneous' Strategy Use: Perspectives from Metacognitive Theory", *Intelligence*, 11 (1), 1987, 61~75.
20. N. S. Bozhilova et al., "Mind Wandering Perspective on ADHD", *Neuroscience & Biobehavioral Reviews*, 92, 2018, 464~476.
21. T. S. Braver, R. West, "Working Memory, Executive Control, and Aging", 2008.
22. A. L. Brown, "Knowing When, Where, and How to Remember; a Problem of

Metacognition", *Advances in Instructional Psychology*, 1, 1978.

23. K. W. Brown, R. M. Ryan, "The Benefits of Being Present: Mindfulness and Its Role in Psychological Well-being", *Journal of Personality and Social Psychology*, 84 (4), 2003, 822.

24. K. W. Brown et al., "Adolescent Mindfulness: Validation of an Adapted Mindful Attention Awareness Scale in Adolescent Normative and Psychiatric Populations", *Psychological Assessment*, 23 (4), 2011, 1023.

25. R. T. Brown, N. Alford, "Ameliorating Attentional Deficits and Concomitant Academic Deficiencies in Learning Disabled Children Through Cognitive Training", *Journal of Learning Disabilities*, 17 (1), 1984, 20~26.

26. B. Bryson, "A Short History of Nearly Everything", *Broadway*, 2004.

27. B. Burdett, S. G. Charlton, N. J. Starkey, "Mind Wandering During Everyday Driving: an On-road Study", *Accident Analysis & Prevention*, 122, 2019, 76~84.

28. B. R. Burdett, S. G. Charlton, N. J. Starkey, "Not all Minds Wander Equally: the Influence of Traits, States and Road Environment Factors on Self-Reported Mind Wandering During Everyday Driving", *Accident Analysis & Prevention*, 95, 2016, 1~7.

29. J. M. Burg, J. Michalak, "The Healthy Quality of Mindful Breathing: Associations with Rumination and Depression", *Cognitive Therapy and Research*, 35 (2), 2011, 179~185.

30. C. Galéra et al., "Mind Wandering and Driving: Responsibility Case-control Study", *Bmj British Medical Journal*, 345 (24), 2012, e8105.

31. C. Gil-Jardiné et al., "The Distracted Mind on the Wheel: Overall Propensity to Mind Wandering is The Distracted Mind on the Wheel: Overall Propensity to Mind Wandering is Associated with Road Crash Responsibility", *PLoS One*, 12 (8), 2017.

32. L. E. Carlson, K. W. Brown, "Validation of the Mindful Attention Awareness Scale in a Cancer Population", *Journal of Psychosomatic Research*, 58 (1), 2005, 29~33.

33. J. S. A. Carriere, P. Seli, D. Smilek, "Wandering in Both Mind and Body: Individual Differences in Mind Wandering and Inattention Predict Fidgeting", *Canadian Journal of Experimental Psychology*, 67 (1), 2013, 19~31.
34. J. S. Carriere, J. A. Cheyne, D. Smilek, "Everyday Attention Lapses and Memory Failures: The Affective Consequences of Mindlessness", *Consciousness and cognition*, 17 (3), 2008, 835~847.
35. S. Cartwright-Hatton, A. Wells, "Beliefs About Worry and Intrusions: The Meta-cognitions Questionnaire and Its Correlates", *Journal of Anxiety Disorders*, 11 (3), 1997, 279~296.
36. Cartwright-Hatton et al., "Development and Preliminary Validation of the Meta-cognition's Questionnaire-adolescent Version", *Journal of Anxiety Disorders*, 8 (3), 2004, 411~422.
37. J. A. Cheyne, J. S. Carriere, D. Smilek, "Absent-mindedness: Lapses of Conscious Awareness and Everyday Cognitive Failures", *Consciousness and Cognition*, 15 (3), 2006, 578~592.
38. K. Christoff et al., "Experience Sampling During Fmri Reveals Default Network and Executive System Contributions to Mind Wandering", *Proceedings of the National Academy of Sciences*, 106 (21), 2009, 8719~8724.
39. K. Christoff et al., "Mind-wandering as Spontaneous Thought: A Dynamic Framework", *Nature Reviews Neuroscience*, 17 (11), 2016, 718~731.
40. L. Ciascai, M. E. Dulama, "What Specific Science Abilities and Skills Are Romanian Students Developing during Primary Education? A Comparison with the Abilities Tested by the TIMSS 2011 Inquiry", *Acta Didactica Napocensia*, 6 (4), 2013, 29~44.
41. S. A. Cook et al., "Measuring Metacognition in Cancer: Validation of the Metacognition Questionnaire 30 (MCQ-30)", *PLoS One*, 9 (9), 2014, e107302.
42. S. A. Coutinho, G. Neuman, "A Model of Metacognition, Achievement Goal Orientation, Learning Style and Self-efficacy", *Learning Environments Research*, 11 (2), 2008, 131~151.
43. H. J. Crawford, "Hypnotizability, Daydreaming Styles, imagery Vividness,

and Absorption: A Multidimensional Study", *Journal of Personality and Social Psychology*, 42（5）, 1982, 915.
44. Damisela Linares Gutiérrez et al. , "Meditation Experience and Mindfulness are Associated with Reduced Self-reported Mind-wandering in Meditators-a German Version of the Daydreaming Frequency Scale", *Psych*, 1（1）, 2019, 193~206.
45. E. L. Deci, R. M. Ryan, "Intrinsic Motivation and Self-determination in Human Behavior", *Plenum*, 1985.
46. Deci et al. , "Motivation and Education: The Self-Determination Perspective", *Educational Psychology*, 26（3~4）, 1991, 325.
47. Y. Q. Deng, S. Li, Y. Y. Tang, "The Relationshipbetween Wandering Mind, Depression, and Mindfulness", *Mindfulness*, 5（2）, 2014, 124~128.
48. Y. Q. Deng et al. , "Psychometric Properties of the Chinese translation of the Mindful Attention Awareness Scale（MAAS）", *Mindfulness*, 3（1）, 2012, 10~14.
49. Y. Deng et al. , "The Role of Mindfulness and Self-control in the Relationship between Mind - wandering and Metacognition", *Personality and Individual Differences*, 141, 2019, 51~56.
50. A. Derek et al. , "Linking Mind Wandering Tendency to Risky Driving in Young Male Drivers", *Accident Analysis and Prevention*, 111（4）, 2018, 125~132.
51. P. CDev, "Intrinsic Motivation and Academic Achievement: What do Their Relationshipimply for the Classroom Teacher?", *Remedial and Special Education*, 18（1）, 1997, 12~19.
52. D. F. Dinges, J. W. Powell, "Microcomputer Analyses of Performance on A Portable, Simple Visual RT Task During Sustained Operations", *Behavior Research Methods, Instruments, & Computers*, 17（6）, 1985, 652~655.
53. D. L. Dinsmore, P. A. Alexander, S. M. Loughlin, "Focusing the Conceptual Lens on Metacognition, Sel-regulation, and Self-regulated Learning", *Educational Psychology Review*, 20（4）, 2008, 391~409.

54. P. Dixon, M. Bortolussi, "Construction, Integration, and Mind Wandering in Reading", *Canadian Journal of Experimental Psychology/Revue Canadienne de Psychologie Expérimentale*, 67 (1), 2013.
55. T. E. Duncan, S. C. Duncan, L. A. Strycker, "An Introduction to Latent Variable Growth Curve Modeling: Concepts, Issues, and Application", *Routledge Academic*, 2013.
56. G. O. Einstein, M. A. Mcdaniel, "Aging and Mind Wandering: Reduced Inhibition in Older Adults?", *Experimental Aging Research*, 23 (4), 1997, 343~354.
57. J. L. Eldredge, "Learning and Study Strategies Inventory-high School Version (LASSI-HS)", *Journal of Reading*, 34 (2), 1990, 146~149.
58. I. Eli, R. Baht, S. Blacher, "Prediction of Success and Failure of Behavior Modification as Treatment for Dental Anxiety", *European Journal of Oral Sciences*, 112 (4), 2004, 311~315.
59. I. Elua, K. R. Laws, Kvavilashvili, "From Mind-pops to Hallucinations? a Study of Involuntary Semantic Memories in Schizophrenia", Psychiatry Research, 196 (2~3), 2012, 165~170.
60. H. H. Esther, M. Keulers, Jonkman Lisa, "Mind Wandering in Children: Examining Task-unrelated Thoughts in Computerized Tasks and a Classroom Lesson, and the Association With Different Executive Functions", *Journal of Experimental Child Psychology*, 179, 2019, 276~290.
61. M. Faber, R. Bixler, S. K. D'Mello, "An Automated Behavioral Measure of Mind Wandering During Computerized Reading", *Behavior Research Methods*, 50 (1), 2018, 134~150.
62. C. Felicity et al., "The Era of the Wandering Mind? Twenty-first Century Research on Self-generated Mental Activity", *Frontiers in Psychology*, 4, 2013.
63. P. L. Fisher, S. A. Cook, A. Noble, "Clinical Utility of the Metacognition's Questionnaire 30 in People with Epilepsy", *Epilepsy and Behavior*, 57, 2016, 185~191.

64. J. H. Flavell, "Metacognitive Aspects of Problem Solving", *The Nature of Intelligence*, 1976, .
65. J. H. Flavell, "Metacognition and Cognitive Monitoring: A New Area of Cognitive-developmental Inquiry", *American Psychologist*, 34 (10), 1979, 906.
66. J. H. Flavell, F. L. Green, E. R. Flavell, "The Development of Children's Knowledge About Attentional Focus", *Developmental Psychology*, 31 (4), 1995, 706.
67. G. A. Floridou, D. Müllensiefen, "Environmental and Mental Conditions Predicting the Experience of Involuntary Musical Imagery: an Experience Sampling Method Study", *Consciousness and cognition*, 33, 2015, 472~486.
68. T. Foulsham, J. Farley, A. Kingstone, "Mind Wandering in Sentence Reading: Decoupling the Link Between Mind and Eye", *Canadian Journal of Experimental Psychology*, 67 (1), 2013, 51.
69. K. C. R. Fox et al., "The Wandering Brain: Meta-analysis of Functional Neuroimaging Studies of Mind-Wandering and Related Spontaneous Thought Processes", *NeuroImage*, 111, 2015, 611~621.
70. K. C. R. Fox, K. Christoff, "Metacognitive Facilitation of Spontaneous Thought Processes: When Metacognition Helps the Wandering Mind Find Its Way", in *The Cognitive Neuroscience of Metacognition*, Springer, Berlin, Heidelberg, 2014, 293~319.
71. K. C. R. Fox, R. E. Beaty, "Mind-wandering as Creative Thinking: Neural, Psychological, and Theoretical Considerations", *Current Opinion in Behavioral Sciences, Special Issue: Creativity*, 27, 2019, 123~130.
72. D. J. Frank et al., "Validating Older Adults' Reports of Less Mind-wandering: An Examination of Eye Movements and Dispositional Influences", *Psychology and Aging*, 30 (2), 2015, 266.
73. M. S. Franklin et al., "Window to the Wandering Mind: Pupillometry of Spontaneous Thought While Reading", *The Quarterly Journal of Experimental Psychology*, 66, 2013, 2289~2294.
74. M. S. Franklin et al., "The Silver Lining of a Mind in the Clouds: Interesting

Musings are Associated with Positive Mood While Mind-wandering", *Frontiers in Psychology*, 4, 2013, 583.

75. M. S. Franklin et al. , "Tracking Distraction: the Relationship Between Mind-wandering, Meta-awareness, and ADHD Symptomatology", *Journal of Attention Disorders*, 21 (6), 2017, 475~486.

76. M. S. Franklin et al. , "Variability in Lay Perceptions of Depression: A Vignette Study", *Psychology and Psychotherapy: Theory, Research and Practice*, 78 (3), 2005, 315~325.

77. S. L. Gable, E. A. Hopper, J. W. Schooler, "When the Muses Strike: Creative Ideas of Physicists and Writers Routinely Occur During Mind Wandering", *Psychological Science*, 30, 2019, 396~404.

78. R. Garner, "When Children and Adults do Not Use Learning Strategies: Toward a Theory of Settings", *Review of Educational Research*, 60 (4), 1990, 517~529.

79. Giambra, M. Leonard, "Frequency and Intensity of Daydreaming: Age Changes and Age Differences from Late Adolescent to the Old-old", *Imagination Cognition & Personality*, 19 (3), 2000, 229~267.

80. L. M. Giambra, "The Influence of Aging on Spontaneous Shifts of Attention from External Stimuli to the Contents of Consciousness", *Experimental gerontology*, 28 (4~5), 1993, 485~492.

81. L. M. Giambra, "A Laboratory Method for Investigating Influences on Switching Attention to Task-unrelated Imagery and Thought", *Consciousness and Cognition*, 4 (1), 1995, 1~21.

82. L. M. Giambra, T. D. Traynor, "Depression and Daydreaming: An Analysis Based on Self-ratings", *Journal of Clinical Psychology*, 34 (1), 1978, 14~25.

83. C. Glaser, J. C. Brunstein, "Improving Fourth-grade Students' Composition Skills: Effects of Strategy Instruction and Self-regulation Procedures", *Journal of Educational Psychology*, 99 (2), 2007, 297.

84. A. J. Goldman et al. , *U. S. Patent No.* 7, 461, 040, Washington, DC:

U. S. Patent and Trademark Office, 2008.
85. C. M. Gray, "Eyes Up, Down, All Around: Mind Wandering and Reading in Adolescents with ADHD", *Master's Thesis, Graduate Studies*, 2016.
86. J. Greenberg et al., "Compassionate Hearts Protect Against Wandering Minds: Self-compassion Moderates the Effect of Mind-wandering on Depression", *Spirituality in Clinical Practice*, 5 (3), 2018, 155~169.
87. A. Grodsky, L. Giambra, "Task Unrelated Images and Thoughts Whilst Reading", in *Imagery: Current Perspectives*, Plenum Press New York, 1989.
88. F. Gul, S. Shehzad, "Relationshipbetween Metacognition, Goal Orientation and Academic Achievement", *Procedia-Social and Behavioral Sciences*, 47, 2012, 1864~1868.
89. D. A. Hackman et al., "Socioeconomic Status and Executive Function: Developmental Trajectories and Mediation", *Developmental Science*, 18 (5), 2015, 686~702.
90. D. F. Halpern, *Thought & Knowledge An Introduction to Critical Thinking*, 36 (2), 2002, 143~186.
91. H. J. Hartman (Ed.), *Metacognition in Learning and Instruction: Theory, Research and Practice* (Vol. 19), Springer Science & Business Media, 2001.
92. G. E. Hawkins et al., "Toward a Model-based Cognitive Neuroscience of Mind Wandering", *Neuroscience*, 310, 2015, 290~305.
93. W. S. Helton, "Impulsive Responding and the Sustained Attention to Response Task", *Journal of Clinical and Experimental Neuropsychology*, 31 (1), 2009, 39~47.
94. R. Hester et al., "Neural Mechanisms Involved in Error Processing: a Comparison of Errors Made with and Without Awareness", *Neuroimage*, 27 (3), 2005, 602~608.
95. R. Hester et al., "Neurochemical Enhancement of Conscious Error Awareness", *Journal of Neuroscience*, 32 (8), 2012, 2619~2627.
96. S. Hidi, A. Renninger, "The Four-phase Model of Interest Development", *Educational Psychologist*, 41, 2006, 111~127.

参考文献

97. S. P. Hinshaw, "Academic Underachievement, Attention Deficits, and Aggression: Comorbidity and Implications for Intervention", *Journal of Consulting and Clinical Psychology*, 60 (6), 1992, 893.

98. F. Hoffmann et al., "Where the Depressed Mind Wanders: Self-generated Thought Patterns as Assessed Through Experience Sampling as a State Marker of Depression", *Journal of Affective Disorders*, 2016, 127~134.

99. G. J. Huba, J. S. Tanaka, "Confirmatory Evidence for Three Daydreaming Factors in the Short Imaginal Processes Inventory", *Imagination, Cognition and Personality*, 3 (2), 1983, 139~147.

100. G. J. Huba et al., "Short Imaginal Processes Inventory", *Ann Arbor*, Michigan: Research Psychologist Press, 1982.

101. S. Iglesias-Parro et al., "Introspective and Neurophysiological Measures of Mind Wandering in Schizophrenia", *Scientific Reports*, 10 (1), 2020.

102. M. Irish et al., "Age-related Changes in the Temporal Focus and Self-referential Content of Spontaneous Cognition During Periods of Low Cognitive Demand", *Psychological Research*, 83 (1), 2018, 1~14.

103. J. E. Jacobs, S. G. Paris, "Children's Metacognition About Reading: Issues in Definition, Measurement, and Instruction", *Educational Psychologist*, 22 (3~4), 1987, 255~278.

104. B. Janser et al., "Development of Long Term Memory in the Child", *Annales medico-psychologiques*, Vol. 152, 1994, 546~549.

105. H. Jazaieri et al., "A Wandering Mind is a Less Caring Mind: Daily Experience Sampling During Compassion Meditation Training", *The Journal of Positive Psychology*, 11 (1), 2016, 37~50.

106. H. G. Jing, K. K. Szpunar, D. L. Schacter, "Interpolated Testing Influences Focused Attention and Improves Integration of Information During A Video-recorded Lecture", *Journal of Experimental Psychology: Applied*, 22 (3), 2016, 305~318.

107. J. Kabat-Zinn, "Mindfulness-based Interventions in Context: Past, Present, and Future", *Clinical Psychology: Science and Practice*, 10 (2), 2003,

144~156.

108. M. J. Kane et al. , "For Whom the Mind Wanders, and When: An Experience-Sampling Study of Working Memory and Executive Control in Daily Life", *Psychological Science*, 18 (7), 2007, 614~621.

109. M. A. Killingsworth, D. T. Gilbert, "A Wandering Mind is an Unhappy Mind", *Science*, 330, 2010, 932.

110. I. Kiran et al. , "Impact of Self-Generated Thoughts on Anxiety Symptoms Among University Students: Mediating Role of Rumination", *Pakistan Journal of Psychological Research*, 2020, 37~51.

111. E. Klinger, W. M. Cox, "Dimensions of Thought Flow in Everyday Life", *Imagination, Cognition and Personality*, 7 (2), 1987, 105~128.

112. E. Klinger, K. C. Gregoire, S. G. Barta, "Physiological Correlates of Mental Activity: Eye Movements, Alpha, and Heart Rate During Imagining, Suppression, Concentration, Search, and Choice", *Psychophysiology*, 10, 1973, 471~47.

113. M. Konishi et al. , "When Attention Wanders: Pupillometric Signatures of Fluctuations in External Attention", *Cognition*, 168, 2017, 16~26.

114. S. A. Krawietz, A. K. Tamplin, G. A. Radvansky, "Aging and Mind Wandering During Text Comprehension", *Psychology and Aging*, 27 (4), 2012, 951.

115. P. Laflamme, P. Seli, D. Smilek, "Validating a Visual Version of the Metronome Response Task", *Behavior Research Methods*, 50 (4), 2018, 1503~1514.

116. M. S. Lawlor et al. , "A Validation Study of the Mindful Attention Awareness Scale Adapted for Children", *Mindfulness*, 5 (6), 2014, 730~741

117. G. M. Lawson, M. J. Farah, "Executive Function as a Mediator Between SES and Academic Achievement Throughout Childhood", *International Journal of Behavioral Development*, 41 (1), 2017, 94~104.

118. M. R. Lepper, J. H. Corpus, S. S. Iyengar, "Intrinsic and Extrinsic Motivational Orientations in the Classroom: age Differences and Academic Correlates", *Journal of Educational Psychology*, 97, 2005, 184~196.

119. F. K. Lester, J. Garofalo, D. L. Kroll, "Self-confidence, Interest, Beliefs, and Metacognition: Key Influences on Problem-solving Behavior", in *Affect and Mathematical Problem Solving*, Springer, New York, NY, 1989.
120. S. I. Lindquist, J. P. McLean, "Daydreaming and its Correlates in an Educational Environment", *Learning and Individual Differences*, 21 (2), 2011, 158~167.
121. Y. Luo et al., "Validation of the Chinese Version of the Mind-Wandering Questionnaire (MWQ) and the Mediating Role of Self-esteem in the Relationship between Mind-wandering and Life Satisfaction for Adolescents", *Personality and Individual Differences*, 92, 2016, 118~122.
122. F. C. Mace, P. J. Belfiore, M. C. Shea, "Operant Theory and Research on Self-regulation", in *Self-regulated Learning and Academic Achievement*, Springer, New York, NY, 1989.
123. J. MacKillop, E. J. Anderson, "Further Psychometric Validation of the Mindful Attention Awareness Scale (MAAS)", *Journal of Psychopathology and Behavioral Assessment*, 29 (4), 2007 289~293.
124. D. Maillet et al., "Age-related Differences in Mind-wandering in Daily Life", *Psychology and Aging*, 33 (4), 2018, 643~653.
125. D. Maillet, D. L. Schacter, "From Mind Wandering to Involuntary Retrieval: Age-related Differences in Spontaneous Cognitive Processes", *Neuropsychologia*, 80, 2016, 142~156.
126. R. A. Mar, M. F. Mason, A. Litvack, "How Daydreaming Relates to Life Satisfaction, Loneliness, and Social Support: the Importance of Gender and Daydream Content", *Consciousness and Cognition*, 21 (1), 2012, 401~407.
127. I. Marchetti, E. H. Koster, R. De Raedt, "Mindwandering Heightens the Accessibility of Negative Relative to Positive Thought", *Consciousness and Cognition*, 21 (3), 2012, 1517~1525.
128. I. Marchetti et al., "Spontaneous Thought and Vulnerability to Mood Disorders: the Dark Side of the Wandering Mind", *Clinical Psychological Science*,

4 (5), 2016, 835~857.

129. D. Marcusson-Clavertz, O. N. E. Kjell, "Psychometric Properties of the Spontaneous and Deliberate Mind Wandering Scales", *European Journal of Psychological Assessment*, 35 (6), 2018, 1~13.

130. D. Marcusson-Clavertz, E. Cardeña, D. B. Terhune, "Daydreaming Style Moderates the Relation Between Working Memory and Mind Wandering: Integrating Two Hypotheses", *Journal of Experimental Psychology: Learning, Memory, and Cognition*, 42 (3), 2016, 451.

131. M. F. Mason, N. Reinholtz, "Avenues Down Which a Self-reminding Mind Can Wander", *Motivation Science*, 1, 2015, 1~21.

132. M. F. Mason et al., "Wandering Minds: the Default Network and Stimuls-independent Thought", *Science*, 315, 2007, 393~395.

133. R. L. McMillan, S. B. Kaufman, J. L. Singer, "Ode to Positive Constructive Daydreaming", *Frontiers in Psychology*, 4, 2013, 626.

134. R. J. McNally, P. A. Kohlbeck, "Reality Monitoring in Obsessive-compulsive Disorder", *Behaviour Research and Therapy*, 31 (3), 1993, 249~253.

135. J. C. McVay, M. J. Kane, "Conducting the Train of Thought: Working Memory Capacity, Goal Neglect, and Mind Wandering in an Executive-control Task", *Journal of Experimental Psychology: Learning, Memory, and Cognition*, 35 (1), 2009, 196.

136. J. C. McVay, M. J. Kane, "Drifting from Slow to 'd'Oh!' Working Memory Capacity and Mind Wandering Predict Extreme Reaction Times and Executive-control Errors", *Journal of Experimental Psychology: Learning, Memory, and Cognition*, 38, 2012, 525~549.

137. J. C. McVay, M. J. Kane, "Why Does Working Memory Capacity Predict Variation in Reading Comprehension? on the Influence of Mind Wandering and Executive Attention", *Journal of Experimental Psychology: General*, 141 (2), 2012, 302.

138. J. C. McVay, M. J. Kane, T. R. Kwapil, "Tracking the Train of Thought from the Laboratory into Everyday Life: an Experience-sampling Study of

Mind Wandering Across Controlled and Ecological Contexts", *Psychonomic Bulletin and Review*, 16 (5), 2009, 857~863.

139. J. C. Mcvay et al., "Aging Ebbs the Flow of Thought: Adult Age Differences in Mind Wandering, Executive Control, and Self-evaluation", *Acta Psychologica*, 142 (1), 2013, 136~147.

140. B. Medea et al., "How do We Decide What to Do? Resting-state Connectivity Patterns and Components of Self-generated Thought Linked to the Development of More Concrete Personal Goals", *Experimental brain research*, 236 (9), 2018, 2469~2481.

141. M. E. Meier, "Can Research Participants Comment Authoritatively on the Validity of Their Self-reports of Mind Wandering and Task Engagement? a Replication and Extension of Seli, Jonker, Cheyne, Cortes, and Smilek", *Journal of Experimental Psychology: Human Perception and Performance*, 44 (10), 2015, 1567.

142. C. Mills, "A Real-time Mind Wandering Intervention During Reading", 2018.

143. C. Mills, S. D'Mello, "Toward a Real-Time (Day) Dreamcatcher: Sensor-Free Detection of Mind Wandering During Online Reading", *International Educational Data Mining Society*, 2015.

144. M. Mittner, "When the Brain Takes a Break: a Model-based Analysis of Mind Wandering", *Journal of Neuroscience*, 34 (49), 2014, 16286~16295.

145. B. W. Mooneyham, J. W. Schooler, "Costs and Benefits of Mind-wandering: a Weview", *Canadian Journal of Experimental Psychology/ Revue Canadienne de Psychologie Expérimentale*, 67, 2013, 11~18.

146. T. R. Moukhtarian et al., "Wandering Minds in Attention-deficit/Hyperactivity Disorder and Borderline Personality Disorder", *European Neuropsychopharmacology*, 2020.

147. M. D. Mrazek et al., "Young and Restless: Validation of the Mind-Wandering Questionnaire (MWQ) Reveals Disruptive Impact of Mind-wandering for Youth", *Frontiers in psychology*, 4, 2013, 560.

148. M. D. Mrazek, J. Smallwood, J. W. Schooler, "Mindfulness and Mind-wan-

dering: Finding Convergence Through Opposing Constructs", *Emotion*, 12 (3), 2012, 442.

149. R. Negretti, "Metacognition in Student Academic Writing: A Longitudinal Study of Metacognitive Awareness and Its Relation to Task Perception, Self-regulation, and Evaluation of Performance", *Written Communication*, 29 (2), 2012, 142~179.

150. T. O. Nelson, "Consciousness, Self-consciousness, and Metacognition", *Consciousness and Cognition* (Print), 9 (2), 2000, 220~223.

151. T. O. Nelson, L. Narens, "Why Investigates Metacognition", *Metacognition: Knowing about Knowing*, 13, 1994, 1~25.

152. C. P. Niemiec, R. M. Ryan, "Autonomy, Competence, and Relatedness in the Classroom: Applying Self-determination Theory to Educational Practice", *Theory and Research in Education*, 7, 2009, 133~144.

153. S. Nolen-Hoeksema, B. E. Wisco, S. Lyubomirsky, "Rethinking Rumination", *Perspectives on Psychological Science*, 3, 2008, 400~424.

154. K. L. Nylund, T. Asparouhov, B. O. Muthén, "Deciding on the Number of Classes in Latent Class Analysis and Growth Mixture Modeling: A Monte Carlo Simulation Study", *Structural Equation Modeling: A Multidisciplinary Journal*, 14 (4), 2007, 535~569.

155. R. G. O'Connell et al., "The Role of Cingulate Cortex in the Detection of Errors with and Without Awareness: A High-density Electrical Mapping Study", *European Journal of Neuroscience*, 25 (8), 2007, 2571~2579.

156. K. Ohtani, T. Hisasaka, "Beyond Intelligence: A Meta-analytic Review of the Relationshipamong Metacognition, Intelligence, and Academic Performance", *Metacognition and Learning*, 13 (2), 2018, 179~212.

157. C. Ottaviani, A. Couyoumdjian, "Pros and Cons of a Wandering Mind: a Prospective Study", *Frontiers in Psychology*, 4, 2013, 524.

158. C. Ottaviani, D. Shapiro, A. Couyoumdjian, "Flexibility as the Key for Somatic Health: from Mind Wandering to Perseverative Cognition", *Biol. Psychol*, 94, 2013, 38~43.

159. H. S. Park, S. Bauer, "Parenting Practices, Ethnicity, Socioeconomic Status and Academic Achievement in Adolescents", *School Psychology International*, 23 (4), 2002, 386~396.
160. A. Phakiti, "A Closer Look at the Relationshipof Cognitive and Metacognitive Strategy Use to EFL Reading Achievement Test Performance", *Language testing*, 20 (1), 2003, 26~56.
161. P. Pham, J. Wang, "Attentive Learner: Improving Mobile MOOC Learning Via Implicit Heart Rate Tracking", in *International Conference on Artificial Intelligence in Education*, Springer, Cham, 2015.
162. N. E. Phillips et al., "On the Influence of Re-reading on Mind Wandering", *Quarterly Journal of Experimental Psychology*, 69 (12), 2016, 2338~2357.
163. R. Pishghadam, G. H. Khajavy, "Intelligence and Metacognition as Predictors of Foreign Language Achievement: A Structural Equation Modeling Approach", *Learning and Individual Differences*, 24, 2013, 176~181.
164. G. L. Poerio, P. Totterdell, E. Miles, "Mind-wandering and Negative Mood: Does One Thing Really Lead to Another?", *Consciousness and Cognition*, 22 (4), 2013, 1412~1421.
165. D. D. Preiss et al., "Examining the Influence of Mind Wandering and Metacognition on Creativity in University and Vocational Students", *Learning and Individual Differences*, 51, 2016, 417~426.
166. W. Qu et al., "The RelationshipBetween Mind Wandering and Dangerous Driving Behavior among Chinese Drivers", *Safety Science*, 78 (78), 2015, 41~48.
167. B. C. Ralph et al., "Media Multitasking and Failures of Attention in Everyday Life", *Psychological Research*, 78 (5), 2014, 661~669.
168. J. G. Randall, F. L. Oswald, M. EBeier, "Mind-wandering, Cognition, and Performance: A Theory-driven Meta-analysis of Attention Regulation", *Psychological Bulletin*, 140 (6), 2014, 1411.
169. R. A. Reeve, A. L. Brown, "Metacognition Reconsidered: Implications for Intervention Research", *Journal of Abnormal Child Psychology*, 13 (3),

1985, 343~356.
170. I. H. Robertson et al., "Oops!': Performance Correlates of Everyday Attentional Failures in Traumatic Brain Injured and Normal Subjects", *Europsychologia*, 35 (6), 1997, 747~758.
171. M. K. Robison, K. I. Gath, N. Unsworth, "The Neurotic Wandering Mind: An Individual Differences Investigation of Neuroticism, Mind-wandering, and Executive Control", *The Quarterly Journal of Experimental Psychology*, 70 (4), 2017, 649~663.
172. M. K. Robison, A. L. Miller, N. Unsworth, "A multi-faceted Approach to Understanding Individual Differences in Mind-wandering", *Cognition*, 198, 2020.
173. Robison, K. Matthew, N. Unsworth, "Cognitive and Contextual Correlates of Spontaneous and Deliberate Mind-wandering", *Journal of Experimental Psychology Learning Memory & Cognition*, 2018, .
174. M. Romainville, "Awareness of Cognitive Strategies: The Relationshipbetween University Students' Metacognition and Their Performance", *Studies in Higher Education*, 19 (3), 1994, 359~366.
175. A. Ropohl et al., "Cortical Activity Associated with Auditory Hallucinations", *Neuroreport*, 15 (3), 2013, 523~526.
176. F. J. Ruby et al., "How Self-generated Thought Shapes Mood——the Relation Between Mind-wandering and Mood Depends on the Socio-temporal Content of Thoughts", *PloS One*, 8 (10), 2013, e77554.
177. R. M. Ryan, E. L. Deci, "Self-Determination Theory and the Facilitation of Intrinsic Motivation, Social Development, and Well-Being", *American Psychologist*, 55, 2000, 68~78.
178. R. M. Ryan, E. L. Deci, "Overview of Self-determination Theory: An Organismic Dialectical Perspective", in E. L. Deci, R. M. Ryan (Eds.), *Handbook of Self-determination Research*, Rochester, NJ: University of Rochester Press, 2002.
179. R. M. Ryan, E. L. Deci, "Promoting Self-determined School Engagement",

in K. R. Wentzel, A. Wigfield (Eds.), *Handbook of Motivation at School*, New York, NY: Routledge, 2009.
180. C. Salavera, P. Usán, "The Mediating Role of Affects between Mind-wandering and Happiness", *Sustainability*, 12 (12), 2020, 5139.
181. M. A. Sayette, E. D. Reichle, J. W. Schooler, "Lost in the Sauce: the Effects of Alcohol on Mind Wandering", *Psychological Science*, 20 (6), 2009, 747~752.
182. G. Schellings, B. Van Hout-Wolters, "Measuring Strategy Use with Self-report Instruments: Theoretical and Empirical Considerations", *Metacognition and Learning*, 6 (2), 2011, 83~90.
183. J. W. Schooler, "Re-representing Consciousness: Dissociations between Experience and Meta-consciousness", *Trends in Cognitive Sciences*, 6 (8), 2002, 339~344.
184. J. W. Schooler et al., "Meta-awareness, Perceptual Decoupling, and the Wandering Mind", *Trends in Cognitive Sciences*, 15 (7), 2011, 319~326.
185. G. Schraw, "On the Development of Adult Metacognition", *Adult Learning and Development: Perspectives from Educational Psychology*, 1998, 89~106.
186. G. Schraw, "Promoting General Metacognitive Awareness", *Instructional Science*, 26 (1~2), 1998, 113~125.
187. G. Schraw, "Promoting General Metacognitive Awareness", in *Metacognition in Learning and Instruction*, Springer, Dordrecht, 2001.
188. G. Schraw, R. S. Dennison, "Assessing Metacognitive Awareness", *Contemporary Educational Psychology*, 19 (4), 1994, 460~475.
189. D. H. Schunk, "Self-efficacy and Academic Motivation", *Educational Psychologist*, 26 (3~4), 1991, 207~231.
190. D. H. Schunk, "Metacognition, Self-regulation, and Self-regulated Learning: Research Recommendations", *Educational Psychology Review*, 20 (4), 2008, 463~467.
191. C. Schupak, J. Rosenthal, "Excessive Daydreaming: A Case History and Discussion of Mind Wandering and High Fantasy Proneness", *Consciousness*

and Cognition, 18 (1), 2009, 290~292.
192. B. Segal, G. J. Huba, J. L. Singer, "Drugs, Daydreaming, and Personality: A Study of College Youth", *Routledge*, 2018.
193. P. Seli et al., "On the Necessity of Distinguishing between Unintentional and Intentional Mind Wandering", *Psychological Science*.
194. P. Seli et al., "Intrusive Thoughts: Linking Spontaneous Mind Wandering and Ocd Symptomatology", *Psychol Res*, 81 (2), 2017, 392~398.
195. P. Seli et al., "Not all Mind Wandering is Created Equal: Dissociating Deliberate from Spontaneous Mind Wandering", *Psychological Research*, 79 (5), 2015, 750~758.
196. P. Seli et al., "How Few and Far Between? Examining the Effects of Probe Rate on Self-reported Mind Wandering", *Frontiers in Psychology*, 4, 2013, 430.
197. P. Seli et al., "Restless Mind, Restless Body", *Journal of Experimental Psychology: Learning, Memory, and Cognition*, 40 (3), 2014, 660.
198. P. Seli et al., "On the Clock: Evidence for The Rapid and Strategic Modulation of Mind Wandering", *Psychological Science*, 29 (8), 2018, 1247~1256.
199. P. Seli, J. A. Cheyne, D. Smilek, "Wandering Minds and Wavering Rhythms: Linking Mind Wandering and Behavioral Variability", *Journal of Experimental Psychology Human Perception & Performance*, 39 (1), 2013, 1~5.
200. P. Seli et al., "Motivation, Intentionality, and Mind Wandering: Implications for Assessments of Task-unrelated Thought", *Journal of Experimental Psychology: Learning, Memory, and Cognition*, 41 (5), 2015, 1417~1425.
201. P. Seli et al., "Can Research Participants Comment Authoritatively on the Validity of Their Self-reports of Mind Wandering and Task Engagement?", *Journal of Experimental Psychology Human Perception & Performance*, 41 (3), 2015, 703~709.
202. P. Seli et al., "The Role of Task Difficulty in Theoretical Accounts of Mind Wandering", *Consciousness and Cognition*, 65, 2018, 255~262.
203. P. Seli et al., "Intentionality and Meta-awareness of Mind Wandering: Are

they One and the Same, or Distinct Dimensions", *Psychonomic Bulletin and Review*, 24 (6), 2017, 1808~1818.

204. P. Seli et al., "What did You Have in Mind? Examining the Content of Intentional and Unintentional Types of Mind Wandering", *Consciousness and Cognition*, 51, 2017, 149~156.

205. P. Seli, E. F. Risko, D. Smilek, "Assessing the Associations among Trait and State Levels of Deliberate and Spontaneous Mind Wandering", *Consciousness and Cognition*, 41, 2016, 50~56.

206. P. Seli, E. F. Risko, D. Smilek, "On the Necessity of Distinguishing between Unintentional and Intentional Mind Wandering", *Psychological Science*, 27 (5), 2016, 685~691.

207. P. Seli et al., "Intrusive Thoughts: Linking Spontaneous Mind Wandering and Ocd Symptomatology", *Psychological Research*, 81 (2), 2017, 392~398.

208. P. Seli et al., "Mind-wandering with and Without Intention", *Trends in Cognitive Sciences*, 20 (8), 2016, 605~617.

209. P. Seli et al., "Increasing Participant Motivation Reduces Rates of Intentional and Unintentional Mind Wandering", *Psychological Research*, 2017.

210. P. Seli et al., "On the Relation of Mind Wandering and ADHD Symptomatology", *Psychonomic Bulletin & Review*, 22 (3), 2015, 629~636.

211. P. Seli et al., "He Awakening of the Attention: Evidence for a Link between the Monitoring of Mind Wandering and Prospective Goals", *Journal of Experimental Psychology: General*, 147 (3), 2018, 431.

212. P. Seli et al., "On the Relation Between Motivation and Retention in Educational Contexts: The Role of Intentional and Unintentional Mind Wandering", *Psychonomic Bulletin & Review*, 23 (4), 2015, 1280~1287.

213. G. A. Shaw, L. Giambra, "Task-unrelated Thoughts of College Students Diagnosed as Hyperactive in Childhood", *Developmental Neuropsychology*, 9 (1), 1993, 17~30.

214. J. Shen et al., "Chinese Elementary School Teachers' Perceptions of Students' Classroom Behavior Problems", *Educational Psychology*, 29 (2), 2009,

187~201.

215. D. Shrimpton, D. McGann, L. M. Riby, "Daydream Believer: Rumination, Self-reflection and the Temporal Focus of Mind Wandering Content", *Europe's Journal of Psychology*, 13 (4), 2017, 794 932.

216. S. Shukor, "Insights into Students' Thoughts During Problem-based Learning Small GroupDiscussions and Traditional Tutorials", *Unpublished Manuscript*, 2005.

217. J. L. Singer, "Day Dreaming: An Introduction to the Experimental Study of Inner Experience", 1966.

218. J. Smallwood et al., "Shifting Moods, Wandering Minds: Negative Moods Lead the Mind to Wander", *Emotion*, 9, 2009, 271~276

219. J. Smallwood, Connor, "Imprisoned by the Past: Unhappy Moods Lead to a Retrospective Bias to Mind Wandering", *Cogn Emot*, 25, 2011, 1481~1490.

220. J. Smallwood, "Distinguishing How From Why the Mind Wanders: A Process-occurrence Framework for Self-generated Mental Activity", *Psychological Bulletin*, 139 (3), 2013, 519~535.

221. J. M. Smallwood et al., "Task Unrelated Thought: The Role of Distributed Processing", *Consciousness and Cognition*, 12 (3), 2003, 452~484.

222. J. Smallwood, J. W. Schooler, "The Restless Mind", *Psychological Bulletin*, 132 (6), 2006, 946~958.

223. J. Smallwood et al., "Subjective Experience and the Attentional Lapse: Task Engagement and Disengagement During Sustained Attention", *Consciousness and Cognition*, 13 (4), 2004, 657~690.

224. J. Smallwood, D. J. Fishman, J. W. Schooler, "Counting the Cost of an Absent Mind: Mind Wandering as an Underrecognized Influence on Educational Performance", *Psychonomic Bulletin and Review*, 14 (2), 2007, 230~236.

225. J. Smallwood et al., "Shifting Moods, Wandering Minds: Negative Moods Lead the Mind to Wander", *Emotion*, 9 (2), 2009, 271~276.

226. J. Smallwood et al., "Representing Representation: Integration Between the Temporal Lobe and the Posterior Cingulate Influences the Content and form

of Spontaneous Thought", *PloS One*, 11 (4), 2016, e0152272.
227. J. Smallwood, M. McSpadden, J. W. Schooler, "The Lights are on But no One's Home: Meta-awareness and the Decoupling of Attention When the Mind Wanders", *Psychonomic Bulletin and Review*, 14 (3), 2007, 527~533.
228. J. Smallwood, M. McSpadden, J. W. Schooler, "When Attention Matters: the Curious Incident of the Wandering Mind", *Memory & Cognition*, 36, 2008, 1144~1150.
229. J. Smallwood, L. Nind, R. C. O'Connor, "When is Your Head at? An Exploration of the Factors Associated With the Temporal Focus of the Wandering Mind", *Consciousness and Cognition*, 18 (1), 2009, 118~125.
230. J. Smallwood et al., "The Consequences of Encoding Information on the Maintenance of Internally Generated Images and Thoughts: The Role of Meaning Complexes", *Consciousness and Cognition*, 13 (4), 2004, 789~820.
231. J. Smallwood, M. Obonsawin, D. Heim, "Task Unrelated Thought: The Role of Distributed Processing", *Consciousness and Cognition*, 12 (2), 2003, 169~189.
232. J. Smallwood et al., "An Investigation into the Role of Personality and Situation in the Maintenance of Subjective Experience in a Laboratory", *Imagination, Cognition and Personality*, 21 (4), 2002, 319~332.
233. J. Smallwood, R. C. O'Connor, D. Heim, "Rumination, Dysphoria, and Subjective Experience", *Imagination, Cognition, and Personality*, 24 (4), 2005, 355~367.
234. J. Smallwood et al., "Mind-wandering and Dysphoria", *Cognition and Emotion*, 21 (4), 2007, 816~842.
235. J. Smallwood, F. J. Ruby, T. Singer, "Letting go of the Present: Mind-wandering is Associated with Reduced Delay Discounting", *Consciousness and Cognition*, 22, 2013, 1~7.
236. D. Smilek, J. S. Carriere, J. A. Cheyne, "Failures of Sustained Attention in Life, Lab, and Brain: Ecological Validity of the SART", *Neuropsychologia*, 48 (9), 2010, 2564~2570.

237. D. Smilek, J. S. Carriere, J. A. Cheyne, "Out of Mind, out of Sight: Eye Blinking as Indicator and Embodiment of Mind Wandering", *Psychological Science*, 21 (6), 2010, 786~789.
238. A. Soemer et al., "Mind Wandering and Reading Comprehension in Secondary School Children", *Learning and Individual Differences*, 75, 2019, 101778.
239. X. Song, X. Wang, "Mind Wandering in Chinese Daily Lives——an Experience Sampling Study", *PloS One*, 7 (9), 2012, e44423.
240. R. A. Sperling et al., "Measures of Children's Knowledge and Regulation of Cognition", *Contemporary Educational Psychology*, 27 (1), 2002, 51~79.
241. L. Stankov et al., "Perceptual Under Confidence: A Conceptual Illusion", *European Journal of Psychological Assessment*, 28 (3), 2012, 190~00.
242. S. Starker, A. Jolin, "magery and Hallucination in Schizophrenic Patients", *Journal of Nervous & Mental Disease*, 170 (8), 1982, 448~451.
243. D. Stawarczyk et al., "Relationships between Mind-wandering and Attentional Control Abilities in Young Adults and Adolescents", *Acta Psychologica*, 148, 2014, 25~36.
244. D. Stawarczyk et al., "Mind-wandering: Phenomenology and Function as Assessed with a Novel Experience Sampling Method", *Acta Psychologica*, 136 (3), 2011, 370~381.
245. D. Stawarczyk et al., "Using the Daydreaming Frequency Scale to Investigate the Relationships between Mind-wandering, Psychological Well-being, and Present-moment Awareness", *Frontiers in Psychology*, 3, 2012, 363.
246. D. Stawarczyk, S. Majerus, A. D'Argembeau, "Concern-induced Negative Affect is Associated with the Occurrence and Content of Mind-wandering", *Consciousness & Cognition*, 22 (2), 2013, 442~448.
247. R. J. Sternberg, "Implicit Theories of Intelligence, Creativity, and Wisdom", *Journal of Personality and Social Psychology*, 49 (3), 1985, 607.
248. J. C. Stull, "Socioeconomic Status, Parent Expectations, and a Child's Achievement", *Research in Education*, 90 (1), 2013, 53~67.

249. K. Supekar et al., "Development of Functional and Structural Connectivity Within the Default Mode Network in Young Children", *Neuroimage*, 52 (1), 2010, 290~301.
250. K. K. Szpunar, N. Y. Khan, D. L. Schacter, "Interpolated Memory Tests Reduce Mind Wandering and Improve Learning of Online Lectures", *Proceedings of the National Academy of Sciences*, 110 (16), 2013, 6313~6317.
251. M. Taylor, S. M. Carlson, "The Relation Between Individual Differences in Fantasy and Theory of Mind", *Child Development*, 68 (3), 1997, 436~455.
252. J. D. Teasdale et al., "Stimulus-independent Thought Depends on Central Executive Resources", *Memory & Cognition*, 23 (5), 1995, 551~559.
253. J. D. Teasdale et al., "Working Memory and Stimulus-independent Thought: Effects of Memory Load and Presentation Rate", *European Journal of Cognitive Psychology*, 5 (4), 1993, 417~433.
254. D. R. Thomson, D. Besner, D. Smilek, "In Pursuit of Off-task Thought: Mind Wandering-performance Trade-offs While Reading Aloud and Color Naming", *Frontiers in Psychology*, 4 (4), 2013, 360.
255. Uğur Akpur, "The Predictive Degree of University Students', Levels of Metacognition and Need for Cognition", on *Their Academic Achievement*, Online Submission, 2, 2017.
256. M. Ullsperger et al., "Conscious Perception of Errors and Its Relation to the Anterior Insula", *Brain Structure and Function*, 214 (5), 2010, 629~643.
257. N. Unsworth, B. D. McMillan, "Mind Wandering and Reading Comprehension: Examining the Roles of Working Memory Capacity, Interest, Motivation, and Topic Experience", *Journal of Experimental Psychology: Learning, Memory, and Cognition*, 39 (3), 2013, 832.
258. N. Unsworth, B. D. Mcmillan, "Attentional Disengagements in Educational Contexts: a Diary Investigation of Everyday Mind-wandering and Distraction", *Cognitive Research: Principles and Implications*, 2, 2017, 32.

259. N. Unsworth, B. D. Mcmillan, "Similarities and Differences between Mind-wandering and External Distraction: a Latent Variable Analysis of Lapses of Attention and Their Relation to Cognitive Abilities", *Acta Psychologica*, 150, 2014, 14~25.

260. N. Unsworth, M. K. Robison, "Tracking Arousal State and Mind Wandering with Pupillometry, Cognitive", *Affective, & Behavioral Neuroscience*, 18 (4), 2018, 638~664.

261. N. Unsworth et al., "Everyday Attention Failures: an Individual Differences Investigation", *Journal of Experimental Psychology: Learning, Memory, and Cognition*, 38 (6), 2012, 1765.

262. R. J. Vallerand, C. F. Ratelle, "Intrinsic and Extrinsic Motivation: A Hierarchical Model", 2002.

263. N. T. Van Dam, M. Earleywine, A. Borders, "Measuring Mindfulness? An Item Response Theory Analysis of the Mindful Attention Awareness Scale", *Personality and Individual Differences*, 49 (7), 2010, 805~810.

264. M. Vannucci, C. Chiorri, "Individual Differences in Self-consciousness and Mind Wandering: Further Evidence for A Dissociation Between Spontaneous and Deliberate Mind Wandering", *Personality and Individual Differences*, 121, 2018, 57~61.

265. S. T. L. Varao, J. S. A. Carriere, S. Daniel, "The Way We Encounter Reading Material Influences How Frequently We Mind Wander", *Frontiers in Psychology*, 4, 2013, 892.

266. M. V. Veenman, M. A. Spaans, "Relation Between Intellectual and Metacognitive Skills: Age and Task Differences", *Learning and Individual Differences*, 15 (2), 2005, 159~176.

267. J. D. Wammes et al., "Mind Wandering During Lectures II: Relation to Academic Performance", *Scholarshipof Teaching and Learning in Psychology*, 2 (1), 2016, 33~48.

268. E. R. Watkins, "Constructive and Unconstructive Repetitive Thought", *Psychological Bulletin*, 134 (2), 2008, 163.

269. E. R. Watkins, "Level of Construal, Mind Wandering, and Repetitive Thought: Reply to McVay and Kane", 2010.
270. F. N. Watts, A. K. MacLeod, L. Morris, "Associations Between Phenomenal and Objective Aspects of Concentration Problems in Depressed Patients", *British Journal of Psychology*, 79 (2), 1988, 241~250.
271. C. A. Webb et al., "Mind-wandering in Adolescents Predicts Worse Affect and Is Linked to Aberrant Default Mode Network——Salience Network Connectivity", *Journal of the American Academy of Child & Adolescent Psychiatry*, 2020.
272. U. Weger, J. Wagemann, A. Meyer, "Researching Mind Wandering from a First-person Perspective", *Applied Cognitive Psychology*, 2018.
273. Y. Weinstein, "Mind-wandering, How do I Measure Thee with Probes? Let me Count the Ways", *Behavior Research Methods*, 50 (2), 2018, 642~661.
274. Y. Weinstein, H. J. De Lima, T. Van Der Zee, "Are You Mind-wandering, or is Your Mind on Task? The Effect of Probe Framing on Mind-Wandering Reports", *Psychonomic Bulletin & Review*, 25 (2), 2018, 754~760.
275. A. Wells, S. Cartwright-Hatton, "A Short form of the Metacognitions Questionnaire: Properties of the MCQ-30", *Behaviour Research and Therapy*, 42 (4), 2004, 385~396.
276. E. A. Wiemers, T. S. Redick, "The Influence of Thought Probes on Performance: Does the Mind Wander More if you Ask It?", *Psychonomic Bulletin & Review*, 26 (1), 2019, 367~373.
277. J. W. G. Williams et al., "Mindfulness-based Cognitive Therapy Reduces Overgeneral Autobiographical Memory In Formerly Depressed Patients", *Journal of Abnormal Psychology*, 109 (1), 2000, 150~155.
278. T. D. Wilson et al., "Just Think: The Challenges of the Disengaged Mind", *Science*, 345 (6192), 2014, 75~77.
279. C. A. Wolters, "Understanding Procrastination from A Self-regulated Learning Perspective", *Journal of Educational Psychology*, 95 (1), 2003, 179~

187.
280. J. Xu et al., "Comparison of Pedestrian Behaviors Between Drivers and Nondrivers in Chinese Sample", *Transportation Research Part F: Traffic Psychology and Behaviour*, 58, 2018, 1053~1060.
281. M. Xu et al., "Mindfulness and Mind Wandering: The Protective Effects of Brief Meditation in Anxious Individuals", *Consciousness and Cognition*, 51, 2017, 157~165.
282. N. Yan, A. Ansari, "Child Adjustment and Parent Functioning: Considering the Role of Child-driven Effects", *Journal of Family Psychology*, 30 (3), 2016, 1~12.
283. Q. Ye et al., "Children's Mental Time Travel During Mind Wandering", *Frontiers in Psychology*, 5, 2014, 927.
284. E. R. Yosai, "Further Investigating the Underlying Attentional Processes of Brief Mindfulness-Based Interventions", *Dissertations*, 2017.
285. A. Yousaf, S. Ghayas, S. T. Akhtar, "Daydreaming in Relation with Loneliness and Perceived Social Support Among University Undergraduates", *Ournal of the Indian Academy of Applied Psychology*, 41 (2), 2015, 306.
286. Yu-Qin Deng, Song Li, Yi-Yuan Tang, "The Relationshipbetween Wandering Mind, Depression, and Mindfulness", *Mindfulness*, 2012.
287. A. P. Zanesco et al., "Meditation Training Influences Mind Wandering And Mindless Reading", *Psychology of Consciousness Theory Research & Practice*, 3 (1), 2016, 12~33.
288. C. M. Zedelius, J. W. Schooler, "What are People's Lay Theories About Mind Wandering and How do those Beliefs Affect Them?", in C. M. Zedelius, B. C. N. Müller, J. W. Schooler (Eds.), *The Science of Lay Theories: How Beliefs Shape Our Cognition, Behavior, and Health*, New York, NY: Springer, 2017, 71~93.
289. C. M. Zedelius, J. M. Broadway, J. W. Schooler, "Motivating Meta-awareness of Mind Wandering: A Way to Catch the Mind in Flight?", *Consciousness and Cognition*, 36, 2015, 44~53.

290. C. M. Zedelius, J. Protzko, J. W. Schooler, "Lay Theories of the Wandering Mind: Control - related Beliefs Predict Mind Wandering Rates In - and Outside the Lab", *Personality and Social Psychology Bulletin*, (4), 2020, 014616722094940.

291. T. Zhiyan, J. L. Singer, "Daydreaming Styles, Emotionality and the Big Five Personality Dimensions", *Magination, Cognition and Personality*, 16 (4), 1997, 399~414.

292. B. J. Zimmerman, A. Kitsantas, "The Hidden Dimension of Personal Competence: Self-Regulated Learning and Practice", 2005.

293. 陈思佚等:"正念注意觉知量表(MAAS)的修订及信效度检验",载《中国临床心理学杂志》2012年第2期。

294. 程浩、刘爱书:"注意相关认知错误量表的中文版修订",载《中国临床心理学杂志》2016年第5期。

295. 程凯、曹贵康:"走神的理论假设、影响因素及其神经机制",载《心理科学进展》2014年第9期。

296. 董奇、林崇德主编:《中国6~15岁儿童青少年心理发育数据库手册》,科学出版社2011年版。

297. 段文杰:"正念研究的分歧:概念与测量",载《心理科学进展》2014年第10期。

298. 高伟伟、刘兆敏、王秀红:"有意走神和自发走神量表的中文版修订",载《中国临床心理学杂志》2018年第5期。

299. 郝嘉佳、陈英和:"小学儿童在线和离线元认知监控的发展特点及其对问题解决的影响",载《心理科学》2010年第5期。

300. 鞠恩霞、张晏宁、罗扬眉:"心理游离问卷中文版的修订及其信效度研究",载《中国临床心理学杂志》2016年第1期。

301. 刘红云、孟庆茂:"纵向数据分析方法",载《心理科学进展》2003年第5期。

302. 宋晓兰、王晓、唐孝威:"心智游移:现象、机制及意义",载《心理科学进展》2011年第4期。

303. 王孟成等:"分类精确性指数 Entropy 在潜剖面分析中的表现:一项蒙

特卡罗模拟研究",载《心理学报》2017年第11期。
304. 吴国来、高原、周曼:"阅读中的'心不在焉':理论假设和影响因素",载《心理科学进展》2016年第2期。
305. 吴鹏等:"父母教养方式的潜在类别:潜在剖面分析",载《心理与行为研究》2016年第4期。
306. 徐慰、刘兴华、刘荣:"正念训练改善情绪惰性的效果:正念特质的调节作用",载《中国临床心理学杂志》2015年第6期。
307. 杨之旭、辛自强:"应用心理学中的个体指向方法:理论、技术与挑战",载《心理技术与应用》2016年第12期。
308. 张洁婷、焦璨、张敏强:"潜在类别分析技术在心理学研究中的应用",载《心理科学进展》2010年第12期。
309. 张英等:"精神运动警觉性任务在不同知觉负荷下的疲劳状态监测",载《心理学探新》2018年第4期。
310. 赵瑞瑛等:"自然情境下舌尖效应的认知年老化——日记研究",载《心理学报》2019年第5期。
311. 周浩、龙立荣:"共同方法偏差的统计检验与控制方法",载《心理科学进展》2004年第6期。